本书系河南省哲学社会科学规划项目
阶段性成果（项目编号为2013BJY014）

河南省重点学科论丛

HENANSHENG ZHONGDIAN XUEKE LUNCONG

坊间问道：
漫谈中国大学

主　编　杜志强
副主编　贺洪丽　支少瑞

中国社会科学出版社

图书在版编目（CIP）数据

坊间问道：漫谈中国大学／杜志强主编 . —北京：
中国社会科学出版社，2016.12
（河南省重点学科论丛）
ISBN 978 - 7 - 5161 - 8899 - 6

Ⅰ. ①坊… Ⅱ. ①杜… Ⅲ. ①高等学校—概况—中国
Ⅳ. ①G649. 28

中国版本图书馆 CIP 数据核字 (2016) 第 217283 号

出 版 人	赵剑英	
选题策划	罗　莉	
责任编辑	刘　艳	
责任校对	陈　晨	
责任印制	戴　宽	

出　　版	中国社会科学出版社
社　　址	北京鼓楼西大街甲 158 号
邮　　编	100720
网　　址	http://www.csspw.cn
发 行 部	010 - 84083685
门 市 部	010 - 84029450
经　　销	新华书店及其他书店

印刷装订	三河市君旺印务有限公司
版　　次	2016 年 12 月第 1 版
印　　次	2016 年 12 月第 1 次印刷

开　　本	710 × 1000　1/16
印　　张	19. 75
插　　页	2
字　　数	281 千字
定　　价	69. 00 元

凡购买中国社会科学出版社图书，如有质量问题请与本社营销中心联系调换
电话:010 - 84083683

追寻学科建设的教育理论与发展研究

（代总序）

我国高等教育发展的重心正在由规模扩展向质量提升转变，以质量提升为核心的内涵式发展成为高等教育当前的发展诉求。学科是学术的土壤，是创新的源泉，是人才培养的基地，是人类在认识世界而形成知识的过程中把同类知识进行系统化的集合。提高教学质量需要充分发挥学科建设的引领作用。

教育学原理是研究教育学中的基本理论问题，探求教育的一般原理和规律。教育学的研究对象决定了教育学研究的任务主要有三：一是揭示教育的规律。即揭示教育内部诸因素之间、教育与外部诸事物之间的本质性联系，以及教育发展变化的必然趋势，阐明教育的各种规律。二是科学地解释教育问题。即对纷繁复杂的教育问题提供超越日常习俗认识和传统理论认识的新解释，促进教育知识的增长。三是沟通教育理论与实践。即通过对教育规律的揭示和教育问题的解释，为教育工作者提供理论和方法上的依据，进而成为沟通教育理论和教育实践的桥梁。教育基本理论是教育的概念、原理的体系，是对教育实践系统化了的理性认识。因此，教育学原理是教育学中的基础学科，为其他二级学科提供理论观点和思想方法，为研究各级各类教育提供理论基础。它为教育理论的发展和教育改革提供了综合性的研究成果。

教育学原理学科是郑州师范学院的传统学科，也是学校的优势学科。2010 年，本学科被评为校级重点学科。通过几年的建设和发展，2012 年 10 月被评为河南省第八批重点学科。以王北生教授为学科带头人的本学科研究团队，立足于中原经济区建设，面对国内经济社会发展和世界性文化转型对教育理论和实践的挑战，借助中原独具的区位优势，通过对教育基本理论前沿的透析，引领河南省基础教育改革和人才培养的方向；同时，教育学原理重点学科研究的长足发展，对支撑师范教育专业课程体系改革，加强教师专业发展、针对教师教育专业技能培养具有重要作用。

基于此，学校确定的教育学原理学科点的建设目标是：立足于教育在河南经济与社会发展中的基础作用和先导作用进行研究和探索，在教育基本理论、基础教育改革与发展、教师教育研究、特殊教育改革与发展研究四个学科研究方向进行研究和实践，形成明显的优势和特色。

1. 教育基本理论研究

通过对教育基本理论前沿的透析，引领河南省教育改革和人才培养的方向。该方向的特色是注重传统教育理论的实践反思，关注教育中基本问题的研究；注重基础教育理论与实践的研究；注重新课程改革中学习策略与研究性学习的研究；注重学校改革与发展的研究；注重儿童青少年健康人格塑造的研究；注重人的社会性发展研究。

2. 基础教育改革与发展研究

以教育为中原经济区建设服务、以和谐校园建设为切入点，以中小学、幼儿园教育的基本理论及专业技能培养在各级各类学校教育发展过程中所遇到的宏观、中观、微观问题为研究对象，以教育资源整体优化为研究路线，探讨影响基础教育发展的因素，提出发展的对策和改革路径。通过对全省基础教育理论的研究和探索，实现郑州市基础教育的整体提升，引领和示范河南的基础教育发展。

3. 教师教育研究

以基础教育新课程改革和教师教育课程标准为导向，立足于我国教师教育改革与发展实际，以教师培养与培训的现实问题为切入点，重点进行教师教育模式改革的研究与实践，主要研究领域涉及教师培养与培训模式的改革、教师教育课程改革、教师教育管理、教师专业发展、师范生教育技能研究等内容。

4. 特殊教育改革与发展研究

特殊教育是教育事业的重要组成部分，它的发展对于提升社会文明程度、减轻家庭和社会负担、提高特殊需要人群素质、提高教育水平以及促进社会公平等具有重要的意义。通过对特殊教育理论的研究和探索，形成河南省特殊教育研究的高地，指导河南省特殊教育的改革与发展。本学科的特色是以培养特殊教育师资人才为主，兼顾康复人才和残疾人高级应用型人才培养，开创集教学、科研与社会服务为一体的办学模式。

在进行上述研究的基础上，借助教育学原理重点学科建设，在研究成果方面提出注重理论前沿、注重学科交叉、注重实践效果的基本要求。拟出版一批教育学原理学科领域的学术专著和规划教材，形成该重点学科建设的标志性科学研究成果。

首批出版的重点学科论著，是郑州师范学院近三年来本学科的博士，在其博士论文通过答辩后，经重点学科的各位专家学者提出修改意见后进一步完善的学术专著。其学术前瞻性主要体现在吸收了现代社会发展研究的新成果，部分研究成果表现出研究者敏锐的学术洞察力，其教育实践与前沿研究成果结合的方法为学习者提供了探索新问题的路径。其中：有对教育投资理论问题的分析；有对教育学学科的建设性探索；有对课程与教学理论问题的挖掘；有对古代教育思想的研究反思；还有对特殊教育师资资质标准的研究等。他们不仅关注教育学基本资料的建设和积累，强调教育实践之于教育理论的重要意义，重视教育理论之于教育实践的服务功能与教育理论审视教育实践的本质使命，而且还积极参与教育学术规范的建立，努力拓展教育学学科的研究视域。

根据重点学科的研究进程和各方向专家学者的研究成果，重点学科论丛还将陆续出版一批新的论著，如教育与人的发展的研究、师范生实践技能标准研究、教师职业化研究等。同时出版与本学科所属专业相关的规划教材。

理论是行动的先导，科学的理论是正确行动的指南。教育思想、教育理论、教育观念在教育发展中具有先导作用。一所大学如果没有一定的教育科学研究，就不可能是一所合格的大学。我们期望教育学原理重点学科建设，能够实现区域基础教育的整体提升，引领和示范河南的基础教育发展，形成相对完善的教师教育体系，支撑师范教育专业课程体系改革，加强教师专业发展，提升教师教育专业技能。殷切希望有更多的教师参与教育理论与实践的研究，产生一批有一定研究水平的成果。能够有效地引导河南省基础教育进一步深化教育教学改革，优化教育结构，整体提升教学质量和办学水平。

在此，我们真诚地将从事教育学理论研究和实践探索的部分教师的研究成果呈现给大家，恳请各位专家同仁批评与指正。

郑州师范学院省级重点学科（教育学原理）

论丛编辑委员会

2014 年 10 月 26 日

序

　　随着中国高等教育的大众化，中国大学成为国人热议的话题，本书针对公众关心的大学教育质量、通识教育、专业教育、职业生涯教育、大学教育改革等问题进行了真实、全面、翔实的回答，对公众认识、了解中国大学多有裨益，也为中国大学思考和探索自身的发展路径提供了有价值的参考和有意义的借鉴。

　　《坊间问道：漫谈中国大学》内容涵盖：大学之道：中国大学教育的历史使命；适合是最好的：中国学子的大学选择；迷失与重构：大学教育定位；孰轻孰重：通识教育与专业教育；校园文化感悟：大学培养的是"全人"；教育忧思：洞见大学教育的问题；大学、大师者也：追寻大师的大智慧；钱学森之问——拔尖创新人才培养；全球视域下中国大学教育：大学教育的国际化。本书紧扣时代脉搏，聚焦大学热点，透视高等教育现象，试图为公众勾列出大学真实图景的普及性读本。

　　感谢郑州师范学院的领导在本书写作过程中的鼓励支持，感谢郑州师范学院思政部的同仁在本书修改过程中的真诚帮助，感谢中国社会科学出版社刘艳编辑在本书出版过程中的认真审阅。

　　最后，本书是 2015 年度教师教育课程改革研究重点项目（编号：2015 – JSJYZD – 069）的阶段性成果，受河南省教师教育课程改革研究项目资助。

.

目　　录

第一章

大学之道：中国大学教育的历史使命

大学之道，在明明德，在亲民，在止于至善。

——《大学》

本章导读：本章从古代、近代、现代、当代一个个鲜活的大学记录，阐述了从古至今中国大学教育的发展历程。纵观中国大学教育的历史演进，不能以强调国情的特殊性为由而拒绝遵循高等教育发展的一般规律，也不能以标榜追赶世界潮流为借口而置国情于不顾，中国高等教育在经历了曲折之后，终于在理念、目标和方向上与世界高等教育的发展有了同步的发展轨迹。

第一节　千年学府之源——中国古代书院教育

在中国古代大学教育的序列中，有一个重要的教育机构不能忽略，那就是书院。书院作为一个文化组织、教育机构，具有人才培养、学术研究、文化传播等社会功效，其虽大多为私人主办，但在中国封建社会后期的文化与教育传播上起着当时官学不可匹及的重要作用。

一　中国古代书院的历史演变及发展的原因

书院存在的历史悠远，已有千年之久，为我国古代教育的发展和学术的繁荣做出了重要的贡献。它的历史不仅是一部简单的制度史，更是一部以书院为平台而演绎的文化史、社会史。

（一）中国古代书院的历史演变

中国古代书院萌芽于唐代，但早在先秦时期，中国就出现了私人办学、讲学的传统风气，这种风气历经几个朝代而无衰败，逐渐成为与官学相对应的坚强力量。在乡村，私人办学更是成为民间贫苦学生的重要人生起点，使得他们有机会接受教育，摆脱穷困潦倒的生活。古代书院主要分为两类：一类是官方所设机构，主要功能在于收藏、校勘和整理图书。如最早由政府设立的书院是丽正书院（又称丽正殿修书院、丽正修书院），后改名为集贤书院。另一类是私人设立，供隐居读书或聚徒教学之所，如四川张九宗书院、湖南李宽中秀才书院等①。

1．兴于唐朝

中国古代书院产生的历史背景为唐朝"安史之乱"，安史之乱是唐朝由盛转衰的重要转折点，自此之后政局动荡，民不聊生，国家的文教事业也深受其害，官学逐渐废弛。于是没落的鸿儒硕学因在官学施展不了应有的抱负而纷纷选择去一些风景优美清静的名胜古地办学教书，以自谋出路并推行自身的政治主张。此后，归隐山林与聚徒讲学风气日渐兴起并日益扩大，而真正意义上具有聚徒讲学性质的书院到五代末期才基本形成。虽然这种主要由私人所创的教育机构普及性低、规模较小、规章制度不完善，但其作为新兴的教育组织形态已经萌芽并逐渐兴盛。

2．盛于宋元

宋元是中国古代书院的兴盛时期，宋代书院虽经历了萌芽、沉寂，但逐渐走向复兴和极盛，元朝则因其"汉化"方针而使书院得以不断发展。北宋初期，书院数量较少，以岳麓书院最负

---

① 阚燕：《试论中国古代书院的发展及其对古代文化教育的影响》，《前沿》2011年第6期。

盛名。此后，政府将一些书院改为州学，规定只有州学和太学的学生才能参加科举考试。这种做法沉重打击了书院的发展，断绝了书院学生的求官之路，书院也逐渐走向沉寂。孝宗朝和光宗朝时期（1162—1194年），统治者对理学持一种不干涉态度，政策也较为宽松，书院得以不断复兴。嘉定（1208—1224年）至宋末年间，理学受到重视，理学家们积极建设书院，宋代书院走向极盛时期。理宗朝（1224—1264年）以后，书院教育成为朱熹等理学大师的遗产，被官府继承①。北宋出现了嵩阳、应天府、岳麓、白鹿洞等著名的四大书院②，书院制度发展日益完备，成为影响封建旧势力、旧思想的重要力量。南宋时期四位理学大师——朱熹、张栻、吕祖谦、陆九渊为书院的发展做出了不可磨灭的贡献，他们创立书院，四处游学，不断完善书院的教学和管理制度，书院的迅猛发展之势不可阻挡。元朝作为少数民族统领的中央政权，为缓和与蒙汉民族之间的矛盾，采取了尊孔崇儒、发展书院等"汉化"方针，但其对书院的控制也逐渐加强，政府在教师的任命、书院的招生、考试政策及学生的去向方面加以管制，使得书院官学化倾向日益严重。

　　3. 颓于明朝

　　明朝书院的发展历经波折，有复兴也有衰退，但总体来说是逐渐颓废。明朝初期，文化和教育政策重点表现在提倡科举、大兴官学、鼓励荐举等方面，因此书院教育在官方的打压政策下发展缓慢，步履维艰，数量骤减。明中叶以后，科举制度不断腐化，官学空疏，官方学校学生学习风气大不如前。在官学被人们看成应试教育的考试场所的同时，书院教育在一些学者大师的倡导下逐渐复苏，书院成为有志之士挽救教育风气、议论朝政的主

① 季羡林：《书院漫谈》，《中国大学教学》1997年第2期。
② 陶爱萍：《中国古代书院兴衰史及其对现代高等教育的启示》，《高教论坛》2010年第5期。

要聚议场所，国政民生也成为书院讲学和辩论的主要中心内容。在书院政治讲学、议政蓬勃发展的同时，学院政治色彩愈加浓厚，引起统治者的强烈不满，因此禁毁书院运动产生并严重扩大。如明朝政府曾四次明令禁毁书院，严重地戕害了学术思想的发展。

4．消于清朝

清朝初期书院的数量进一步增加，州、府、县等都开设了不同级别的书院，书院因此逐渐被纳入国家管理范畴，并日益官学化。书院的建立者或为地方绅士，或为地方官员由政府出资兴建，书院的管理者也由学者变为地方政府官员。兴建者、管理者的变更使得书院丧失了原有的生机，政治色彩浓厚，各种弊端日益显现。在书院的学习内容上，八股文占据主要内容，学生学习的目的也更功利化，书院完全变成了知识分子获取功名、参加科举的场所。书院的讲学之风、学术研究性质已不复存在，独立性和自主性都大大降低。戊戌变法运动中，朝廷根据康有为的建议，将科举考试中的八股文取消，废除了官办书院系统。同时，建立了现代学校体系，将省会的书院改为"高等学"，郡城的书院改为"中等学"，州县的书院改为"小学"。洋务运动中，洋务学堂如雨后春笋般涌现，旧式的传统书院已不能适应时代的发展要求，书院的改革也成为大势所趋。在张之洞、刘坤一的建议下，朝廷再次下令废除八股文考试，各级书院也改为各级学堂，如大学堂、中学堂、小学堂等。至此，传统的书院教育系统被现代学校系统取代。

（二）中国古代书院产生发展的原因

纵观我国古代书院的发展轨迹，不难发现，书院的产生与发展是时代发展的产物，有其现实的多方面原因，主要概括为以下几点：

1．受官学衰落的影响

唐朝末年，各国争霸和各国内部统治权的争夺使得社会动荡不安，加之世袭制度使得贵族子弟无心专研学习，贵族统治力量日益衰落。各国统治者关注的重心是如何维持生存而并非教育的好坏，因此官学逐渐无法维系，士子失去了学习的场所，原有的"学在官府"教育体制已不能适应时代发展的要求。在政府无暇顾及教育的同时，一些没落的贵族沦落民间，造成学术的下移和士阶层的出现。此时，私人书院有所创立和发展，如北宋著名的白鹿洞书院、石鼓书院、嵩阳书院等均为那时所建。

2. 受私人讲学传统的影响

自先秦以来，就有私人讲学的传统。唐代由私人建立的书院有聚徒讲学活动，这是对历史上私学的继承和发展。宋代初年学校也不发达，吕祖谦曾说："儒生往往依山林，即间旷以讲授。"① 这实际上已兴起了私人教授讲学之风。

3. 受佛教禅林的影响

汉朝末年，佛教开始传入中国并不断繁荣发展，佛教信徒也逐渐遍布各地。这些佛教信徒为传播佛教，施行教化，每到名胜山林之地便修建禅林作为其讲习修道的场所。书院在建立之初，也仿照此种做法，依山而建，如白鹿洞书院建在庐山五老峰下、岳麓书院建在岳麓山抱黄洞下、嵩阳书院建在太室山南、石鼓书院建在回雁峰下。除建立场所受佛教禅林影响外，书院的讲学和管理制度也深受其影响。例如：禅林注重公开讲学、注重心性修养，书院制度中也有类似佛寺清规中的学规和学约；禅林设长老、住持等，而书院设立洞长、山长等。

4. 传习理学的需要

宋初，由于官学的衰弱，统治者只注重科举制度，而对真正的教育却无暇顾及，学术思想也深受阻碍。在这种状态下，理学家们要想传播理学，只有通过书院这种途径，因此由理学家建立的书院逐渐兴盛起来。如宋代的朱熹、陆九渊等，都是当时理学

① 章柳泉：《中国书院史话》，教育科学出版社 1981 年版，第 166 页。

家的代表人物。朱熹在《衡州石鼓书院记》中说："予惟前代庠序之教不修，士病无所于学，往往相与择胜地，立精舍，以为群居讲学之所。而为政者及或就而褒表之，若此山，若岳麓，若白鹿洞之类是也。"①

二　中国古代四大书院

书院作为一个独立的教育机构和场所，是名流学者们的讲经论道之所，文人学士们的向往之地。书院在古代文化的传播中，起着不可替代的作用。它所承载的文化使命和精神气质使得中国古代文化源远流长，经久不息。中国古代四大书院——江西庐山的白鹿洞书院、湖南善化的岳麓书院、河南登封的嵩阳书院和河南商丘的应天书院是古代书院的典型代表，也是书院文化的主要传承之地②。

（一）岳麓书院

岳麓书院位于岳麓山脚下、清溪茂林之间，环境清幽，是一座精致典雅的千年庭院。在岳麓书院的大门前有一副楹联，"惟楚有才，于斯为盛"，书院是北宋开宝九年（976 年）由潭州太守朱洞在僧人办学的基础上正式创建的。因坐落于今湖南省长沙市岳麓山东面的山脚下，故名岳麓书院。"岳麓书院"的门匾为北宋真宗所赐，南宋孝宗乾道年间，理学家张栻来此主持讲学，朱熹闻声也特意赶来聚集书院讲学，并手书"忠、孝、廉、节"四个大字刻石于讲堂两侧，这是岳麓书院道统源流的象征。在历代文献中，都曾把岳麓书院和孔子讲学相提并论，誉为"潇湘洙泗"。清光绪二十九年（1903 年）岳麓书院改为高等学堂，1925年工专、商专与法政专校合并，改称湖南大学。

---

① 刘德华：《中外教育简史》，广东高等教育出版社 1999 年版，第 34 页。

② 沈铁：《中国古代四大书院探秘》，《科学大观园》2013 年第 11 期。

岳麓书院是湖南人引以为傲的文化招牌，也引得世界各地的游人前来感受其浓厚的文化氛围。岳麓书院之所以能够有如此高的地位，是与其文化底蕴分不开的。纵观历史，岳麓书院培养出了万名学生，如陶澍、魏源、曾国藩、左宗棠、郭嵩焘、唐才常等，都是历史上的杰出人均。

（二）白鹿洞书院

白鹿洞书院位于今江西省九江市庐山五老峰南约 10 公里处的后屏山南麓，为洛阳人李渤创建。白鹿洞书院的名称源自李渤与其兄所养的白鹿。相传，李渤在此游学期间，养了一只白鹿为伴，此鹿通人性，能跋涉千里替主人将所需纸墨买回家中。据此，人们称李渤为"白鹿先生"，其居所为白鹿洞。

白鹿洞书院盛极之时，有各类建筑 300 余间，屡经兴废，目前尚存礼圣殿、御书阁、朱子祠等。书院大小错落有致，交叉有序；亭台楼阁，古朴典雅；佳花名木，姿态各异；碑额诗联，比比皆是。总之，白鹿洞书院的整体风格设计充分展现了古代书院的攻读经史、求索问道、赋诗作联、舞文弄墨等独有特色。

（三）嵩阳书院

嵩阳书院位于今河南省登封市，背靠峻极峰，面对双溪河，因坐落在嵩山之阳故名嵩阳书院。它是我国古代著名的高等学府，在历史上以理学著称，也是重要的儒学传播场所。北宋儒教洛派理学大师程颢、程颐在此聚众讲学，使书院名声大振。北宋名儒司马光、范仲淹、韩维、李刚、朱熹、吕晦等也曾在此讲学。

嵩阳书院地域分布较广，在古代并非单指一个院落，而是多个院落和建筑群的集合，大体而言，除现在看到的嵩阳书院建筑外，隶属于嵩阳书院的建筑物还有位于嵩阳书院东北逍遥谷叠石溪中的天光云影亭、观澜亭、川上亭和位于太室山虎头峰西麓的嵩阳书院别墅君子亭等。

（四）应天书院

应天书院位于今河南省商丘旧城之东，又名睢阳书院、南京书院，其前身是后晋时杨悫所办的私学——南都学舍。应天书院人才济济，在北宋科举取士期间，及第率极高，百余名学子中竟有五六十人及第。该书院正式被命名为"应天府书院"是在宋真宗年间，宋仁宗时又将应天书院改为南京国子监，使之成为北宋的最高学府之一。北宋初年，书院大多建立于山林胜地，只有应天书院建在繁华闹市间，后在应天知府和范仲淹等人的支持下，书院得以快速发展，逐渐成为北宋最具影响力的书院，也是北宋四大书院之首，与此同时，应天书院也是唯一一个升级为国子监的古代书院。

三　中国古代书院的教育理念

古代书院是人才培养的聚集地，也是文化传播和学术交流、创新的摇篮，在人才培养和文化传承的过程中，中国古代书院形成了以教育教学与学术科研相结合、人格与知识教育并重、倡导师生互动、兼容并蓄、百家争鸣，培养独立精神，崇尚自主精神，躬行践履精神为主要内容的教育理念。重视我国古代书院的教育理念与特点，对于当代大学精神的重振有着重要的启示。另外，了解古代书院的讲学模式和管理体系对于完善现代教学模式、构建和谐的校园关系也有着重要作用。

（一）教育教学与学术科研结合

中国古代书院大多兼具双重职责，既是主要的教育教学机构，也是重要的学术研究机构。如历史上有名的书院在作为人才培养基地的同时也是某学派学术思想传播和研究的重要基地。学术研究是书院教育教学的基础，而书院的教育教学又是学术研究成果得以传播和进一步发展的必要条件①。书院中山长或主持人

---

① 林杰、刘岑：《中国古代书院的教育特色及现实借鉴》，《中国电力教育》2011年第13期。

大多为名师硕儒，他们是书院发展的领头人，在人才培养和教育教学工作的同时，也成为各派学术理论的研究者和传播者。另外，不同的书院学术取向不同，各家大师在继承前人成果的基础上，推陈出新，不断探索，使得各学术学派得以发展壮大，如王守仁的心学、朱熹的理学等经书院名师的探讨与研究后，盛极一时。可见，书院的教学不仅仅单纯为知识的传递，更是对知识创造、个人体悟的强调，具有研究创新的特点。

（二）人格教育与知识教育并重

书院在讲学、治学的同时，也将道德修养与人格的完善作为主要内容有机结合起来。如白鹿洞书院学规中，"言忠信，行笃敬，惩忿窒欲，迁善改过"、"己所不欲，勿施于人，行有不得，反求诸己"等基本信条深刻影响着学生的道德修养。朱熹也十分重视学生的人格教育，曾指出"熹窃观古昔圣贤所以教人为学之意莫非使之讲明义理，以修其身，然后推己及人"。他认为"先王之学以名人伦为本"，具体地说就是"圣贤教人，只要是诚意、正心、修身、齐家、治国、平天下。所谓学者，学此而已"①。这一办学思想在我国书院制度发展史上有着极为深刻的影响。可见，书院的教育信念不仅体现在学规、教条上，而且也切实贯穿在人格教育中。

（三）倡导师生互动，培养独立精神

书院的教学模式采取师生互动辩论的形式，师生之间地位平等，可以相互质疑问难，取长补短。这一过程可以充分调动学生的学习主动性，使得他们积极思考，勇于创造。如朱熹在白鹿洞书院讲学时，经常与学生讨论，"从游之士，选诵所习以质疑。意有未喻，则委曲告之，而未尝倦。问有未切，则反复戒之，而未尝隐。务学笃则喜见于言，讲道难则忧形于色。讲经论典，商

---

① 沈广斌：《中国书院制度的基本特征》，《煤炭高等教育》2000 年第 5 期。

率至夜半"①。师生之间的互动教学打破了传统的官学灌输式教育模式，是中国古代教育的一大进步和发展。在师生互动中，教师不仅仅是学生知识的传授者，更是学生兴趣的培养者和思维能力的提升者。另外，教师在教学过程中会根据各类学生的个性特长，因材施教。这种师生互动式的交流，不仅实现了学生学术与心智训练的结合，更有助于形成融洽和谐的师生关系②。

（四）百家争鸣，兼容并蓄

书院的讲会制度打破了各派门户之见，不同学派可以相互争辩，共同讲学，一律平等。这种学风推崇各派间的相互尊重与平等，取长补短，博采众家之长，出现了百家争鸣的繁荣局面。如朱熹和陆九渊于淳熙二年（1175 年）在鹅湖书院进行学术辩论，使"鹅湖之会"③成为流传千古的美谈。讲会制度一直延续到清代，并逐渐形成了一套完整的讲学制度，其间，以东林书院和紫阳书院的讲会最为鼎盛。书院的讲学不仅使得教学内容范围大为扩大，更使得学术风气逐渐活跃，书院的办学讲学水平快速提高，形成了百家争鸣、兼容并蓄的理念。与此同时，各学派自由争辩，兼容并蓄，不仅大大扩大了学派的影响力，更广泛传播了学术思想，推进了各学派之间的学术交流，促进了学术的繁荣发展。

（五）崇尚自主精神

书院自主精神体现在书院的经费自筹、办学管理、自我教育等方面。书院作为一个教育实体，它的不断运行与延续离不开各方面现实条件的影响，如书院环境的修葺、教育设施的布置、教

---

① 丁钢、刘琪：《书院与中国文化》，上海教育出版社 1992 年版，第 68 页。

② 秦平、王敏、张晶：《论中国古代书院教育的特点及对高等教育课程理念的借鉴》，《哈尔滨学院学报》2011 年第 12 期。

③ 同上。

学管理的费用、教师的薪俸、生徒的膏火等，这些经费的开支是学院得以运行的保障也是必要条件，因此书院经费充足与否是书院能否正常运转的基础。在古代书院经费来源中，主要有四种，即官府赐拨、官家资助、民众捐赠和书院经营①。后两种经费来源的书院其办学自主性强，它们作为一种教育机构不仅有自己的财产，还积极活跃在诸如如金融业、出版业等经济领域。同时，书院的自主管理和自我教育，也是书院自主性的重要表现。另外，书院学生参与书院的管理或教学事务也是一大特色，如在有些书院中，堂长由学生兼任，管干、司计、掌书、典谒、司录等管理人员也多从生徒中择优选拔。

（六）躬行践履精神

中国古代书院注重"道德践履"，也是书院道德教育的主要形式。践履不仅是道德修养的重要途径，更是德育的根本目的。书院的山长多是学识和德行较高的学者，他们特别注重言传身教，用环境熏陶学生的德行。在古代书院中，践履教育形式多样，各书院都采取祭祀活动来为学生营造浓厚的文化环境，使学生时刻感受先贤的谆谆教导。另外，书院还通过让学生走出书院、走进名山大川进行课外历练，这种形式不仅使学生的知识结构得以完善，更在"走万里路"中磨练学生的坚强意志，对学生的身心发展都是有益的。最后，书院还注重在日常生活中施行教化，如熟悉对待师长、朋友、宾客之礼以及上课、饮食等进退之礼，并时常练习，使之习惯成自然。

四　中国古代书院教育文化的传承与借鉴

中国古代书院遍及范围很广，几乎全国各地都有大大小小的书院，最多时达到 7000 多所。据统计，目前以学校、图书馆、

---

① 林杰、刘岑：《中国古代书院的教育特色及现实借鉴》，《中国电力教育》2011 年第 13 期。

博物馆等各种形式存留下来的书院至少还有 400 多所，它们大多是当地的文化教育场所或重要的文化景观地。中国古代书院是在官府或私家聚书、藏书的基础上发展起来的，成为以学者讲学、士子求学为目的的培养人才的教育机构。在本质上，它是一种综合性的文化教育场所，既是图书馆和高等学校，同时也是研究学者们以文会友的重要场地。同时，书院也担负着著书、编书、校书等工作，是世界高等学校创办图书馆和出版社的先例。书院是中国近千年来传统文化遗产中的财富，也是传统文化传承的重要平台和支撑，它为中国古代人才的培养与学术的发展奠定了重要基础。

尽管书院在人格塑造的目标与内容上还深深地镌刻着封建社会的印记，但其修身、立德、济民等思想在今天仍是值得人们大力倡导的传统美德，尤其是在现今的市场经济条件下，加强对现代年轻人传统美德的教育仍然具有不可忽视的作用。此外，书院中道德教化、人格塑造中的内外兼修、知行合一等思想对我们现在的大学道德教育具有十分重要的借鉴意义。

第二节　百年名校之韵——中国近代大学教育

近代大学伴随着中国近代化的步伐不断产生并发展壮大，出现过繁盛的春天，但因国事纷繁倍受消极影响，不过多所盛开在当下的高等学府都是在近代萌发学术之芽、绽开文化之花的。

一　百年名校——京师大学堂的创建

近代中国遭列强入侵，社会动荡不安，统治者为了摆脱外敌欺侮，在政治、经济、文化教育等方面进行了改革。因此，中国近代高等教育并不是封建社会传统教育的产物，而是在西方列强用武力打开中国国门的背景下被动产生的。高等教育是培养人才的主要领域，首先在学制系统、教育结构、教学体制、管理体制上进行了改革，以造就时世急用之才。

（一）中国近代高等教育的开端

鸦片战争爆发后，清朝统治阶级为了培养跟洋人打交道的专门人才，于1862年在北京设立了一所外国语学堂，即京师同文馆。1867年，京师同文馆又增设天文算学馆，招收30岁以下科举出身的五品京外官员入馆学习。自此，京师同文馆就演变成一所教授外国语言文字的专科学校。在近代，京师同文馆最早采用班级授课制，它被视作中国近代学校和高等教育的开端。

（二）京师大学堂的创建

在近代中国，首先倡议建立正式大学的乃清政府刑部左侍郎李端棻，他于1895年在《请推广学校折》中提出，请于京师建立大学堂，各省、府、州、县皆设学堂，并设藏书楼、仪器院、译书局，这是京师大学堂创议的开端。但此建议因遭到清朝旧势力的反对而终被搁置。

到1898年戊戌变法前夕，又有人奏请开办京师大学堂，光绪帝下令军机大臣与总理衙门共同议奏商议章程。而王公大臣对大学堂一无所知，只好私自请梁启超起草奏议。梁启超考虑本国情形，并以日本学规为模型，草定学堂规则八十余章。奏准后，京师大学堂（即北京大学的前身）才算正式成立。开办之初，仅设仕学馆，命令举人、进士出身的官员入馆学习。京师大学堂的建立，是我国近代大学教育之始，但此时还没有全国性的高等教育计划。

《京师大学堂章程》规定，大学堂应设政学、道学、工学、农学、商学等10科。但戊戌变法失败后，学堂实际设诗、书、易、礼4堂及春秋2堂，性质同旧式书院无显著差异。1900年学堂在八国联军侵占北京背景下被迫停办。1902年复校，设预备科和速成科，次年增设进士馆、译学馆及医学实业馆，不久，又增设了师范馆。1910年发展成为经、法、文、格致、农、工、商7科。1912年更名为北京大学。"京师大学堂"的创办具有重要的意义，它创中国国立大学之始，不仅是当时中国的最高学府，也兼具国家最高教育管理机构的职能。

二　中国近代大学教育的确立

中国近代教育始于19世纪40年代，由外国教会举办的一些学堂组成，其中有些学堂后来发展为著名的大学，但这些学校并没有满足中国政府和民众对于国家独立、民族自强的强烈愿望。19世纪90年代的中国，挣扎在中国传统文化、封建旧礼仪与先进西方科学文化之间，挣扎在旧书院与新式学堂的转变之间，在与西方文明不断磨合与碰撞之中，中国高等学府也逐渐步入正轨。中国人开始自己仿照西方学制建立中国近代大、中、小学和师范学校的系统学制，才使得我国高等学校教育发生了实质性的变化。其中，天津北洋西学学堂、上海南洋公学和北京京师大学堂三所高等学府的创建，就是我国近代教育事业划时代的创举。

（一）近代高等学府的创建

1. 北洋西学学堂

北洋西学学堂是在北洋大臣王文韶的奏折中最先提及的，后经光绪皇帝批准，1895年9月，津海关道盛宣怀于天津创办"北洋西学学堂"。招生对象为天津、上海等地区有一定西学基础的学生，程度不同会分配到不同等级的班级中。学堂分两类，即头等学堂和二等学堂，学制均为4年，但二者学习内容有所区别。头等学堂主要有工程学、矿务学、机器学、电学、律例学等专业，学生毕业后即有机会送往哈佛、耶鲁等名校留学。而二等学堂是我国最早的新式公立中学堂，主要招收13～15岁的学生，主要课程有英文、数学、朗读、地舆学、各国史鉴、平面量地法等20余种，主要从天津、上海、香港等地招生，教材和教师均仿国外，教材为英文版本，教师也多为外国人。

1896年，北洋西学学堂更名为"北洋大学堂"。1900年，因义和团运动，学堂被迫散学，后又在八国联军入侵天津时被毁。

1903 年，北洋大学堂在天津西沽得以恢复。"北洋西学学堂"是我国官办近代高等学校、中等学校的先河，在我国近代教育史上具有极其重要的地位。

2. 南洋公学

南洋公学是在学习北洋西学学堂的基础上由盛宣怀于上海建立的。1896 年 3 月底，盛宣怀到达上海不久，得到两江督臣刘坤的赞同，开始在上海筹建南洋公学。他出资上海南市高昌庙购买了一块土地，作为公学的办学基地，由他督办的招商轮船局、电报局的商捐每年筹集白银 10 万两，也作为公学的筹备和常年经费。1896 年 10 月 31 日，盛宣怀向朝廷呈奏了《条陈自强大计折》。1897 年 10 月，南洋公学总理何嗣焜亲笔拟定了《南洋公学章程》。盛宣怀在 1898 年 6 月 12 日呈奏的《筹集商捐开办南洋公学情形折》中，还附奏了《南洋公学章程》。该章程确定公学主要是培养工艺、机器、制造、矿冶等方面的政治家。公学分立师范、外院、中院、上院，即师范、小学、中学和大学 4 个部。南洋公学师范院开创了我国近代师范学校的先河，南洋公学外院及以后公学的高等小学堂，是中国近代第一所官办小学校。

（二）"癸卯学制"的颁布

1902 年，清政府颁布《钦定学堂章程》即"壬寅学制"，这是中国近代史上的第一个学制但最终并没有被实施下去。该学制把学校教育分为三段，即初等教育、中等教育、高等教育。高等教育又分为三级，即高等学堂（或大学预科）、大学堂和大学院。

1903 年，清政府颁布了《奏定学堂章程》，即"癸卯学制"，这是中国近代教育史上第一个实行了的学制。该学制仍将整个教育系统纵向分为三阶段，高等教育段还是三级，只是将大学院改称通儒院，年限定为五年。此时，中国近代高等教育系统才算是正式确立。

三 中国近代大学教育理念发展的特征

（一）本土化

中国近代大学教育理念的形成，走的是和西方完全不同的路径。一方面，源于晚清洋务运动的中国高等教育主要是由政府推动、从发展工业和军事的实际功利出发，因而具有浓厚的工具主义、技术主义背景；另一方面，在 20 世纪 30 年代，由于意识形态的变化，又面临着救亡图存的压力，中国高等教育自由主义的教育精神遭到了国家主义、权威主义的打压。与欧美等一些国家相比，中国的高等教育理念并非基于经验的传承，它本质上是一个反传统和否定过去的循环。它是在借鉴外国高等教育理念的基础上转换而成的，并非是其自身演进的逻辑结果。

（二）阶段化

1898 年京师大学堂的建立标志着中国近代高等教育的开始，1949 年新中国的成立打开了中国高等教育体系的探索之路。从1898 年到 1949 年中国高等教育 50 多年的发展历程大致可以分成三个阶段：第一阶段为 1898 年到 1911 年，是中国的现代高等教育理念萌芽阶段，虽然传统的高等教育理念依然根深蒂固，但传统的高等教育在逐渐向现代高等教育理念转换。第二阶段为1912 年到 1927 年，基本实现了传统高等教育向现代高等教育理念的转换。但由于没有统一的中央政府，民国前期的高等教育的发展是比较自由放任的。第三阶段为 1928 年到 1949 年，此时高等教育开始趋于保守，由于国民政府加强了控制，使高等教育烙上了强烈的国家主义色彩。

（三）统一化

中国的近代高等教育发展历程虽然经历多次变迁，但总的来说，无外乎来自两个方面：第一，传统理念的诠释，是对大学发展历程的反思和提炼；第二，新型理念的产生，是当时社会思潮在教育发展中的反映。高等教育理念最重要的是要解决两个问题：一是高等教育自身的发展；二是高等教育的人才培养。因此，逐渐形成了六个方面的教育理念：①忠孝为本，经世致用；②术德兼修，文武合一；③通识为本，协调发展；④文实并重，均衡发展；⑤学术自由，兼容并包；⑥教育独立，政学分途。正是在这几个高等教育理念的引领下，才使中国近代高等教育取得了令世人瞩目的成绩。

四　本末错位——中国近代大学教育的反思

中国近代大学教育是产生于内忧外患和中西方文明有着激烈的矛盾和冲突的时代，本是先天不足，难以形成良好的发展机制。从开始的效仿日本，到后来的与欧美融合，中国的近代大学教育始终和中国的传统书院息息相关。与此同时，它又受制于当时救亡图存的时代主题，"教育救国"、"教育图存"等一些思想深深地印在了每一位创办中国近代大学的人的脑海中，这成为了他们办学求教的最高准则。可以说，中国的近代大学教育是在西方近代大学教育模式和中国传统书院教育模式的互动中形成。但近代大学在采借西方大学模式的过程中，却剪裁了西方大学的诸多合理成分，明显偏离了大学教育最基本的社会价值诉求，导致形成本末错位的现象。

（一）近代大学办学管理体制——政府集权制

1. 以官办为主体的办学体制制约了大学的多样化发展

西方许多国家的大学教育多起源于私立办学机构，并形成以私立为主要特征的大学教育体系，其中英国和美国最为典型。而在中国，官办大学始终构成中国近代大学体系的主体而难以形成多样化的大学生态结构。其间，虽然西方传教士创办了不少教会大学，但到20世纪20年代以后，随着收回教育主权运动和非基督教运动的兴起，其特立独行的风格和影响随之减弱；民国建立后，私立大学也曾一度迅速发展，并在数量上超过公立大学，但由于时局维艰，难以得到政府政策和财政的有力支持，一直未能得到很好的发展，无法与官办大学抗衡而只能作为大学教育的补充。

2. 以政府集权为特征的管理体制制约了大学的独立发展

从起步看，中国近代大学不具备独立的地位，从清末制定的新学制到民国之后确立的高等教育行政管理体制，一个相通之处在于都是中央集权制的。中国近代第一批大学的最高首长均为清一色的政府官员，即中国近代大学从诞生之日至发育成年始终没有摆脱政府精心设置的摇篮，一直受到政府的"亲切呵护"。校长由政府任命、经费由政府供给、教育方针由政府制定、教学大纲由政府颁定，甚至学生教材也由政府统一组织编发，以至于大学自始至终缺乏独立的人格品质或基本的办学主权。另外，大学制度主要是一种处理大学与社会、政府以及学校内部各种关系的规范体系。但由于中国特有的社会制度框架所限，西方近代大学制度和理念层面的东西在当时并未得到应有重视。虽然当时的大学多由西方传教士主持校务，但他们的管理权限基本上限于校园之内，主要是教学业务工作，而涉及学校与政府的关系以及学校的管理体制等重大问题时，他们就不可能发挥作用了。当时政府视大学为救亡图存、教育人才的救命稻草，直接介入大学事务，把大学作为政府的直属机构加以管理，形成了大学自上而下、从外部到内部的以行政为主导的管理体系。

3. 以行政权力为主导的内部管理体制制约了大学学术事业的发展

从政府集权体制进而派生出学校内部以行政权力为主导的管理体制，学校的行政权力统制了所有的内部事务，包括学术事务。行政体制渗透到大学的骨髓血脉，形成中国大学的一大特色。具体而言，这种官僚化的行政管理模式进一步伸展到学校内部，使学术事务行政化、学术权力官僚化之势愈演愈烈，大学行政包揽校内一切学术事务，并成为中国近代大学教育难以根治的顽症。

（二）近代大学教学模式——传统学院制度特色的遗弃

1. 教学内容趋向实用主义的专业化，制约了学生素质的全面发展

由于近代中国面临内忧外患的生存环境和救亡图存的现实压力，致使从政府到社会对刚刚起步的大学教育抱有一种强烈的国家功利主义态度。后来，随着杜威实用主义的传入，教育救国、讲求实用成为大学教育的基本价值取向；按照社会需求，培养专业应用人才成为大学教育的主要任务。传统的"全人教育"失去地位，特别是进入民国后，以取消经学为导线而将传统文化与现代文明完全对立，并使西学近代专业教育跃居上游，专才教育模式取代了通识教育模式，传统文化教育被削弱甚至取消，教书与育人相分离，导致学生丧失了人文素质，个人修养水平也较低。

2. 教学组织逐渐趋于西式化，对学生自由研究空间不利

我国的近代大学创立之后，多数聘请西方人士主持教学工作，并不约而同地把"聘教习，订课程"等重大事项交付洋人办理。在他们的擘画下，学校积极向西方大学模式靠拢，在进行分科组织教学基础上，引进班级授课制度，实行分班分级授课，还采用实验教学方法，注重组织学生进行实习。总之，从培养模式、教学计划、课程安排、作息时间、课外活动等一律实行整齐划一的西式管理。与此同时，启发式、讨论式以及因材施教等优良教育教学传统被遗弃，打压了学生自由探讨和素质养成的空间。

3. 教学方法趋向教条主义的传授式，影响了学生创新思维的养成

采用分班教学，教师自然就成为课堂上的主角，教师一言堂主宰了课堂教学，照本宣科成为普遍现象。教学相长、平等交流的教学传统逐渐丢失，传统书院自由而宽松的学术氛围一扫而去，师道尊严阻断了师生之间平等自由的学术交流和情感沟通，造成"师友古人之联系之缺失"，等等。

历经了世纪沧桑，有一批中国大学陆续迈入了百年老校的门槛。但中国近代大学在创办伊始形成的缺陷和顽症，有多少得到确诊和医治，至今还是问号。但可以确定的是，以史为鉴，并妥善处理好传统与移植的关系、教育与政治的关系，方能弥补些许不足以不留遗憾。

第三节　西南联大之魂——中国现代大学教育之楷模

西南联大在八年抗战期间的成功经验，是我国知识分子的宝贵精神财富。一位花费 16 年光阴研究联大 8 年历史的美国学者曾说："西南联大是中国历史上最有意思的一所大学，在最艰苦的条件下保存了最完好的教育方式，培养了最优秀的人才，最值得人们研究。这所大学的遗产是属于全人类的。"研究西南联大的办学思想和办学经验，必会对我国现代大学教育提供有益的借鉴和启示，有着深远的意义。

一　走进西南联大

西南联大的成功是抗战时期的教育奇迹，也是我国教育史上的辉煌时刻。在抗战时期，西南联大不仅保存了重要的科研力量，其办学思想更为中国培养了一大批杰出人才。因其成就显著，有"内树学术自由之规模，外筑民主堡垒之称号"之美誉，是中国现代大学教育之楷模。

（一）建校背景

七七事变爆发后，抗日战争开始，北平和天津沦陷，北京大学、清华大学和南开大学被迫迁至湖南长沙，组成长沙临时大学（简称"临大"）。但不久南京就遭沦陷，战火危及长沙，学校不得不迁至昆明。1938 年 4 月临大成功完成迁滇计划，后奉教育部命令改名为国立西南联合大学（简称"西南联大"）。西南联大正式上课后，就开始了八年的在昆办学历史，在当时是一所综合性的大学。

（二）成功之因

战时，西南联大处于环境恶劣的乱世之中，自 1938 年 9 月昆明首遭空袭之后，联大损失惨重。经费、图书设施极度短缺，学生住房简陋，人多拥挤不堪，每逢刮风下雨，经常屋漏墙倒；教师生活状况同样窘迫，甚至纷纷典当衣物。人们不禁要问：当时办学条件那么差，为什么能培养出如此多的科技人文精英并出现众多科研成果？"一代之盛事，旷百世而难遇"，这种奇特"西南联大现象"背后的深层原因是什么呢？

1. 政府无力干预，自治传统得以延续

西南联大的诞生虽存在于国民政府统治时期，但其并未受国民政府的完全控制，而是沿袭了三校的自治传统。此外，西南联大勇于与政府意志相抗衡，并坚守办学原则和立场，这与联大知识分子的独立意识与人格密不可分，在一定程度上维护了大学的独立性和正当利益。如蔡元培主张，在教育事业中政府应放手并将其交予教育家，保持教育的独立性。民国初年，军阀势力不时干涉学校事务，蔡元培多次以辞职抗争。当教育超然的理想与政府要求相冲突时，联大许多教授和知识分子敢于说"不"①。

2. 追求学问真理，师生享有学术自由②

西南联大很好地继承了北大"思想自由、兼容并包"的精神传统，鼓励学术争鸣，给师生以充分的自由。教师享有充分的学术自由，可以按照自身意愿讲授并宣扬自己认同的学术观点；

① 赵清林：《西南联大：战火中的洗礼》，上海教育出版社 2000 年版。

② 铁发宪：《从西南联大看现代高等教育理念》，《长江大学学报》（社会科学版）2012 年第 1 期。

学生享有读书的自由，可以看与课程无关的书籍；师生关系中，教师与学生可以随意发表各自见解、讨论学术问题，因学术观点不同而出现争执甚至面红耳赤的情形也属常事。然而，西南联大不仅继承了北大学术自由的风气，也传承了清华大学严谨的校风。西南联大的自由并非完全的自由，而是"外松内紧"，在学生学习过程中享有一定的自由，但在学习结果的考核中，处于非常严格的状态。

3. 坚持民主办学，教授治校

西南联大的成功另一主要原因是坚持民主办学，教授治校。这一形式主要学习北大、清华的办学经验。北大、清华依靠教授办学，成立教授会，教授在学术事务中享有一定的发言权。所谓教授会，即由全体教授和副教授组成的机构，成员职责包括听取常委会主席报告、讨论学校重大问题并提出建议、选举校务会的教师代表等。张伯苓主政南开时，提出"校务公开、责任分担、师生合作"的治校方针；蒋梦麟认为无为才能有为，提出"教授治学、学生求学、职员治事、校长治校"的方针，分权而治。西南联大继承了三校"民主办学，教授治校"的优良传统，促进了学校的健康发展。

4. 名师主政，先进办学理念的引导

西南联大的成功离不开三位校长——张伯苓、蒋梦麟、梅贻琦的鼎力合作与相互信任。虽然张伯苓、蒋梦麟主要在重庆政府任职，但他们在政府工作期间为联大提供了有益的办学条件，使得西南联大能够在战时艰苦的环境下渡过难关。三位校长文理兼通、学贯中西，不仅怀抱救国救民的伟大理想，还学识渊博，受过良好的西方教育，视野开阔，在中西文化的交融下形成了独特的教育理念。在办学理念上，领导者们坚持大学应注重通才教育。在西南联大管理制度和课程设置中，也在实践着通才教育。如在课程设置上，一、二年级学生主要学习基础课程，选修课所占学分比重也较大，达到60%以上。

5. 师资力量雄厚，鸿儒硕学荟萃一堂

一方面，西南联大的师资力量雄厚，集中了北大、清华、南开三校的著名教授，他们大都有留学背景，可谓大师云集、群星璀璨，如文科教授有钱钟书、闻一多、沈从文、朱自清、陈寅恪等，理工学科有华罗庚、吴有训等。在时局动荡的抗战期间，这些教授仍坚持把教学与科研放在重要的位置，呕心沥血，投入了巨大的时间和精力，使得在最艰难的时期也出现了众多的科研成就。在授课中，每个教授都有自身的授课特点，可谓风格各异，如国学大师陈寅恪先生讲授隋唐史时对学生宣布："前人讲过的我不讲，近人讲过的我不讲，外国人讲过的我不讲，我自己过去讲过的也不讲，现在只讲未曾有人讲过的。"如今大学里，有谁敢用如此口气讲话？另一方面，西南联大英才辈出还与优秀生源分不开。联大声名远播，青年才俊接踵而至，联大教授慧眼识才、精心育才，二者相辅相成。

二　中国现代大学教育理念——西南联大之魂

大学的教育理念并非是一成不变的，在社会发展的不同阶段，会受政治经济的发展水平、教育政策和社会思潮等因素的影响和制约。在新的历史时期，面临众多的机遇和挑战，现代大学要想立于不败之地就必须形成新的大学教育理念，才能更好地发展下去。

（一）高扬人的主体精神是实质①

教育作为一种培养人的社会文化活动，具有文化的传递、选择、应用和创新的功能，最终目的是使人类社会得以延续和发展。而教育的本质是培养人，主要通过人的培养来为一定社会的经济、政治、文化发展服务，因此在教育工作中必须高扬人的主

---

① 王冀生：《现代大学的教育理念》，《现代教育管理》1999 年第 1 期。

体精神，把人放在第一位。

1. 教育不仅是社会发展的需要，也是人的发展需要

在教育中，必须坚持人的主体地位，坚持教育与社会、人的发展的辩证统一关系。教育是通过培养人为社会发展需要服务的，人要求接受教育的最终目的也是为了更好地适应社会发展需要。在这里，促进人的发展是教育活动的中心。

2. "人"与"才"是矛盾的统一体

不管在什么时期，教育都应当把"人"的培养放在第一位，注重学生健全人格的养成。与此同时，还要注重"才"的培养，在教育中教会学生"一技之长"，促进人德、智、体全面发展。

3. "教"是主导，"学"是主体，这是教育学上的重要原则

学校的工作主要是为学生来进行服务，只有学校为学生创造学习的可能，学生才能在较好的环境中接受教育。当然，学生成才的关键还在于学生自身，只有充分发挥自身主体性，才能成为有主体精神、独立意识、创造意识的个体。

（二）坚持人文、科学、创新的统一是核心①

人文，指的是人文精神，即如何做人的基本内涵；科学，指的是科学素养，是认真做学问的基础；创新，指的是创新能力，既要继承前人又要突破陈规，开拓新的领域。② 在教育工作中，我们也应坚持人文、科学、创新的统一，把学生培养成为兼具人文精神、科学素养与创新能力的时代新人。

1. 人文精神

人文精神主要指人对自然、对社会、对他人、对自己的基本态度。具体而言，主要包括以下四个方面：①人对自然的基本态

---

① 王冀生：《现代大学的教育理念》，《现代教育管理》1999 年第 1 期。

② 铁发宪：《从西南联大看现代高等教育理念》，《长江大学学报》（社会科学版）2012 年第 1 期。

度：经历了"畏惧自然"、"征服自然"、"保护自然"三个阶段。②人对社会的基本态度：不否认人生的个人价值的重要性，认为他人和社会对个人的需要包括物质需要（衣、食、住、行、用）和精神需要（文化享受、个性发展、人格尊严）的满足，是个人赖以生存和健康发展的基础。正确的态度应当是坚持人生的社会价值和个人价值的辩证统一。③人对他人的基本态度：竞争是必然的、必要的，但竞争应当是在公平基础上的竞争，而且在竞争的同时更要提倡合作。④人对自己的基本态度：核心是如何认识自己和控制自己。

2. 科学素质

科学素质的基本要求主要有四个方面：①掌握全面的人文、社会科学和现代自然科学技术的基本理论知识和技能。②具有分析和解决实际问题的能力。③养成实事求是、追求真理、独立思考、勇于创新的科学精神。④要有良好的心理素质。然而，科学素养更注重的是后两者，即养成实事求是、追求真理、独立思考、勇于创新的科学精神和良好的心理素质。科学精神的灵魂是实事求是。只有实事求是，才能解放思想、独立思考、追求真理、不断创新。此外，无数事实证明，良好的心理素质与一个人的成功密不可分。

3. 创新能力

创新能力是一种综合能力，主要包括创新意识、坚实基础、综合智能、创造能力。创新意识是一种精神，也就是"实事求是、追求真理、独立思考、勇于创新"的科学精神，这是人是否具有创造力的前提和基础。坚实基础，即现代的人要兼具高尚的人文精神和良好的科学素养，这是人是否有创造力的根基。综合智能是人的创造力的核心，主要包括自学能力、选择能力、思维能力、研究能力和表达能力。创造能力是创造力的集中体现，必须让学生亲身参加创造实践才能获得，此外还要营造有利于培养学生创造能力的学术氛围。

总之，现代大学教育理念是丰富多彩、与时俱进的，不仅应遵循社会的发展规律和大学本身的教育规律，还要发扬大学的传统校风，又要反映大学的现代精神和办学实际。

三　中国现代大学教育出路——西南联大办学之启示

世界一流大学的创建，不仅要学习国外大学治学先进经验，更要继承和发扬我国优秀大学的办学传统和文化。其中，"内树学术自由之规模，外筑民主堡垒之称号"，在短短的八年历史进程中，西南联大无论是在师资队伍、管理模式还是大学文化上，都取得了巨大成功，在国内外教育界赢得了较高声誉，也为我国现代大学教育提供了很多有益的启示。①

（一）优秀的师资队伍是关键

主要包括：秉持"大师论"的教育理念，广揽天下英才，建立科学合理的激励机制，全面打造优质的师资队伍等。其中，所谓的"大师"，绝对不是单纯出版几本书、发表几篇文章的教师，而应学贯中西，不仅要通晓古今，还要治学有方、具备较高的管理能力。

（二）科学的管理模式是基础

主要包括：推行民主化的管理模式，完善教学管理，规范师资管理，建立科学的大学管理体制，即构建以教学科研为核心，以人才培养为重点，以大学自治、教授治校为方向的大学管理体制，应该是西南联大最宝贵的经验。

（三）先进大学文化是灵魂

主要包括：形成先进的办学理念，拥有强烈的爱国主义精神，培育优良的校风学风，从而引领社会文化方向，创造出高水平的学术文化成果。

---

①　乔东：《西南联大对我国创建世界一流大学的启示》，《清华大学教育研究》2008 年第 2 期。

第四节　追求卓越之路——中国当代大学的"985 工程"与"211 工程"

十八届三中全会是我国改革开放进入新的历史阶段的重要标志，全会明确提出，要"以立德树人为根本任务，以促进教育公平、提高教育质量为主线，以提高政府教育管理方式，激发和释放学校办学活力，为实现两个百年的目标提供智力支持和人才贡献"。

一　当代教育的显著特征

进入 21 世纪以来，我国当代教育呈现以下几个显著特征①：

（一）规模迅速增长

教育增长是指教育数量的增加和规模的扩大，基于我国的人口基数大，增长模式表现为规模很庞大、增长速度快、不平衡性和波动性。

（二）教育模式和结构的明显变化

中等教育制度由双轨制向单轨制转换，教育的结构高度分化又高度整合，教育的类型、层次、形式具有多样化的特征。

（三）教育形式的逐渐扩大

主要包括正规教育、非正规教育、非正式教育三种。正规教育（formal education），指学校教育。非正规教育（non-formal education），是对有组织的教育机构以外所从事的教育活动的统称。非正式教育（informal education），亦称不正规教育，它无组织、无系统，甚至是无意识的，但却占据个人生活学习的很大部分并对个人产生影响。

---

① 袁振国：《当代教育史》，教育科学出版社 2010 年版。

（四）教育不平等现象严重

表现在区域上的不平等、性别上的不平等、阶层文化背景的不平等。

二　当代大学的"985工程"和"211工程"

"文化大革命"之前的大学分为部属大学和省属大学，至1993年中共中央国务院颁布的《中国教育改革和发展纲要》中提出要建立、促进中国大学的发展，于是有了目前的"211工程"和"985工程"。

（一）"985工程"

"985工程"，是指为创建高水平和世界一流大学而实施的工程，即"世界一流大学建设项目"，该名称来自1998年5月4日时任国家主席江泽民于北京大学百年校庆上提出建设世界一流大学的讲话。他指出："为了实现社会主义现代化，要有若干所具有世界先进水平的一流大学。"他说："这样的大学，应该是增强和造就高素质的创造性人才的摇篮，应该是认识未知世界、探求客观真理、为人类解决面临的重大课题提供科学依据的前沿，应该是知识创新、推动科学技术成果向现实生产力转化的重要力量，应该是民族优秀文化与世界先进文明成果相互交流借鉴的桥梁。"

1998年12月24日，教育部制订的《面向21世纪教育振兴行动计划》中指出要"创建若干所具有世界先进水平的一流大学和一批一流学科"，简称"985工程"。"985工程"建设的总体思路是：以建设若干所世界一流大学和一批国际知名的高水平研究型大学为目标，建立高等学校新的管理体制和运行机制，牢牢抓住21世纪头20年的重要战略机遇期，集中资源，突出重点，体现特色，发挥优势，坚持跨越式发展，走有中国特色的建设世界一流大学之路。"985工程"领导小组组长由教育部部长周济担任，"985工程"建设工作小组组长由教育部副部长吴启迪担任，根据我国国防、民用，东、中、西部协调发展的原则而筛选被列入"985 工程"的大学全国不到 40 所。①

据悉，"985 工程"二期（2004—2007 年）建设目的为巩固一期建设的成果，并为创建世界一流大学和国际知名高水平研究型大学奠定坚实的基础，使一批学科达到或接近国际一流学科水平，经过不断的努力，建成若干所世界一流大学。首批入选"985 工程"的高校共有 9 所，称为"九校联盟"，截至 2013 年年末，"985 工程"共有 39 所高校。②

（二）"211 工程"

"211 工程"自 1990 年开始酝酿。1990 年 6 月，国家教委制订了全国教育事业十年规划和"八五"计划，研究了在"八五"期间集中力量办好一批重点高校的问题。该计划指出，在 2～3 个五年计划内，要有计划、有重点地建设 30 所左右的高等院校，后经过研究，考虑到要形成一批行业带头院校，确定到 2000 年前后建设 100 所左右重点高等学校，并将此事作为面向"21 世纪"的大事，这项措施简称为"211 计划"，后定为"211 工程"。

1993 年 2 月 13 日，中共中央、国务院印发的《中国教育改革和发展纲要》及国务院《关于〈中国教育改革和发展纲要〉的实施意见》中，关于"211 工程"的主要精神是：为了迎接世界新技术革命的挑战，面向 21 世纪，要集中各方面的力量，分期分批地重点建设 100 所左右的高等学校和一批重点学科、专业，使其到 2000 年左右在教育质量、管理水平、科学研究及办学效益等方面有较大提高，在教育改革方面有明显

---

① 刘宝存：《当代中国重点大学建设的回顾与前瞻》，《河北学刊》2009 年第 4 期。

② 刘春荣、李红宇：《"质量"抑或"一流"——从"985 工程"透视中国式"世界一流大学"的功能性与竞争性》，《中国高教研究》2012 年第 1 期。

进展，力争在 21 世纪初建设成一批高等学校和学科、专业接近或达到国际一流大学水平。并可概括表述为："211 工程"就是面向 21 世纪，重点建设 100 所左右的高等学校和一批重点学科点。①

三 榜上有名——"985 工程"、"211 工程"高校名单

"985 工程"和"211 工程"建设至今已有多期，首批入选"985 工程"的高等学校共有 9 所，被称"九校联盟"，截至 2013 年年末，"985 工程"共有 39 所高校。21 世纪初至今，"211 工程"建设已有 100 多所。

（一）"985 工程"高校名单

1. 一期名单（34 所）

清华大学、北京大学、中国科技大学、南京大学、复旦大学、上海交通大学、西安交通大学、浙江大学、哈尔滨工业大学、西北工业大学、大连理工大学、北京航空航天大学、南开大学、天津大学、东南大学、华中科技大学、武汉大学、厦门大学、山东大学、湖南大学、中国海洋大学、中南大学、吉林大学、北京理工大学、重庆大学、电子科技大学、四川大学、华南理工大学、中山大学、兰州大学、东北大学、同济大学、北京师范大学、中国人民大学

2. 二期名单（5 所）

中国农业大学、中央民族大学、国防科技大学、西北农林科技大学　华东师范大学

3. "985 工程"优势学科创新平台高校（24 所）

北京科技大学、北京交通大学、北京邮电大学、北京化工大学、中央财经大学、对外经济贸易大学、中国政法大学、华北电

---

① 李伟、张斌、刘津平、王萌、苏景宽：《中国"211 工程"建设的简评与新思考》，《西北医学教育》2013 年第 5 期。

力大学、中国矿业大学（北京）、中国矿业大学（徐州）、中国石油大学（北京）、中国石油大学（华东）、中国地质大学（北京）、中国地质大学（武汉）、东北师范大学、上海财经大学、华东理工大学、河海大学、江南大学、合肥工业大学、武汉理工大学、华中师范大学、西南交通大学、陕西师范大学

（二）"211 工程"高校名单

北京（24 所）　清华大学、北京大学、中国人民大学、北京交通大学、北京工业大学、北京航空航天大学、北京理工大学、北京科技大学、北京化工大学、北京邮电大学、中国农业大学、北京林业大学、中国传媒大学、中央民族大学、北京师范大学、中央音乐学院、对外经济贸易大学、北京中医药大学、北京外国语大学、中国协和医科大学、中国政法大学、中央财经大学、华北电力大学、北京体育大学

上海（9 所）　上海交通大学（与上海第二医科大学合并）、复旦大学、华东师范大学、上海外国语大学、东华大学、上海财经大学、同济大学、华东理工大学、上海大学

天津（3 所）　南开大学、天津大学、天津医科大学

重庆（2 所）　重庆大学、西南大学

河北（1 所）　河北工业大学

山西（1 所）　太原理工大学

内蒙古（1 所）　内蒙古大学

辽宁（4 所）　大连理工大学、东北大学、辽宁大学、大连海事大学

吉林（3 所）　吉林大学、东北师范大学、延边大学

黑龙江（4 所）　哈尔滨工业大学、哈尔滨工程大学、东北农业大学、东北林业大学

江苏（11 所）　南京大学、东南大学、苏州大学、南京师范大学、中国矿业大学、中国药科大学、河海大学、南京航空航天大学、江南大学、南京农业大学、南京理工大学

浙江（1 所）　浙江大学

安徽（3 所）　中国科学技术大学、安徽大学、合肥工业大学

福建（2 所）　厦门大学、福州大学

江西（1 所）　南昌大学

山东（3 所）　山东大学、中国海洋大学、石油大学

河南（1 所）　郑州大学

湖北（7 所）　武汉大学、华中科技大学、中国地质大学、武汉理工大学、华中师范大学、华中农业大学、中南财经政法大学

湖南（3 所）　湖南大学、中南大学、湖南师范大学

广东（5 所）　中山大学、暨南大学、华南理工大学、华南师范大学、广州中医药大学

广西（1 所）　广西大学

四川（6 所）　四川大学、西南交通大学、电子科技大学、四川农业大学、西南财经大学、西南科技大学（绵阳科技城）

云南（1 所）　云南大学

贵州（1 所）　贵州大学

陕西（7 所）　西北大学、西安交通大学、西北工业大学、西安电子科技大学、长安大学、西北农林科技大学、陕西师范大学

甘肃（1 所）　兰州大学

新疆（1 所）　新疆大学

新疆生产建设兵团（1 所）　石河子大学

四　追求卓越——"985 工程"、"211 工程"的建设意义

改革开放以来，通过建设"211 工程"、"985 工程"，我国正逐渐走出一条基于国情的高水平大学建设之路，有力地促进了国内一批重点高等学校的跨越式发展。

（一）提高了重点建设高校的整体实力

通过多年建设和努力，我国重点高校整体实力有了显著提高，大大缩小了与世界一流大学的距离。在 1996 年设有研究生院的 30 所大学中，有 28 所可以与美国大学联盟（AAU）学校进行对比。在科研经费方面，28 所大学科研总经费、纵向科研经费平均值与 AAU 大学之比，从 1995 年的 1：23.4 和 1：34 分别缩小到 2005 年的 1：6.2 和 1：6.8；在 SCI 论文发表和被引频次方面，从 1995 年的 1：15.1 和 1：51.7 分别缩小到 2005 年的 1：3.6 和 1：6.2。上述数据从一个侧面显示，通过 10 年"211 工程"和"985 工程"的建设，我国重点高校与 AAU 高校的差距正逐渐缩小，特别是在科研能力和高层次人才培养方面差距有所缩小。[①]

（二）构筑了一批高水平的学科基地

学科是大学教学、科研、服务活动的基础，因此学科建设是"211 工程"、"985 工程"的核心内容。在建设过程中，各重点建设大学瞄准学科发展的趋势和国家建设的重大需求，加强学科平台建设，凝练学科方向，优化学科结构，巩固基础学科，大力发展新兴学科和交叉学科，不仅初步形成了适应现代化建设需要的重点学科体系，而且使一批重点学科的实力明显增强，其中部分学科已经接近或达到国际先进水平。

（三）吸引和汇聚了一大批优秀人才

"211 工程"与"985 工程"的两期建设使得高校产生了一批先进的国际高水平学科，也聚集了一大批高水平、高层次的科学家和学科带头人。目前，38.7% 的两院院士集中在高校，而"211 工程"和"985 工程"院校就占到了全国高校的 80% 以上。根据国家整体发展规划，目前依托高校建设的国家重点实验室为 113 个（其中"211 工程"和"985 工程"院校的国家重点实验

---

① "211 工程"部际协调小组办公室：《"211 工程"发展报告（1995、2005）》，北京高等教育出版社 2007 年版。

室占到了全国高校的 90%），占总数的 61.7%。① 另外，35.3%
的国家工程研究中心建在高校，80% 的哲学社会科学研究人员也
在高校。这些人才特别是高层次人才大部分在"211 工程"和
"985 工程"院校工作，他们是国家创新人才的基本力量，也是
国家科技创新的一支主力军。

五 不断超越——"985 工程"、"211 工程"发展趋势

（一）以建设一流学科专业为重心而非建设一流大学

虽然建设一流大学与建设一流学科专业二者并不矛盾，建设
一流大学也需要以一流学科专业为支撑，但若简单以建设世界一
流大学为终极目标，则容易出现很多问题。一方面，学校容易出
现片面追求学科建设的数量而忽视学科建设的质量。另一方面，
由于过于强调弱势学科的建设，优势学科反而会受阻碍，最终造
成弱势学科不强、优势学科变弱的局面。对此，我国应集中建设
一批世界一流的院系、研究所。就"211 工程"、"985 工程"而
言，虽然其目标旨在建设世界一流大学，建成若干世界一流的学
科群，但是，从总体上而言，"211 工程"以学校整体建设为主，
而"985 工程"虽然二期工程以学科建设为突破口，但是由于针
对某一优势学科仅有一家高校，无法形成有效的竞争。而很多地
方院校为保持与重点大学的一致性，盲目追求学科的大而全，忽
视了学科建设的优质化，造成中国高校千篇一律，同质化现象严
重。因此，针对以后"211 工程"、"985 工程"的高等教育改
革，应以建设优势学科和专业为突破口，地方院校也应努力建设
优势学科专业，并与"211 工程"、"985 工程"高校展开竞争。

---

① 周济：《创新与高水平大学建设：在第三届中外大学校长论坛上的
演讲》，《国家教育行政学院学报》2006 年第 9 期。

唯有如此，地方院校才有可能从众多院校中脱颖而出。①

（二）引入动态竞争机制

虽然"211 工程"、"985 工程"在一定程度上彰显了高等教育"效率优先，兼顾公平"的发展思想，其实施也在很大程度上改善了我国高等学校的教育科研条件，并使我国高校与世界一流大学之间的差距不断缩小。但同时，我们也应该注意到，"211 工程"与"985 工程"的评选采取的是政治协商与不公开竞争的方式，一旦某高校入选就长期享有一系列"特殊福利"，而未采取"动态竞争、优胜劣汰"的遴选机制。从某种程度上而言，这种"效率优先，兼顾公平"实为没有公平的效率，也缺乏竞争。而为激发地方院校办学热情，就要引入动态机制，并为地方院校提供公平竞争的舞台。

（三）推动绩效拨款体系改革

目前，我国高等教育财政拨款主要为"生均定额 + 专项补助"的拨款模式，这种根据教育活动所投入的成本进行补偿的拨款机制，灵活性小且容易滋生高校"奢侈"之风。而"211 工程"、"985 工程"的财政拨款主要是通过学校与政府进行协商的方式确定。这种协商拨款模式在很大程度上取决于有关人员之间的人际关系，容易出现"权力寻租"和"暗箱操作"现象。而绩效拨款主要依据为高校办学成果，实行"多劳多得，少劳少得"的拨款模式，这种模式能够在更大程度上调动起高校办学的积极性，能够有效提高经费的使用效率。可见，绩效拨款模式能够较好地满足我国当前高等教育发展的需要，但同时也应该注意到绩效拨款如果运用不当也会产生"两极分化"等不良后果。因此，提高绩效拨款指标体系设计的科学性、可行性，处理好效率与公平的关系，成为拨款模式改革的重中之重。对此，可以将

---

① 刘强：《关于"211 工程""985 工程"存废之争的思考》，《高校教育管理》2015 年第 3 期。

优势学科与专业的建设纳入绩效考核的范围之内，这样既可以推动高校的特色发展，又能有效地遏制高等教育日益严重的"同质化"现象。

第二章

适合是最好的：中国学子的大学选择

最高明的处世术不是妥协，而是适合。

——吉姆梅尔

本章导读：有人曾经写过一个关于公鸡的故事：公鸡登上一堆沙土，在上面刨个不亦乐乎。它忙忙碌碌地想找点食物，最后却刨出了一颗珍珠。公鸡说："这个宝物尽管光彩夺目，对我却毫无用处，还不如找到一颗麦粒，用它来填饱肚子。"说罢，公鸡把珍珠丢到一边，继续去翻找它的麦粒。这个拟人化的故事告诉我们：对于考生来说适合才是最好的大学选择。

第一节　大学排行榜——中国大学排名

一　大学排名之标准

为适应 21 世纪中国高等教育发展的新趋势，创新中国大学评价思想理念，结合中国大陆、香港、澳门和台湾等地高校办学实践状况，分析国内外所做出的关于大学分类、分级评价的经验，依据中国大学的"人才培养"、"科学研究"、"社会影响"和"国际化水平"等标准分别对中国两岸四地大学坚持分区、分类、分级和分层评价的指导思想。

分区评价：即对中国大陆、香港、澳门和台湾等地大学进行的星级评价。由于历史原因，这四地高校存在诸多差异，因此，为了给这四地考生、家长、政府和企业各界提供客观可比较的参照体系，对不同地区高校采用不同的星级评价指标体系，而对港、澳、台地区高校采用单独的星级评价指标体系。

分类评价：依据大学的学术研究水平和毕业生质量将中国大学的办学类型分为研究型大学、专业型大学、应用型大学和技术型大学四种。同时，依据水平和层次将研究型大学分为中国研究型、行业特色研究型、区域研究型、区域特色研究型等类型。

分级评价：对国家、对民族、对区域经济社会发展的贡献是衡量大学办学水平高低的核心指标，并依据中国大学办学实力和办学成就将大学从高到低分为八个星级，对每一个星级大学的内涵和目标进行了界定。

分层评价：依据中国大学办学水平和学术影响力将中国两岸四地大学从高到低划分为八个层次，对公立院校、独立学院和民办高校进行分层评价，陆续发布中国顶尖大学、中国一流大学、中国研究型大学、中国高水平大学和中国知名大学等高校榜单。

2015 中国大学星级及层次划分

星级排名	办学层次		
	综合型	行业特色型	特色专业型
八星级：★★★★★★★★	世界顶尖大学		
七星级：★★★★★★★	世界一流大学		
六星级：★★★★★★	世界高水平大学、亚洲一流大学、中国顶尖大学		
五星级：★★★★★	世界知名大学、亚洲高水平大学、中国一流大学		
四星级：★★★★	亚洲知名大学、中国高水平大学		
三星级：★★★	中国知名大学、中国区域一流大学		
二星级：★★	中国区域高水平大学		
一星级：★	中国区域知名大学		

二　中国大学评价指标体系及计算方法

2015 中国大学排行榜评价指标及权重

一级指标	二级指标	三级指标	指标权重
人才培养	教学质量	教学水平	11.40%
	师资队伍	杰出校友	16.00%
	培养基地	杰出师资	12.00%
	—	学科建设	9.60%
科学研究	科研成果：高端科研成果 16.00%	—	—
	科研基地：创新基地 9.60%	—	—
	科研项目：基础科研项目 9.60%	—	—
社会影响	办学定位	办学层次 2.00%	—
	社会声誉	校友捐赠 5.00%	—
		生源竞争力 2.20%	—
		媒体影响力 3.20%	—
	国际影响	国际影响力 4.40%	—

（一）三级评价指标得分的计算

计算公式：

上榜高校的三级评价指标得分 = 100 × ∑（各三级评价指标参数 × 系数）/MAX（∑（各三级评价指标参数 × 系数））

（二）一/二级评价指标得分的计算

计算公式：

上榜高校的二级评价指标得分 = 100 × ∑（各三级评价指标得分 × 权重）/MAX（∑（各三级评价指标得分 × 权重））

计算公式：

上榜高校的一级评价指标得分 = 100 × ∑各二级评价指标得分/MAX（∑各二级评价指标得分）

（三）综合排名得分的计算

计算公式：

上榜高校的最终综合排名得分 = 100 × ∑（三级评价指标得分 × 权重）/MAX（∑（三级评价指标得分 × 权重））

三　中国大学评价的目的与意义

中国大学评价研究的目的与意义在于：

第一，引导中国大学提升教书育人质量，重视研究生教学工作，提高人才培养的层次及规格，培养更多拥有钻研精神和创新能力的优秀毕业生，真正提升中国大学的"立德树人"水平和优秀人才与杰出人才的贡献能力。

第二，促进中国大学提高学术研究水平，明晰高校办学类型和办学定位，鼓励高校在国家和区域的知识创新和技术创新工作中发挥重要作用，提高高校对国家、行业和社会的贡献力及其在社会上的影响力。

第三，帮助考生家长选好大学、挑对专业，对比毕业生职业表现和职场成就，对大学的人才培养水平和毕业生在职场中层次及规格进行分类定位，可为学生及家长选择大学、挑选专业和做好未来职业生涯规划提供权威参考，同时可以为一些有大学情结和城市情结的考生"选大学、挑导师"提供精准资讯。

第四，践行大学分类指导分区评价理念，率先提出技术型、应用型、专业型、研究型大学分类新标准，服务中国高校科学定位、合理分类和制订发展战略规划，以有效引导高校自主创新、错位发展、打造特色、树立品牌，积极适应并引领一国或一地区的经济社会发展态势，努力建设一批毕业生质量高、学术研究水平高、服务社会效果好、国际化程度高、杰出师资数量多的一流大学。

第二节　专业是把双刃剑——
专业的"冷"与"热"

一　大学的专业分类

在我国，大部分高校现在进行的学科分类有 12 个：哲学、管理学、经济学、教育学、文学、历史学、理学、农学、法学、工学、医学、军事学。各学科门下设有一级学科，共有 80 个一级学科（不含军事学）。在每个一级学科下又有二级学科，共358 个二级学科。

大体上说，不同大学开设的专业是不完全一样的，原因是每个大学都有本学校的专业特点。但是，从总体上来说，大学的专业类别基本上都是相似的。

现代大学专业分类一般包括以下几种：

01　哲学

0101　哲学

010101　马克思主义哲学

010102　中国哲学

010103　外国哲学

010104　逻辑学

010105　伦理学

010106　美学

010107　宗教学

010108　科学技术哲学

02　经济学

0201　理论经济学

020101　政治经济学

020102　经济思想史

020103　　经济史

020104　　西方经济学

020105　　世界经济

020106　　人口、资源与环境经济学

0202　应用经济学

020201　　国民经济学

020202　　区域经济学

020203　　财政学（含：税收学）

020204　　金融学（含：保险学）

020205　　产业经济学

020206　　国际贸易学

020207　　劳动经济学

020208　　统计学

020209　　数量经济学

020210　　国防经济

03　法学

0301　法学

030101　　法学理论

030102　　法律史

030103　　宪法学与行政法学

030104　　刑法学

030105　　民商法学

030106　　诉讼法学

030107　　经济法学

030108　　环境与资源保护法学

030109　　国际法学

030110　　军事法学

0302　政治学

030201　　政治学理论

030202　中外政治制度

030203　科学社会主义与国际共产主义运动

030204　中共党史

030205　马克思主义理论与思想政治教育

030206　国际政治

030207　国际关系

030208　外交学

0303　社会学

030301　社会学

030302　人口学

030303　人类学

030304　民俗学（含：中国民间文学）

04　教育学

0401　教育学

040101　教育学原理

040102　课程与教学论

040103　教育史

040104　比较教育学

040105　学前教育学

040106　高等教育学

040107　成人教育学

040108　职业技术教育学

040109　特殊教育学

040110　教育技术学（可授教育学、理学学位）

0402　心理学（可授教育学、理学学位）

040202　发展与教育心理学

040203　应用心理学

0403　体育学

040301　体育人文社会学

040302 运动人体科学（可授教育学、理学、医学学位）

040303 体育教育训练学

040304 民族传统体育学

05 文学

0501 中国语言文学

050101 文艺学

050102 语言学及应用语言学

050103 汉语言文字学

050104 中国古典文献学

050105 中国古代文学

050106 中国现当代文学

050107 中国少数民族语言文学（分语族）

050108 比较文学与世界文学

0502 外国语言文学

050201 英语语言文学

050202 俄语语言文学

050203 法语语言文学

050204 德语语言文学

050205 日语语言文学

050206 印度语言文学

050207 西班牙语语言文学

050208 阿拉伯语语言文学

050209 欧洲语言文学

050210 亚非语言文学

050211 外国语言学及应用语言学

0503 新闻传播学

050301 新闻学

050302 传播学

0504 艺术学

050401　艺术学

050402　音乐学

050403　美术学

050404　设计艺术学

050405　戏剧戏曲学

050406　电影学

050407　广播电视艺术学

050408　舞蹈学

06　历史学

0601　历史学

060101　史学理论及史学史

060103　历史地理学

060104　历史文献学（含：敦煌学、古文字学）

060105　专门史

060106　中国古代史

060107　中国近现代史

060108　世界史

07　理学

0701　数学

070101　基础数学

070102　计算数学

070103　概率论与数理统计

070104　应用数学

070105　运筹学与控制论

0702　物理学

070201　理论物理

070202　粒子物理与原子核物理

070203　原子与分子物理

070204   等离子体物理

070205   凝聚态物理

070206   声学

070207   光学

070208   无线电物理

0703   化学

070301   无机化学

070302   分析化学

070303   有机化学

070304   物理化学（含：化学物理）

070305   高分子化学与物理

0704   天文学

070401   天体物理

070402   天体测量与天体力学

0705   地理学

070501   自然地理学

070502   人文地理学

070503   地图学与地理信息系统

0706   大气科学

070601   气象学

070602   大气物理学与大气环境

0707   海洋科学

070701   物理海洋学

070702   海洋化学

070703   海洋生物学

070704   海洋地质

0708   地球物理学

070801   固体地球物理学

070802   空间物理学

0709　地质学

070901　矿物学、岩石学、矿床学

070902　地球化学

070903　古生物学与地层学（含：古人类学）

070904　构造地质学

070905　第四纪地质学

0710　生物学

071001　植物学

071002　动物学

071003　生理学

071004　水生生物学

071005　微生物学

071006　神经生物学

071007　遗传学

071008　发育生物学

071009　细胞生物学

071010　生物化学与分子生物学

071011　生物物理学

071012　生态学

0711　系统科学

071101　系统理论

071102　系统分析与集成

0712　科学技术史（分学科，可授理学、工学、农学、医学学位）

08　工学

0801　力学（可授工学、理学学位）

080101　一般力学与力学基础

080102　固体力学

080103　流体力学

080104　工程力学

0802　机械工程

080201　机械制造及其自动化

080202　机械电子工程

080203　机械设计及理论

080204　车辆工程

0803　光学工程

注：本一级学科不分设二级学科（学科、专业）

0804　仪器科学与技术

080401　精密仪器及机械

080402　测试计量技术及仪器

0805　材料科学与工程

080501　材料物理与化学

080502　材料学

080503　材料加工工程

0806　冶金工程

080601　冶金物理化学

080602　钢铁冶金

080603　有色金属冶金

0807　动力工程及工程热物理

080701　工程热物理

080702　热能工程

080703　动力机械及工程

080704　流体机械及工程

080705　制冷及低温工程

080706　化工过程机械

0808　电气工程

080801　电机与电器

080802　电力系统及其自动化

080803　高电压与绝缘技术

080804　电力电子与电力传动

080805　电工理论与新技术

0809　电子科学与技术（可授工学、理学学位）

080901　物理电子学

080902　电路与系统

080903　微电子学与固体电子学

080904　电磁场与微波技术

0810　信息与通信工程

081001　通信与信息系统

081002　信号与信息处理

0811　控制科学与工程

081101　控制理论与控制工程

081102　检测技术与自动化装置

081103　系统工程

081104　模式识别与智能系统

081105　导航、制导与控制

0812　计算机科学与技术（可授工学、理学学位）

081201　计算机系统结构

081202　计算机软件与理论

081203　计算机应用技术

0813　建筑学

081301　建筑历史与理论

081302　建筑设计及其理论

081303　城市规划与设计（含：风景园林规划与设计）

081304　建筑技术科学

0814　土木工程

081401　岩土工程

081402　结构工程

081403　市政工程

081404　供热、供燃气、通风及空调工程

081405　防灾减灾工程及防护工程

081406　桥梁与隧道工程

0815　水利工程

081501　水文学及水资源

081502　水力学及河流动力学

081503　水工结构工程

081504　水利水电工程

081505　港口、海岸及近海工程

0816　测绘科学与技术

081601　大地测量学与测量工程

081602　摄影测量与遥感

081603　地图制图学与地理信息工程

0817　化学工程与技术

081701　化学工程

081702　化学工艺

081703　生物化工

081704　应用化学

081705　工业催化

0818　地质资源与地质工程

081801　矿产普查与勘探

081802　地球探测与信息技术

081803　地质工程

0819　矿业工程

081901　采矿工程

081902　矿物加工工程

081903　安全技术及工程

0820　石油与天然气工程

082001 油气井工程

082002 油气田开发工程

082003 油气储运工程

0821 纺织科学与工程

082101 纺织工程

082102 纺织材料与纺织品设计

082103 纺织化学与染整工程

082104 服装设计与工程

0822 轻工技术与工程

082201 制浆造纸工程

082202 制糖工程

082203 发酵工程

082204 皮革化学与工程

0823 交通运输工程

082301 道路与铁道工程

082302 交通信息工程及控制

082303 交通运输规划与管理

082304 载运工具运用工程

0824 船舶与海洋工程

082401 船舶与海洋结构物设计制造

082402 轮机工程

082403 水声工程

0825 航空宇航科学与技术

082501 飞行器设计

082502 航空宇航推进理论与工程

082503 航空宇航制造工程

082504 人机与环境工程

0826 兵器科学与技术

082601 武器系统与运用工程

082602　兵器发射理论与技术

082603　火炮、自动武器与弹药工程

082604　军事化学与烟火技术

0827　核科学与技术

082701　核能科学与工程

082702　核燃料循环与材料

082703　核技术及应用

082704　辐射防护及环境保护

0828　农业工程

082802　农业水土工程

082803　农业生物环境与能源工程

082804　农业电气化与自动化

0829　林业工程

082901　森林工程

082902　木材科学与技术

082903　林产化学加工工程

0830　环境科学与工程（可授工学、理学、农学学位）

083001　环境科学

083002　环境工程

0831　生物医学工程（可授工学、理学、医学学位）

注：本一级学科不分设二级学科（学科、专业）

0832　食品科学与工程（可授工学、农学学位）

083201　食品科学

083202　粮食、油脂及植物蛋白工程

083203　农产品加工及贮藏工程

083204　水产品加工及贮藏工程

09　农学

0901　作物学

090101　作物栽培学与耕作学

090102　作物遗传育种

0902　园艺学

090201　果树学

090202　蔬菜学

090203　茶学

0903　农业资源利用

090301　土壤学

090302　植物营养学

0904　植物保护

090401　植物病理学

090402　农业昆虫与害虫防治

090403　农药学（可授农学、理学学位）

0905　畜牧学

090501　动物遗传育种与繁殖

090502　动物营养与饲料科学

090503　草业科学

090504　特种经济动物饲养（含：蚕、蜂等）

0906　兽医学

090601　基础兽医学

090602　预防兽医学

090603　临床兽医学

0907　林学

090701　林木遗传育种

090702　森林培育

090703　森林保护学

090704　森林经理学

090705　野生动植物保护与利用

090706　园林植物与观赏园艺

090707　水土保持与荒漠化防治

0908　水产

090801　水产养殖

090802　捕捞学

090803　渔业资源

☐10　医学

1001　基础医学（可授医学、理学学位）

100101　人体解剖与组织胚胎学

100102　免疫学

100103　病原生物学

100104　病理学与病理生理学

100105　法医学

100106　放射医学

100107　航空、航天与航海医学

1002　临床医学

100210　外科学（含：普外、骨外、泌尿外、胸心外、神外、整形、烧伤、野战外）

100211　妇产科学

100212　眼科学

100213　耳鼻咽喉科学

100214　肿瘤学

100215　康复医学与理疗学

100216　运动医学

100217　麻醉学

100218　急诊医学

100209　护理学

100208　临床检验诊断学

100207　影像医学与核医学

100206　皮肤病与性病学

100205　精神病与精神卫生学

100204 神经病学

100203 老年医学

100202 儿科学

100201 内科学（含：心血管病、血液病、呼吸系病、消化系病、内分泌与代谢病、肾病、风湿病、传染病）

1003 口腔医学

100301 口腔基础医学

100302 口腔临床医学

1004 公共卫生与预防医学（可授医学、理学学位）

100401 流行病与卫生统计学

100402 劳动卫生与环境卫生学

100403 营养与食品卫生学

100404 儿少卫生与妇幼保健学

100405 卫生毒理学

100406 军事预防医学

1005 中医学

100501 中医基础理论

100502 中医临床基础

100503 中医医史文献

100504 方剂学

100505 中医诊断学

100506 中医内科学

100507 中医外科学

100508 中医骨伤科学

100509 中医妇科学

100510 中医儿科学

100511 中医五官科学

100512 针灸推拿学

100513 民族医学（含：藏医学、蒙医学等）

注：本二级学科 1998 年增设

1006 中西医结合

100601 中西医结合基础

100602 中西医结合临床

1007 药学（可授医学、理学学位）

100701 药物化学

100702 药剂学

100703 生药学

100704 药物分析学

100705 微生物与生化药学

100706 药理学

1008 中药学

注：本一级学科不分设二级学科（学科、专业）

11 军事学

1101 军事思想及军事历史

110102 军事历史

1102 战略学

110201 军事战略学

110202 战争动员学

1103 战役学

110301 联合战役学

110302 军种战役学（含：第二炮兵战役学）

1104 战术学

110401 合同战术学

110402 兵种战术学

1105 军队指挥学

110501 作战指挥学

110502 军事运筹学

110503 军事通信学

110504 军事情报学

110505 密码学

110506 军事教育训练学（含：军事体育学）

1106 军制学

110601 军事组织编制学

110602 军队管理学

1107 军队政治工作学

1108 军事后勤学与军事装备学

110801 军事后勤学

110802 后方专业勤务

110803 军事装备学

12 管理学

1201 管理科学与工程（可授管理学、工学学位）

注：本一级学科不分设二级学科（学科、专业）

1202 工商管理

120201 会计学

120202 企业管理（含：财务管理、市场营销、人力资源管理）

120203 旅游管理

120204 技术经济及管理

1203 农林经济管理

120301 农业经济管理

1204 公共管理

120401 行政管理

120402 社会医学与卫生事业管理（可授管理学、医学学位）

120403 教育经济与管理（可授管理学、教育学学位）

120404 社会保障

120405 土地资源管理

1205　图书馆、情报与档案管理

120502　情报学

120503　档案学

注：以上数据皆来源于http：//www.edu.cn/。

二　专业的"冷"与"热"现象分析[①]

热门专业不仅仅是一个时髦的词汇，它更是我国社会经济发展对大学毕业生需求现状的一种体现。专业的"冷"与"热"的依据是专业人才与社会对这一专业人才的供需求关系。具有以下特征：

一是由社会需求来决定。人才市场受价值规律的支配，市场供求关系决定了市场活动的"冷"和"热"。市场需求旺盛的专业，对专业人才的需求多，学生毕业后就业就相对容易，工作待遇相对较好，收入也相对较高。反过来，人们又对其增加了关注，高考时报考的人就多了，此专业即为热门专业，否则就是冷门专业。

二是专业的"冷"与"热"两者有一定的相对性。对于一个专业是否为"热门"，主要是看社会对它的需求程度以及用人单位对出自于它的人才的认可程度。随着时间的推移，社会对专业人才需求程度的变化，一些专业在某一段时间社会需求旺盛，专业培养人数大幅增加，但由于市场总容量的限制，社会对这类人的需求量减少，热门逐渐不再热。

三是盲目性。我国高考填报专业志愿制度，都要求考生在入学之前填报，由于对高校专业信息了解不够，对自己职业的规划比较模糊，大部分考生和家长在选择专业时，容易盲目地追逐所谓的热门专业。

---

① 徐迅：《专业冷热对大学生学习、就业的影响与对策》，《思想·理论·教育》2000年第9期。

填报高考志愿时，不管是家长、老师，还是考生都对大学所开设的专业关注度极高。经常询问的问题是，这个专业的就业前景好不好，该专业是冷门还是热门。对于这个问题，高校负责招生咨询的老师的回答往往是这样的：我们学校的专业都很热门，要是不热门的话，我们就不开了。回答看似不负责任，却是学校的实情。因为专业的"冷"与"热"，每个人心中都有一杆秤，用不同的评价标准来评价，就会产生不同的冷门专业和热门专业。

评价专业的"冷"与"热"有四个不同的标准：一是兴趣方面；二是需求方面；三是实力方面；四是分数方面。

先看兴趣。所谓兴趣，就是你对哪个专业感兴趣，这个专业就是热门；反之，这个专业就被称为冷门。以兴趣为导向来选择专业很少会受周围环境的影响，如果每个同学都有自己明确的兴趣爱好，能够根据兴趣爱好来选择大学的专业，选大学和选专业就不会那么困难了。而且在大学的学习也会比较感兴趣，进而能够充分发展自己的兴趣。比如某个同学喜欢考古，其实大家知道考古的就业情况并不是特别好，当然不是说找不到工作，而是就业环境相对艰苦。考古工作要经常到荒山野岭钻墓道，在普通人看来这很阴森恐怖，很艰苦，但是这个考生就是喜欢，因为他喜欢探秘，喜欢探索古文化、古遗迹。他的这种兴趣并不会因周围人对于考古环境艰难的描述而动摇，除非他以前根本不知道考古究竟是怎样一份工作。在选择大学的时候，他就会想到北京大学的考古系，这就是以兴趣为导向来选择大学的专业，这是最轻松的。现在的问题是，有大部分同学并不知道自己的兴趣所在。

再看需求。所谓需求，就是按照某一专业的人才培养供给与社会人才需求来评价专业的冷与热。当一个专业的人才培养供给大于社会的人才需求时，这个专业就是冷门专业；反之，当一个专业的人才培养供给小于社会的人才需求时，这个专业就是热门专业。用这种方法评价专业的"冷"与"热"，不但要了解现实的人才供给与人才需求，还要了解供给与需求的动态变化。因为如果供给增多而需求减少，或者需求增加的幅度小于供给增加的幅度，那么这个专业就有可能从热门变为冷门。近几年来，高等教育大扩招，很多扩招的专业都是那些被认为很热门的专业。这样就会有这样一个问题，那就是这些热门专业的人才培养数量大大增加，超过了社会需求，那么就会变成冷门专业。而有一些冷门专业，由于大家不愿意报考，开设这一专业的学校很少，招生规模也不大，于是这个专业的人才供给减少，反而变成热门专业，每年的毕业生都很抢手。这就是专业的"冷"、"热"交替变化，这一变化规律需要我们把握好。

实力维度的"冷"、"热"评价，是根据每所学校的学科实力进行的。世界一流大学，其实也不见得每个学科的实力都是数一数二的。一所学校会有实力很强的学科，也有实力一般甚至比较弱的学科，依据实力评价标准，如果某个专业是这所学校的特殊学科或传统学科，综合实力很强，那么这一学科就是这所学校的热门专业。如果一个专业学科实力比较薄弱，那么这一学科就是这所学校的冷门专业，以实力维度评价专业可以在两个方面派上用场：一是如果准备考研或出国，考生应分析具体报考专业的学科实力；二是考生可以以此分析一所学校的新办专业究竟具有怎样的实力和水平。

分数维度的"冷"、"热"门评价最简单也最直观。由于各种各样的原因，高中生可能没有自己的兴趣，不太了解社会的人才需求，也不清楚学校的学科实力究竟如何，在这种情况下，他该如何判断一个专业的冷门和热门呢？有一个简单的标准，那就是分数。即历年来每个专业的录取分数，专业录取分数综合了多方面的情况，如专业的招生人数、专业的实力、专业的就业情况以及考生的选择。如果一个专业多年来的录取分数一直名列所有专业前茅，那么这个专业就是热门专业；如果一个专业多年来的录取分数一直居于中游，那么这个专业就是一般专业。在考分作为录取的重要依据的高考升学中，这是考生和家长普遍采取的一种评价方式。

三 何为合适的专业①

（一）选报热门不忽视冷门

在很少的专业里面让考生来选，禁制会特别多。为了摆脱禁制，"冷"、"热"结合，选择热门专业时才可以集中注意力，然后再搭配选择几个自己比较喜欢的冷门专业。比如：选报传媒类专业为重点时，还可以兼选几个文学类专业、管理类专业；选择教育专业为重点时，还可以选择几个考古类专业、艺术类专业、法学类专业等等。

（二）个人志愿与国家需要有机结合

选择志愿时，个人可以按着自己的兴趣爱好去填写。但志愿表上学校、专业的志愿毕竟有限，不能够把要表达的志愿全部表达出来。对于这一问题的解决，招生部门在选报专业后加了一个"是否服从"栏，以便让考生尽可能多地向招生学校描述个人的选择意向。考生除了所填专业、学校外，若服从国家需要，则可以填上服从，或在某几类专业中选择服从分配，实现个人志愿与国家需要的有效结合。如果考生仅仅依靠个人意向报个别学校或专业，不愿服从调剂，就有可能无学可上。

（三）选报热门专业要结合个人的学习成绩

众所周知，热门专业的竞争是激烈的，录取分数线往往一年比一年高，如果对自己学习成绩不是非常满意的话，最好避"热"就"冷"。如果对自己学习成绩比较满意，选择的余地就比较大一些。最近几年，一些考生为了选择热门专业而降格选报，在成绩达不到本科录取分数线时，放弃录取其他学校的机

---

① 武书连：《挑大学、选专业——2015 高考志愿填报分析指南》，中国统计出版社 2015 年版，第 78 页。

会，选择保专科第一志愿的实现。结果致使部分专业较好的专科学校的录取分数线高于本科，造成本专科录取分数线倒挂的现象。

（四）要充分了解热门专业的行情

由于热门专业具有时效性，考生在报考之前最好先了解一下该专业目前的形势及预测毕业时的形势。从理论上讲，目前招生的专业都是社会所需要的专业，但从实际来看，并不是所有专业都"热"，也不是所有专业都吃"香"。"香"主要来自：a. 毕业时的人才需求状况；b. 毕业后的工作情况；c. 工资待遇；d. 发展趋向；e. 人事环境；f. 在社会上的地位。考生应主要从有利于自己将来的发展和如何充分发挥自己的能力两方面来考虑选报志愿。

如果对以上所说的进行归纳和总结，那么考生在选择专业时，应做到"六要六不要"，即：

不要望文生义，而要了解专业目录及内涵；

不要只追热门，而要根据个人情况分析就业前景；

不要一意孤行，而要量力而行，留有余地；

不要只看专业本身，而要看一看学校的专业竞争力；

不要用选择学校代替选择专业，而要掌握专业的录取方法；

不要看到就认为是对的，要去伪存真，善于思考。

总之，广大考生在选择专业时，既要有"会当凌绝顶，一览众山小"的眼光气度，又要有"为学须先立志"的方向定位，唯有如此，我们才能在以后的学习和生活中得到事半功倍的效果。

第三节　选择适合，选择成功—— 我的志愿我做主

高考结束的一声铃响，打破了往日学习的枷锁，拿捏着用多年汗水换来的高考分数，面对着高校庞杂的招生资料和信息，你

又将面临一场没有硝烟的战争，只是这次，你是否知道如何去打呢？

一　了解志愿

普通类考生可以分别填报 A、B、C 3 个平行院校志愿，在专科各批次中分别填报 A、B、C、D、E 5 个平行院校志愿。各院校志愿之间是平行关系。另外，各个院校志愿下可填报 6 个专业志愿和 1 个专业服从志愿。

（一）征集志愿

在每批次平行院校志愿录取结束后，省招办会向社会大众公布未完成招生计划的院校、专业及人数等相关信息。由市、县（市、区）招办在规定的时间、地点，组织未被录取的考生再一次填报"征求平行院校志愿"，又称作"征集志愿"。在"征求平行院校志愿"中，考生还可填报 3 个院校志愿和 1 个是否服从其他院校志愿，省招办将按平行院校志愿投档原则投档。征求平行院校志愿的填报时间是在每批次平行院校志愿录取结束后才进行的。

（二）施行方式

"平行院校志愿"和"征求平行院校志愿"在录取时的操作方法：

1. 投档原则

按"分数优先，遵循志愿"的原则投档。

2. 投档

按普通类上线考生成绩从高到低的顺序，由计算机对每个考生所填报的平行院校志愿 A、B、C 3 个（提前和本科批次）或 A、B、C、D、E 5 个（专科批次）学校依次检索，首先将考生档案投给考生填报的 A 学校，若不合格，则投给 B 学校，以此类推。只要被检索的 3 所或 5 所院校中出现了符合投档条件的院校，即向该院校投档，档案投出则完成该考生投档过程，投档后由院校决定录取与否。如果经检索未出现符合投档条件的院校，也完成了该考生的投档过程。

在每批"平行院校志愿"录取后，对该批未被录取的考生再一次提供填报志愿的机会，即"征求平行院校志愿"。之后，在每批"平行院校志愿"录取结束后，省招办会统计生源未满的院校及专业缺额数并向社会公布，由各市、县（区、市）招办组织本批次未被录取的考生再次填报志愿，即"征求平行院校志愿"。投档办法按"平行院校志愿"的操作办法进行。

3. 每批院校投档程序如下：

（1）进行平行志愿的投档；

（2）针对未被投出的高水平运动员、艺术特长生、报考非英语语种的外语专业的考生、报考民族院校的少数民族考生、单科优秀学生等特殊考生，按照相应政策进行补充投档；

（3）进行平行志愿退档处理；

（4）向社会公布录取及未完成招生计划的院校信息；

（5）未被录取的考生填报征求平行志愿；

（6）进行征求平行志愿的投档及退档；

（7）征求平行志愿中的服从志愿投档及退档。

（三）参加填报

符合条件的考生怎样才能确保参加"征求平行院校志愿"的填报？

1. 考生在领取准考证时也领取《录取进程表》，从而了解整个录取工作的时间安排和各项进程的安排。

2. "征求平行院校志愿"的填报由省、市、县（区、市）招办组织进行。考生应该做的就是在此过程中到市、县（市、区）招办以及所在中学的"公告栏"中了解录取与否，仔细查找未完成招生计划的院校情况，以及征求志愿填报的要求等；同时要注意省招办在新闻媒体及各有关信息渠道上发布的相关信息。在通知的时间和地点参加征求平行院校志愿的填报。

二　何为适合？

适合，字典上取适宜、符合之意。相信励志网上不止一次出现过"适合自己的，才是最好的"之类的话语，的确，人生讲究适合，适合方能常乐。

而适合的填报学校则总有些差强人意，毕竟名校就这些，并非人人都能上。在这里，我们认为的适合，是指能在考生的意愿之下，将分数的性价比提到最高的学校，简言之，就是在你的意愿范围内最能"分有所值"的学校。这样的学校，对于每一个考生来说都是最好的。"北清港大"虽好，但毕竟只是少数人的专利，对于绝大多数孩子来说，够不着就只能欣赏，欣赏过后，回头还是得看看自己的归宿在哪儿。

强调在考生的意愿之下，就是要调动考生自主选择。毕竟鞋子合不合脚，只有自己知道，考生大多都已经处于十八九的年龄阶段，具备相应的行为能力和独立思考能力，未来的路如何走，首先要尊重的应当就是我们的考生。可能有些家长害怕孩子涉世未深，主动干涉甚至强行介入其志愿填报，按照自己更为丰富的阅历来书写孩子的未来。笔者在这里强调，父母在子女的志愿填报工作中作用必不可少，但切不可反客为主，父母在这个过程中给予子女的更应当是支持、鼓励与建议，应成为子女坚实的后盾，而不是大学的导游。

分数既定，如何运用这些分数取得最大的收益，就是高考的又一战场。现在志愿填报采取以考后填报为主、逐步引入平行志愿的多种填报方式，这给高考志愿填报增加了很多的选择空间和博弈性，各种方法此处不再赘述，但其目标就是真正做到"分有所值"。

三　我的志愿我做主

（一）走出心理误区，才能做自己

报考志愿过于功利化，是我国现阶段高考志愿填报过程中出现的最大问题。不可否认，完全脱离物质回报的志愿是不现实的，也是不公平的，但是当专业所附带的附加物质价值被无限放大到取代专业本身而成为考生考虑的主要因素时，就是一种功利化的病态表现了。这不仅仅让所选专业失去了其学术上的真正价值，同时也让自己陷入了唯物质化的心理之中。

据笔者了解，就目前的高考志愿填报情况而言，大多考生确定最终的专业志愿时，并非按照个人的兴趣所向、爱好特点、性格、思维等，反倒是这些专业可能带来的物质条件成为主要考量的因素。专业就业方不方便、出来后升值潜力大不大、未来发展前景好不好，甚至于能不能出人头地干出一番事业都成为了考生最关心的问题。诚然，学习一个热门专业无疑是个人缓解就业压力的主要途径，笔者也不是教唆大家功利化的志愿填报方式，而是我们只有真正克服了志愿中的功利因子，才能做到认清我们自己，清楚自己想要什么，这样就不会在志愿填报工作中受到太多的干扰。

从宏观上来看，市场经济的发展，竞争的愈发激烈，刺激着专业划分的细化，但是这样的细化带来的未必都是好处，很多时候诸多细化的专业就业对不对口就成为考生报考时不得不思量的一个问题，因此会更多地考虑到自己学习的实用价值在何处。笔者认为，这样的想法同样无所谓对错，毕竟现阶段社会问题就是如此，可面对这样的问题，可供我们选择的并不仅仅是顺从。台湾师范大学的曾仕强教授在《百家讲坛》中谈过，西医最大的弊病就是划分太细，细到已经无法综合收回，这对患者容易造成很大的困扰，明明不是什么大病，却因为自己病因不明而做太多的检查；但中医在这里就不一样，每一个都是通才，讲究综合考量，辨证施治。现在的专业问题亦是如此，我们大可以在选择到自己喜欢的冷门专业之后辅修一些其他的课程，许多创新往往来源于不同专业的交集点上，如曾仕强教授将易经与管理学综合独创"中国式管理"。考生在面对专业冷门与热门问题上，需要进行相应的考量，但绝不是丢掉自我的理由。

另一个重要的原因在于，虽然考生大多拥有了独立的行为能力，但是心理成熟程度还较低。据调查，近年我国 17～20 岁年龄段的青年人心理成熟度还比较低，认知结构和思想方法都比较简单，从众心理强，盲从性大。对事物的认识比较肤浅，对一些问题的处理比较草率，对自己人生发展的目标不十分明确，常常是摇摆不定，对像高考志愿选择这类影响自己未来发展的重大问题也往往是举棋不定，过分听从教师、家长、同学、朋友的意见。[1]同时，随着"421"家庭模式的产生和养老责任的逐步社会化，在独生子女家庭中父母对于子女的教育方式和内容常常让孩子在生活中得不到自主的锻炼，父母的大包大揽的确省下了孩子为自己操心的心思，但同时也让他们逐渐丧失了为自己操心的能力。许多青少年对父母抱有极强的依赖心理，在这种情况下学生的"志愿"完全不是自己的意志支配下的产物，也就失去了"填报志愿"的初衷和本质，从而使今后的认识自我都受到很大的限制。

面对上述情况，除了上文中提到的职业方向测评和家长合理的介入方式如鼓励、支持、建议等之外，更应当弥补考生自身存在的缺陷。这个方法看似最难办到，但却最有效。人生就是一段路，路上有很多感悟，无所谓对与错；每一次面临岔路口的抉择也是一种能力，这种选择的能力很重要，尤其在志愿填报这个重要的抉择面前。因此，考生平时不仅要在平时逐步养成权衡果断的品质，更要在关键时刻敢于做出自己的决定。

（二）专业与学校均衡考量

专业与学校之间出现冲突，是历届高考志愿填报过程中都会面临的一个尴尬窘境，而对此更需要考生认识到自身个性，做出最合适的抉择。

---

① 赵文波：《影响高考志愿填报的因素及成因分析》，《浙江师大学报》（自然科学版）1998 年第 2 期。

许多家长和同学纠结于是优先选择学校还是优先考虑专业，比如，上海财经大学的经济管理类专业要强于浙江大学，而浙江大学综合实力很强，也更知名一些，分数达到浙江大学分数线但希望读经济专业的同学就会难以选择。又如，山东大学的数学强于华东师范大学，而华东师范大学的教育学、心理学等专业要强一些，在地域上对考生也有吸引力，喜欢数学但是分数也达到了华东师范大学要求的同学可能就需要做出选择。再如，西安建筑科技大学是建筑老八校之一，建筑学专业要求分数非常高，想读建筑学的同学需要放弃一些非常知名大学的机会来选择该校。一般来说，个性强、目标和志向明确的同学应着重选择专业，在此基础上选择学校。而知识面广、适应能力强的同学应以学校为主，可以选择一些综合性大学，在学校中寻找感觉和机会（如选专业、修第二学位、考研等）。有一种说法：高分冲名校，次高分选特色，一般分两兼顾，低分求实用，这也有一定道理。

中国教育学网的专家建议：如果你是高分考生，可以在院校和专业上都选，既选好院校又选自己认为好的专业；如果你成绩中等，建议还是以选院校为主，尽量进一个实力强的院校；对于分数稍微低一些的考生，就应该以选择专业为主，从就业角度去考虑，尤其是一些专科层面批次的考生，尽量考虑专业，学一个自己擅长的或者适合自己的专业，将来的就业渠道或者就业压力就会小一些。

总之，对于考生来说，适合是最好的大学选择。高考志愿选择的是学校和专业，而规划的是领域和职业，并将关系到未来发展的深度和广度。

第四节　敢问路在何方？——大学贫困生与绿色通道

"绿色通道"即新生报到无障碍通道，针对所有家庭困难新生，先办入学手续，再核实每人具体情况，分别采取"奖、贷、助、补、减"等方式给予资助，确保每位大学新生顺利入学并完成学业。为保证"绿色通道"畅通，国家在高等教育阶段建立了多种形式的高校家庭经济困难学生资助政策体系，设有国家奖学金、国家励志奖学金、国家助学金、国家助学贷款、师范生免费教育、勤工助学、学费减免等。

一 奖学金制度

（一）国家助学金

国家助学金资助的对象是家庭经济困难的全日制普通本专科（含高职、第二学士学位）在校学生。符合以下条件的可以申报：热爱社会主义祖国，拥护中国共产党的领导；遵守宪法和法律，遵守学校规章制度；诚实守信，道德品质优良；勤奋学习，积极上进；家庭经济困难，生活俭朴。

国家助学金每学年评定一次。每年 9 月 30 日前，学生向学校提出申请，高校于当年 11 月 15 日前完成评审。国家助学金是按 10 个月发放，资助标准是平均每人每年 2000 元。

（二）国家励志奖学金

国家励志奖学金的奖励资助对象是品学兼优的家庭经济困难学生。

奖励标准为每人每年 5000 元。申请条件为二年级以上（含二年级）的全日制普通本专科（含高职、第二学士学位）在校生，要符合以下申报条件：热爱社会主义祖国，拥护中国共产党的领导；遵守宪法和法律，遵守学校规章制度；诚实守信，道德品质优良；在校期间学习成绩优秀；家庭经济困难，生活俭朴。

国家励志奖学金每学年评选一次，进行等额评审。每年 9 月 30 日前，学生向学校提出申请，高校于当年 10 月 31 日前完成评审。每年 11 月 30 日前高校将国家励志奖学金一次性发放给获奖学生，并记入学生的学籍档案。

（三）国家奖学金

国家奖学金是奖励特别优秀学生的奖学金。

奖励标准为每人每年8000元。基本申请条件为二年级以上（含二年级）的全日制普通本专科（含高职、第二学士学位）在校生，要符合以下申报条件：热爱社会主义祖国，拥护中国共产党的领导；遵守宪法和法律，遵守学校规章制度；诚实守信，道德品质优良；在校期间学习成绩优异，社会实践、创新能力、综合素质等方面特别突出。国家奖学金每学年评选一次，实行等额评审。

二　助学贷款制度

国家助学贷款是信用贷款，学生不需要办理贷款担保或抵押，但需要承诺按期还款，并承担相应法律责任。一般情况下，学生接到录取通知书后，便可向学校咨询办理国家助学贷款的事宜。学生到校报到后，可通过学校向金融机构申请办理国家助学贷款，原则上是每人每学年最高不超过6000元。

教育部、财政部、人民银行、银监会下发了《关于进一步完善国家助学贷款工作的若干意见》，该意见中对助学贷款政策作出了重大调整，并第一次采取招投标方式确定经办银行。中国银行成为全国116所中央部属高校国家助学贷款业务的唯一中标银行。

整个申请操作流程分为六部分，下面以一位符合申请条件的学生为例详细介绍。

第一步：学生提出申请。

学生在规定的时间内向所在学校机构提出申请，领取《国家助学贷款申请审批表》等材料，如实填写，携带有关证明材料一并交回学校机构（即学校国家助学贷款经办机构）。所要提交的材料包括：

（1）国家助学贷款申请审批表；

（2）本人学生证和居民身份证复印件（未成年人须提供法定监护人的有效身份证明和书面同意申请贷款的证明）；

（3）本人对家庭经济困难情况的说明；

（4）乡、镇、街道民政部门和县级教育行政部门关于其家庭经济困难的证明；

（5）银行或学校要求提供的其他证明文件和资料。

第二步：学校机构进行贷款初审。

学校机构会在全国学生贷款管理中心所发布的年度借款额度及控制比例内，组织学生申请借款。

学校机构会对学生提交的国家助学贷款申请材料的可信度进行审查，要对材料的完整性、真实性、合法性负责，初审工作的完成时间截止到收到学生贷款申请后 20 个工作日内。该项工作完成后，学校机构有为期 5 天的公示，公示中也会对有问题的申请进行纠正。初审工作完成后，学校机构在 10 个工作日内，会在审查合格的贷款申请书上加盖公章予以确认，并将结果通知学生，而且会将编制的《国家助学借款学生审核信息表》（以下简称《信息表》）与申请资料一并送交中国银行经办机构（以下简称"经办银行"）。

第三步：经办银行进行贷款审批。

学校将《信息表》和申请材料提交到经办银行后，经办银行将在 20 个工作日内完成审查。如有差错或遗漏，会要求学校进行更正或补充。经办银行的复审工作会在收到学校提交的真实完整的申请材料后 15 个工作日内完成。在所有的审查工作全部结束后 5 个工作日内，经办银行会将审查合格的借款学生名单以及空白借款合同和借据送交学校。

第四步：与学生签订借款合同。

贷款申请获批允许后，学校根据经办银行提供的借款学生名单，组织学生填写、签署借款合同及借据的工作，这些要在 10

个工作日内完成，完成后要提交经办银行。

经办银行在收到学校统一提交的借款合同及借据后，需要在15个工作日内完成签署，并在5日内将签署完毕的借款合同送达学校机构。学校机构在收到借款合同及借据后，在5个工作日内发还给借款学生本人保管。

第五步：贷款的发放。

经办银行在与借款学生签署借款合同及借据后，会在20个工作日之内，将第一年学费、住宿费和生活费贷款统一转入学校指定账户，这个指定账户是在经办银行办的；第二年及以后学年的学费、住宿费和生活费贷款缴纳形式和第一年一样。因此经办银行会给每名借款学生办理一张借记卡或活期存折，将借款学生相关信息提交学校以便学校按月将生活费划入该账户。

第六步：贷款的偿还。

借款学生在使用助学贷款完成学业后，应重视自身信用，按时归还贷款。学校应该在每年毕业生离校60日前，组织借款学生和经办银行办理还款确认手续。经办银行应该派人上门服务，为借款学生讲解还款有关事项，并为借款学生解疑答难。

借款学生毕业后，应按月偿还贷款本息，但可自主选择在毕业后两年内的任何一个月起开始偿还，也可提前偿还。

借款学生应在借款合同中与经办银行约定还款日期，并且自动从其在该行开立的个人账户中扣收，直至贷款本息全部偿清。

【注意】

• 借款学生在学校期间发生转学、退学、休学、出国、被开除学籍等终止学业，学校在为借款学生办理相关手续之前应该及时通知银行并且要求学生到银行办理还清贷款手续。经办银行在得到学校通知后，将停止发放尚未发放的贷款并采取提前收回贷款本息等相应措施，为学生办理手续。

• 借款学生毕业后继续攻读学位的，还可以继续申请办理贷款展期。借款学生要在毕业前一个月内向原所在学校提出展期申请，并提供继续攻读学位的相关证明。原所在学校审核通过后，经办银行为其办理展期手续。

●借款学生毕业后 365 日内，可以向经办银行提出一次调整还款计划的申请，经办银行应予受理并根据情况和有关方面的规定进行合理调整。

借款学生毕业后出国留学的，要主动通知原经办银行并一次性还清借款。

●经办银行应建立借款学生还贷监测系统，对于连续拖欠贷款超过 356 日且不与经办银行主动联系的借款学生，银行将向社会公布其相关信息。

从 2005 年起，财政部、教育部发行了《国家助学贷款指南》宣传册，向高校新生宣传国家助学贷款申请条件和办理程序等知识。近年来，教育部还要求各高等学校必须在招生简章中写明学校的相关资助措施，并在发放新生录取通知书时同时寄送资助政策的介绍材料。事实上，为保证刚考入大学的贫困家庭学生能够顺利入学，在 2000 年，教育部、财政部、国家发改委规定各高校都必须建立"绿色通道"制度，要确保每一位新生都能够顺利入学。多年来，在高校招生录取期间，教育部都会发出专门通知，要求各高校做好"绿色通道"的相关工作。

三　勤工助学制度

除了绿色通道帮助寒门学子顺利上大学之外，我们也鼓励学生勤工助学，通过自己的努力得到相应的报酬，改善自己的学习生活条件，各大高校也为学生勤工助学提供优良的条件和制度保障。

勤工助学是指学生在学校组织下利用课余时间按劳取酬来改善学习和生活条件的社会实践活动。学生勤工助学时间，一般以每周不超过 8 小时、每月不超过 40 小时为最佳，校内勤工助学岗位分为：固定岗（教学助理、科研助理、行政管理助理和后勤服务等。以每月 40 工时确定的月薪参照当地最低工资标准或居民最低生活保障标准确定）和临时岗（每小时酬金参照当地最低小时工资标准确定，不低于 8 元）；校外勤工助学酬金标准不可低于当地最低工资标准（由用人单位、高校与学生协商确定并写入聘用协议）。

第三章

迷失与重构：大学教育定位

> 大学需要有一个目的，一个最终的远景。如果没有远景就是无目标性，将导致大学的极端混乱。
>
> ——罗伯特·赫钦斯

本章导读：所谓大学教育定位，就是各级各类大学在国家宏观调控下综合分析自身教育职能与条件，优化教育结构办出特色，形成核心竞争力，鲜明地建立学校的品牌。然而，目前我国大学教育发展过程中存在盲目追求高层次、综合化、研究化等现象，"攀比"和"升级"之风盛行。

第一节 大学教育的过分趋同——恰当定位为什么这么难

一 何为"大学定位"

大学定位，是当今中国政府、高校与社会普遍关心的问题。政府文件、领导讲话、学者文章及社会言论中，大量涉及高校的定位问题。

每一所大学，无论历史长短，都会遇到定位的问题，因为每一所学校都要考虑其发展的方向、发展的目标、发展的条件，要进行综合的设计。在 20 世纪 80 年代以后，从中央到地方、从政府到高等学校，都十分重视制定发展规划或发展战略，一时兴起了战略研究和规划热，直到 1990 年年末才逐渐降温。21 世纪初，人们的视点从战略规划开始转向大学定位研究。但是，大学定位所蕴含的深刻寓意还没有引起足够的重视，不少人将大学定位简单理解为政策性和技术操作性的要求，直接把大学定位落在发展目标、层次、类型、服务等低等层面的具体规定上。实际上，大学定位是集观念、制度、政策与技术于一体的，在定位前，必须首先看清大学的本质及其理念，建构合规律与合目的的大学制度新秩序，由此才能进入所谓的目标制定、战略规划、层次确立、职能分工、服务面向及工作安排等技术性阶段。

二　大学如何定位

（一）改革传统大学教育体制

大学教育本身就是一个系统，大学定位也必须在系统中进行：大学在整个社会系统中定位；一所大学在整个大学系统中定位；某一学科、某一专业或某项工作在一所大学之中定位。因为任何一所大学在对自身进行定位的时候，在制定某一战略与政策的时候，都要同时考虑到这三个系统，同时还需把握世界经济、政治及大学教育的发展状况及其趋势。唯有这样的定位，才是现实的、合理的和有前景的。但大学在系统中定位，不能只局限于技术或方法层面，而需要以正确认识并处理大学内、外部系统各要素及其相互关系为前提，并以此建立相应的规范性制度框架来保障系统中各方的地位、权利、角色、责任与义务，确保大学教育有序运行。这样，大学定位就从通常所理解的技术的、操作的、方法的层面上升到制度性或体制性层面。这同时也预示着，相对于大学定位，在根本观念解决后，制度和体制更为重要。虽然中国高等教育已经历了百年，但长期以来，我们并没有真正去研究什么是大学，大学与政府、与社会的关系应该是怎样的等问题。大学教育观念还很落后，大学的体制还存在错位。中国大学在未来的发展过程中，要实现高等教育大国和强国的理想，就要对现存的旧体制进行改造，重新确立科学的现代大学秩序。

从这一个角度看，大学定位实际上是整个大学教育体制改组和再调整的过程、是重建大学新秩序的过程。近年来，高等教育领域的重大改革，如教育观念变革、体制改革、课程与教学改革等，都可以看作是大学重新定位的组成部分和重要举措。只有从科学定位出发，各项改革才能获得统一的认识，各项政策也才能做到协调配置。我们可以看到，高等教育体制改革已经取得了很大的进展。比如，政府已经明确了改革的总思路："改革高等教育体制，建立国家统筹规划、宏观管理，高校面向社会自主办学的高等教育体制。"具体来说，即重新理顺国家、社会与高校之间的关系，转变政府职能，扩大高等学校办学自主权；改革高等教育领导权力体制，扩大地方统筹高等教育的权力，实行中央与地方两级办学体制；改革政府单一办学体制，形成政府办学与社会力量多种形式举办高等学校的新格局；改革投入体制，确立以政府投入为主，多种途径筹措教育经费的体制；改革招生就业制度，实行多种形式招生、多种选择形式的自主就业制度；改革大学内部管理体制，引进竞争机制，改革高校的人事劳动福利等政策，形成有利于人才成长和学术发展的积极向上的学术生态环境。

上述改革在我国已经取得了非常大的成效，比如：政府改变了将高校作为其行政下属的观念，服务意识开始增强；教育法制建设得到发展；高等学校获得的办学自主权的范围不断扩大；多种形式办学成效显著，民办高等教育快速发展；大学教育经费投入渠道得到拓宽，总量不断增长，办学条件逐渐改善；广大高等学校内部建立起了激励人才成长的各种机制；等等。这些改革的方向，明显都是正确的。而且可以看出，随着改革的不断深入，一些深层次问题也会不断暴露出来，而政府与大学关系、党委与行政关系、意识形态与学术关系、学术自由、教授治校等被认为是大学敏感问题的，也将会作为正常问题得到根本解决。到那时，一个既体现大学内在精神又符合外在需要的新的大学秩序将会出现。大学学术规律将得到充分尊重，学术环境更加宽松，学术人格将更加独立，学术禁区将越来越少。

（二）从依附政府到办学自主

表面上来看，中国高等学校的各自位置已经由政府规定好了，各所高校按照政府的这种定位格局实施各自的人才培养计划，也应该是高效率和高效益的。但事实上，计划经济条件下政府化的大学定位，问题可能更多，矛盾也可能更大，只是暂时被政府的统一计划掩盖。其一，由于政府不可能完全掌握国家经济与社会发展中各行业对专门人才需要的详细情况，高等学校与社会人才市场的联系又被政府计划管理行为中断，所以政府制订的人才培养规划实际上存在很大的盲目性。这种盲目性表现为大学的布局、层次、结构、类型、职能以及服务范围等方面定位不合理。其二，每一所大学的定位，都是政府规定的，体现了政府的意志，但是政府的意志往往具有强迫性和随意性，不能更全面地考虑到大学各自的特点，导致办学单调化，这就是人们通常所说的千校一面和千篇一律，没有特色、没有个性。其三，计划体制下，由于不是一家政府部门办学，政府本身也存在着"条"（中央各业务主管部门）与"块"（各省市自治区政府业务主管部门）之分，每一"条"、"块"又都有自身的利益、需要、资源和权限，因此，同时存在着政府多头办学问题，办学的条块分割及其所带来的低水平重复办学会分散和浪费教育资源问题，降低教育资源配置效率和效益。其四，不同的定位，往往意味着大学不同的地位、不同的资源拥有量、不同的命运。换言之，政府对某一大学的定位，同时就规定了该大学的社会地位、社会声誉和影响、可能从政府那里获得的教育资源量，从而导致大学地位、声誉、资源之间的较大差异。

这种差异，由于政府行政手段的作用，结果人为地导致高等学校之间教育资源（包括地位与声誉等无形资源）获得机会的不均等。关于这一点，只要对比一下国家重点大学与一般高等学校、国家各部委所属院校与地方高等学校、本科院校与专科学校的资源就能清楚地显现出来。一个不难想到的现象就是：那些处境不利的高等学校为了获取更多的教育资源，不可能限于政府所给定的位置，总表现出冲破规定的越位欲望，从而使既有的大学定位和秩序失去其稳定性。特别是在社会转型时期，中国的低层次和单类型的弱势高等学校中，这种不安其位的冲动愈加强烈，千方百计地提高自身身价，而提高身价的标准，在他们看来就是"升格"，从专科升到本科、本科升至硕士研究生点并争上博士点、一般学科专业升至重点学科专业。升格已经形成风气。这种升格风最容易使中国的高等学校办学失去连续性和稳定性，最不容易积累办学经验和形成办学特色。比如，我国的经济发展水平、产业结构状况以及社会发展阶段，需要有许多具有一定理论知识、掌握生产、经营、管理、服务等生产生活领域实际技能的应用型专门人才，需要大力发展高职高专教育。国家和政府在这方面也确实做了许多，这些年高职高专发展很快，在数量上几乎占据高等教育半壁江山。但是，高职高专是目前最不安分和最不稳定，也是最缺乏自己办学特色和办学质量的一类高等教育机构。许多高职高专院校办学定位不清，培养目标向本科看齐，专业方案不明确，课程结构偏于学术性，实践教学被严重忽视，教师和学生的职业思想不牢固，教育质量低下。

定位不清的问题同样存在于其他层次和类型的高等学校。如当前各级各类高等学校办学相当混杂，相互缠绕和包纳，缺乏明确分工。重点大学把很大一部分时间、精力、师资、设备等资源投入到大量开办成人教育、网络教育、继续教育、高职高专教育、民办二级学院教育、自学考试以及各种培训中。成人高等学校又急切攀高普通高等教育，其目的是抢占更多的教育资源。但是，如此混乱的情况只会分散各自办学的主攻方向，分散办学的精力，从客观上来说是以牺牲教育质量为代价的。所以，就有人把重点大学办高职高专、成人教育、自学考试等戏称为"没有出息的做法"。

而近年来，我们注意到，在我国高等教育领域出现的可喜变化就是，高等学校由过去盲目趋同转变为朝理性化的分工方向发展，高等教育目标、结构和职能体系正在出现新的分化重组趋势。其中：一部分大学开始以全力提高学术水平和教育质量为办学取向；不少大学已经停止了规模的扩大，停办了高职高专办学形式；个别大学提出要建设世界一流大学的目标定位。而大多数普通本科学校、高职学校，则明确提出了面向地区、提高质量、办出特色的办学定位。这一定位的提出，意味着办学的理智化，放弃了过去不切实际、盲目攀比的心理。可以预见，在市场经济体制不断完善、高等教育法制建设不断加快的形势下，在高等学校办学不断走向自主的趋势下，一个分工明确、各具特色、相互协作的高等教育体系框架一定会呈现。那时，每一所高等学校都将在其间各就其位、安身立命，以自身的特色得到社会的接受和认可。

三　大学恰当定位为何如此难

（一）学科规训制度的影响①

按照霍斯金所说，学科规训是指作为教育内容的一切因素的总和，主要包括知识经验、价值信念、伦理道德、风俗习惯、意识形态等因素。这个概念在西方不仅可以作名词，还可以作动词，它具有教育、训练、纪律、校正、训诫等多种解释。福柯运用这个词的多性与多义，解读出其新的含义，指近代产生的一种特殊的权力技术，既是权力干预、训练和监视肉体的技术，也是

---

① ［法］米歇尔·福柯：《规训与惩罚》，刘北成等译，上海三联书店1999年版，第193页。

制造知识的手段。所以，福柯强调了规范化是规训的重要方式。规范化在古典时代末期成为非常重要的权力手段之一，曾经代表地位、特权和依附关系的标志日益被一整套规范代替，至少是以后者作为补充。后者不仅表示在一个同质社会体中的成员资格，而且也在分类、建立等级制和分配等级中有一定作用。在某些意义上，规范化的力量是强求一律的。需要说明的是，福柯分析的近现代微型技术，是普遍存在于分层社会之中的各种宏观或微观技术，而不是哪一时代的特指。所以，学科规训制度，就是分层社会中规训学科的有效性、合法性、客观性及学科的知识范围、学科之间的地位关系和维系学科地位与范围的实践方式的合理性等方面的制度。

具体到高等教育领域来说，实际上是有关高等教育制度作为价值观念、意识形态、利益关系的规训制度。例如，关于不同大学地位的正式与非正式的约束、大学阶层的划分、非重点大学与重点大学以及对大学多种形式的评估与评价制度，还有和这些有关的各种观念和知识体系，都是规训制度在这个领域内的具体体现。若把这些规训进行归纳，则可分为与社会意识形态有关的规训制度、与纪律有关的规训制度和与评价大学有关的规训制度三个方面。其中，与社会意识形态有关的规训制度是核心，它不仅可以包含其他的强制因素，还是其他有关大学制度安排的先验模式。这就是伊万·伊利奇所说的"行政真理"，意指用以确立统治它们所炮制的东西的当前价值的那些意识形态或法令。在之前的中国教育中，行政真理在大学发展模式、大学发展理论、大学教学内容等方面占有主导地位，控制着国家高等教育的学术走向和大学发展的其他资源。这种情况在我国大学的发展历程中可以说比比皆是。如在新中国成立初期，对待私立大学与教会大学就是例子，因为在唯公有制这样的成分论的纲领下，人们在对私立大学与教会大学的认识方式和对其社会价值认同上会受到这一真理的影响，最终以取缔表现出来。与此相关的是对我国其他大学发展的规范化，这就形成了我国大学内容与表象的一律化。虽然这些情况的出现与当时的时代特点和客观形势密不可分，或者说是限于革命形势，但是这却成了当前我国大学趋同的历史根源。

（二）大学等级制度带来的影响

按学理来说，大学间的等级是指从社会评价或者身份的角度对大学进行高低、优劣区分。大学间的这种等级区分，在国外高等教育领域和国内高等教育领域都存在。但是，与国外相比，我国的大学等级却更有特殊性，除了学理意义上的含义之外，更多地表现为实际上的大学等级由政府行政力量来划分。从历史的角度来看，我国大学等级制度表现为如下特点[1]：一是大学向来具备双轨体制。从普遍意义上说，现代大学等级制度在大学之间，主要是按照知识性质或理性能力来区分的。而在我国，大学的地位区分与等级划定则不仅仅基于上述原因，还有根据所有制、隶属关系等不同来区分的。在此基础上，我国大学之间则有了普通大学和重点大学、部属大学与地区大学、公立大学与民办大学、综合性大学与专门大学的区分，而且在我国形成了公立大学垄断高等教育领域的局面。二是与大学等级制度相关联的大学事业的单位化让我国大学大都具有了事业单位的共性。

总而言之，大学都是国家的事业单位。那时它们几乎与其他国家事业单位和大型厂矿在组织机构的设置上是一样的，如设党的领导机构、行政管理机构、教研组和单位福利机构等。在我国的计划经济时代，这种双轨制度和事业单位的特点还可以满足时代的需要，能够完成各自的使命。但是，随着高等教育改革的日益深入，大学在结构形式、办学理念、等级划分等方面都有了很大的变化。首先，大学改变了办学主体，如私人可以开办大学，渐渐改变了大学事业单位的性质。等级划分则有时代性，由原来

---

① 康永久：《教育制度的生成与变革：新制度教育学论纲》，北京教育科学出版社 2003 年版，第 145 页。

的重点和普通变为"211 工程"大学与非"211 工程"大学的区别，还有"985 工程"大学与非"985 工程"大学的区别。在大学内部结构上，则对科层制度的改造有所重视，并对相应大学学术组织地位进行重新审视。虽然国家在克服过去大学统一的方面做出了时代性的变革，但是我们可以看出，在改变过去的等级制度时却建立了新的等级制度。一方面，政府严格控制着大学的资源配给，掌握着大学的发展空间；另一方面，作为政府的附属机构，大学完全倚仗政府的拨款和配置，一切都服从政府的行政安排，缺乏主动发展的积极性。当前，我国大学经费的来源特别单一，很多是依靠国家的计划配给。从政府方面来说，宏观的经费走向肯定是有所偏重的，即大部分经费都投入了"211 工程"大学和"985 工程"大学。所以，某个大学被列为政府重点扶持的对象，经费便有了保障。这种强烈的行政性安排，会形成一种暗示效应，从而加剧其他大学的攀比与升格。从这一意义上说，指令性、行政性计划的资源配置模式是我国大学自新中国成立几十年来严重趋同的制度性原因①。

综上所述，高等教育的制度因素是造成我国大学趋同和定位困难的重要原因。当前诸多研究者探讨我国大学定位与分类发展的策略时，常常依靠国家的行政力量来对大学进行定位与分类，希望实现高等教育的多元化，却不知道作为形成制度因素之一的国家行政力量是大学趋同的始作俑者。如何解决这一难题，是高等教育理论与实践工作者需要关注的问题。

第二节　研究型大学——以科技创新为引领

20 世纪以来，研究型大学在世界各国的发展中起到了很大

---

① 樊纲：《渐进改革的政治经济学分析》，上海远东出版社 1996 年版，第 13 页。

的作用，它作为高等院校的一种重要类型已被各国承认。研究型大学是以研究工作为重点，培养高层次创新人才、科研和教学紧密结合的一种大学。研究型大学是国家高等教育发展水平的重要标志，是国家综合国力的重要体现。

一 研究型大学——科技创新的主力军

（一）研究型大学科技创新的基础

创新人才培养是保持创新能力持续提高的关键因素。与普通大学相比，研究型大学特有的优势包括世界著名的教授和研究人员、前沿科学研究和最新进展、一流的研究设施和优良的学术氛围等，这些都为创新人才的培养提供了得天独厚的条件。因此，为国家经济、科技、社会发展培养大批高素质的创新人才是研究型大学义不容辞的责任。大力加强研究型大学的科技创新工作，不仅是国家科技创新体系建设的直接需要，而且可以为培养创新人才提供必要的创新氛围、充分的科研机会、优良的科研设施和充足的经费支持。人才是推动科技进步和技术创新的基础。中国企业要走创新型道路，就必须依靠大量的创新人才。

（二）研究型大学科技创新的任务

科技创新是研究型大学为国家经济建设和社会进步做出服务和贡献的主要职能之一。研究型大学要坚持"以服务求支持，以贡献求发展"的思想，积极为国家经济发展和社会进步做出人才和知识上的贡献。研究型大学要努力成为国家基础研究、应用研究、高科技产业研究的主力军。在高科技产业上，研究型大学要成为各地新经济蓬勃发展的重要力量，要成为各地高新技术产业的孵化器和辐射源，这些都要求研究型大学把科技创新作为主要任务来抓。

（三）研究型大学科技创新的重点

研究型大学有着充足的科技创新资源，潜藏着巨大的技术创新实力。我国高校的科技成果转化率低，许多具有产业化前景的科技成果被束之高阁。大学科技成果出现成果多、转化少、推广难的情况。主要原因就是企业和大学分离了，企业做企业的研究，大学做大学的研究，研发和市场信息不对称。虽然一个大企业可以雇很多人来搞研究，但他们的专业毕竟是有限的，不像大学里各个学科都有。另外，由于我国科技创新成果推广转化的支撑环境不完善、法律法规不健全、投融资体制和市场发育不成熟，限制了企业技术创新的能力。从我国目前的情况来看，技术创新最关键、最重要的是产品创新，它主要是指企业应用新知识、新技术和新工艺，采用新的生产方式和管理模式，提高产品质量，开发新产品，增强市场竞争能力的活动。所以，组织研究型大学的科技力量要以技术创新和产品创新开发为重点来为企业服务，加强与企业的交流与合作，提升企业的创新能力和区域经济的竞争能力。我们要充分发挥研究型大学学科交叉综合、人才基础雄厚、学术氛围宽松、国际合作交流活跃、信息灵通等优势，根据国内外市场的需求，推动大学与企业的结合。通过人才知识成果辐射影响社会，建立与社会和企业紧密结合的各种形式的联盟结构，实现大学科技服务经济的社会功能。

二 研究型大学科技创新的现实困顿

在全球化和科技革命的背景下，21世纪的中国大学面临着前所未有的挑战。近年来，学界及整个社会围绕现有的人才培养制度，对畸形的知识生产体制以及彼此分离的学科体系展开深度反思，进而产生了钱学森之问的困顿。2005年，病榻上的钱老忧心忡忡地对温总理说："现在中国没有完全发展起来，一个重要原因是没有一所大学能够按照培养科学技术发明创造人才的模式去办学，没有自己独特的、创新的东西，老是冒不出杰出人才，这是很大的问题。"此后，他与总理的每次见面都在强调同一个话题——中国太需要杰出人才，其忧虑之深、期盼之切溢于言表。钱老语重心长的话语既是他对中国教育困境的忧虑与思考，亦是对中国大学尚未肩负起自己应承担责任的批评与期待。中国大学为什么不出杰出人才？中国的大学尤其是研究型大学为什么没肩负起复兴中华民族的伟大使命？当下中国大学培养模式中存在的问题固然复杂，但极端功利化的教育理念、僵化的办学体制、孱弱的批判精神等可谓其中的关键所在。

（一）大学使命偏失

大学是我国研究型大学培养的创新型人才汇聚思想的摇篮，是由学者和学生组成的致力于寻求真理之志业的共同体。一般来说，大学肩负三项任务：育人、科研、服务。大学有传递知识、应用知识的任务，但是大学却又和一般研究机构有所区别，就大学的根本价值而言，培育新人始终是大学的核心任务和重要使命。《大学》开篇即言："大学者，在明明德，在亲民、止于至善。"育人、科研、服务是大学不可分离的整体，大学通过教学、科研、社会实践三条途径实现新民的终极目标。教学过程是教师和学生共同认识已知世界与探索未知世界的过程，是传递过程与创新过程的有机统一。但在极端功利主义思想的影响下，大学这一学术共同体却呈资本主义发展之势，对物质金钱顶礼膜拜，脱离自身应然行驶的轨道，陷入严重的矛盾与迷失状态。在学术资本主义体系中，大学固有的育人理念严重弱化，沦为简单的名利场。大学因受排名、拨款、项目经费、职称晋升等因素困扰，科研与教学间的互动关联被人为阻断，教学和科研的冲突越发激烈，大学偏离了工作重心，背离了应担当的历史使命，大学自身得以合法性存在的基础出现危机。

（二）培养制度低效

专业制度是西方工业革命的产物。近代以来，伴随自然科学的日渐强大及人文社会科学的逐渐兴起，知识分类渐趋细化，知识边界越发清晰，具有现代意义的专门化的知识体系与培养制度逐渐在大学中得以确立。在现代知识生产体制下，大学谨守专业规训，在固定的知识空间中行走，传递知识经验，开展科学研究。应当承认，在制度化的专业背景下，大学在积累、传递人类知识的过程中，在人才培养方面发挥了巨大的作用，铸就了大学多元化的学术之林，将人类的探索性活动推向前所未有的发展阶段，为工业社会发展提供了动力。但是需要注意，专业制度的极度发展在一定程度上桎梏了大学的知识传递与知识生产，刚性的知识生产边界与外人不得擅入的培养方式，极大地束缚了学者乃至人类对新知识的探索，在知识传递中造成无数的盲点，致使大学人才培养缺少广阔的知识视界与宽厚的理论基础，难以应对日益复杂的现代社会问题，从长远的角度看，将会影响人的可持续发展。因为专门技术的训练将人制造成最有用的工具，而不是造成一个人。美国卡内基教学促进基金会原主席博伊认为，我们最主要的敌人是割裂。知识的分离与专业化培养使得大学在传播知识与创造知识的过程中呈极端封闭态势，并形成拥有巨大惯性作用的培养体制。由于专业划分过细产生知识狭窄、思维方式僵化等问题，难以满足当代社会复杂的多元需求，故华勒斯坦在《开放社会科学》中力倡破除学科壁垒以适应后专业时代大学人才培养之变革。

（三）批判精神孱弱

钱老认为，中国的大学因缺少创新精神与批判精神，所以冒不出杰出人才。他以美国加州理工学院为例，特别强调了大学教育中的创新思维与批判精神，对中国没有创新、死记硬背的所谓"优秀现象"深恶痛绝。若以培养学生的批判思维这样的标准来审视当下的大学教育，我们就会惊奇地发现，在课堂教学、考试命题、考核评奖、教育方式、管理制度、大学文化等方面，需要改变和改革的地方比比皆是。学生创新精神与批判精神不足，唯书、唯师、唯既定结论是尊，难以实现可持续发展。反观欧美及东亚国家的研究型大学，整个校园充溢着浓重的研究氛围，尤其是欧美国家从不以哺喂婴儿的方式培养学生、抑制学生的自主性学习与自由性探究。普林斯顿大学卡茨教授认为："我不认为我能提供一切答案，我的功能是使学生能意识到问题的存在，对学生们的答案提出质询，帮助他们发现现有理论的不足之处。我最大的希望是学生带着满脑子的疑问离开课堂。"通过互动式的研究性教学，可以使学生养成开放式的思维方式，提高发现问题、追问问题、解决问题的能力①。

三　增强研究型大学科技创新的对策

（一）教师队伍建设——增强研究型大学科技创新的核心

大学对于一个民族最本质的意义在于创造知识、传承文明，而人才的集聚则是达至这一意义的前提。没有一流的教师队伍，就不可能建设成一流的学科，培养出一流的人才，开展高水平的科技创新，出一流的科研成果。实现科技创新的核心是人、是教师队伍、是教师群体。没有教师队伍，没有学科带头人和骨干组成的富有创新精神和专业能力的优秀群体，要想去实现科技创新是不可能的。为加强教师队伍建设，根本任务是要重视并逐步建立起高层次的学历结构目标，促使教师以各种方式改变低学历状况；要优化职称结构目标，促使教师向更高的专业水准努力；强调特色和优势，促使教师在科学研究中创造性作用的发挥；要保持队伍发展的低龄化趋势，促使教师以只争朝夕的精神投入工作。

（二）学科建设——增强研究型大学科技创新的关键②

学科建设是建设研究型大学的根基，是高校竞争力中最重要和最基础的核心部分，要从构建大学核心竞争力的高度来认识加强学科建设对大学发展的重要地位。清华大学的学科建设规划

---

① 程永波：《论研究型大学的科技创新》，《全国第五届学位与研究生教育评估学术会议论文集》，2004 年 7 月 21 日。

② 吴启迪：《科技成果的原创性是科技创新的灵魂》，《中国高等教育》2002 年第 23 期。

中，明确提出：学科建设是研究型大学建设的核心，是实现高质量大学生和研究生培养的前提，是承载高水平科学研究和产生创新型研究成果的平台，是造就学术大师和拔尖人才的基础。研究型大学学科是集教学、科研、拔尖人才培养、科研队伍建设和实验室建设于一体的综合性系统工程。纵观社会各方面的每一进步以及任何一项新兴产业的诞生，都和某一学科的发展与创新密切相关。因此，学科建设是实现科技创新的关键。没有一流的学科，没有特色和创新的学科，要实现科技创新，尤其是原始创新是不可能的。而学科建设的重点是适应科技的发展、社会进步的趋势，抓好学科的重组、综合、交叉、渗透、融合，调整好学科的结构，形成具有自己特色、一流的学科及学科群。

（三）环境、氛围和机制——增强研究型大学科技创新的保证

科技创新关键在于人，大学的职责就是要尽可能地汇聚各类高层次的人才，并创造出宽松的学术环境和良好氛围。只有当各类具有创新精神的高层次人才集聚时，大学的科技创新才会形成一种气候。创新在于个性特色的充分发挥，成功在于团队的相互合作。科技创新不仅需要高端的仪器设备和重点实验室等组成的硬件环境，还要有利于个性特色充分发挥和良好团队合作的自由学术氛围，更离不开规章制度所形成的机制和体制及相应的科学化和规范化的管理。通过制度创新，可以建立良性的业绩贡献激励机制和平庸无为的制约机制，以充分发挥教师知识创新和科技创新的主观能动性。机制和体制建设的核心及实质是规章制度与人的高度融合与统一。只有把制度、监督和人的自觉性结合起来，才能创造依法、依德、依规治学的氛围和环境。

（四）高新技术产业化——增强研究型大学科技创新最直接的体现

高新技术产业化是当今世界经济、科技发展的潮流，是知识经济时代的显著特点之一。可以说，在高新技术产业化的前提

下，高校科技工作从思路的提出、产品的立项、工程的设想开始，就已经算是在产业化或市场化上运行。高新技术产业化的提出正是"科学技术是第一生产力"思想的体现和贯彻。高新技术产业化实质是以社会经济发展的需求作为高校以及科研单位科研工作的出发点，科技与经济互相联系，研究开发和产业化各环节有机地衔接，使市场机制和竞争机制在引导科技活动中发挥基础作用，使研究开发主体的运行和管理企业化。所以，高新技术产业化是国家抓住了当今社会科技发展和改革中迫切需要解决的核心问题，也是高校对社会经济发展的贡献的体现。而高校要把高新技术在国家间、行业间、企业间和科学技术自身的系统内进行有机调节，必须以高层次的人才、丰富的科技信息资源和优越的研究条件吸引中小企业到校园中来共同研发，以此来发展高新技术的源头、孵化一批高新技术产业；必须鼓励和支持广大科研人员面向经济主战场，服务社会经济，服务区域经济，走产学研结合的道路；必须鼓励和支持广大科研工作者以不同的形式同企业合作，促进知识、科研成果和人才的转移与转化；必须鼓励和支持广大科技者对拥有的自主知识产权的高新技术，采取现代企业的模式，提高知识传播和使用的效率；必须鼓励和支持广大科研工作者用高新技术改造传统产业，增强传统产业知识密集度和知识产业化，实现真正的科技转移的社会化、市场化、规模化和产业化。

第三节　教学研究型大学——
教学与科研的良性互动

大学作为高等教育场所，是"按照自身规律发展的独立的有机体"，而现代大学多数是以其开设的学科来划分种类的，通常有综合类（多学科、可续研究性、基础性）、师范类、农学类、文理类、理工类、医学类、财经类、政法类等大学。当今，社会各行各业对知识的依赖与需要与日俱增，大学成为"知识工业"重地，学术逐渐与市场结合。

一　教学与科研的关系

教学研究型大学，具有教学和科研两个职能。在教学研究型大学中，教学与科研都不能缺少。在衡量一所高校的竞争力时，不仅要看其教学水平，也要看其科研学术水平，而科研学术水平的提高又会促进教学水平的提高，所以确定科研的先导地位与教学的中心地位是不矛盾的。

（一）坚持教学的中心地位

通常意义上，教学被公认为是大学的基本职能。学生进入大学接受高等教育，大学必然要发挥其教学的职能，即教师运用一定的方法将书本上的理论知识以及自身的学习、生活经验传授给学习者。同时，大学又是一个"小社会"，学习者在里面参加各种社团活动与比赛，培养自己的兴趣，也有各种工作机会提高自己的能力，获取社会经验。

（二）确立科研的主导地位

科研在教学研究型大学中占据重要的地位，主要表现在：①科研是提高师资水平的一条重要途径。教师通过科研，可以了解当今社会科技发展的方向，了解科技的最新发展，了解专业的发展成果与局限，完善自身的知识体系，更新知识系统，改进并创新教学方法。②科研有利于培养适应社会需求的新型人才。教师可借着科研活动尝试探索新的教学方法与手段，通过教学尝试与实践，不断摸索新时期的人才培养模式。同时，教师开展科研活动也为提高学生的科研实践能力、团结协作能力提供了条件，为学生将来进入社会打下坚实的基础；③推动学科专业建设与发展。学科的发展是高校发展的基础，各高校以学科建设为核心，其竞争力也体现在学科发展成果上，重视科研有利于提高学校的竞争力，实现发展的整体目标。④从事科研工作，重视实践的教师更受学生欢迎，对学生影响大。一般而言，从事科研工作的教师具有较高的声望，进而其所在的高校也更加具备吸引社会支持和生源的资本，从而提高教学质量，同时从事科研并取得一定成果的教师对学生的思想观念、生活态度、道德水平有一定的影响。

（三）教学与科研的紧密结合

教学研究型大学的特点：在教学中科研，在科研中教学，教学与科研相协调统一。随着教育市场的开放，我国高等教育面临着世界范围内的激烈竞争，对高校而言，尤其是具有一定学术水平的教学研究型大学，科研和教学是车之两轮、鸟之两翼，而高校的竞争归根结底是教学和科研的竞争，所以既需要确定科研的主导地位，也要坚持教学的中心地位（基础地位），促进教学与科研的良性互动，做到教学工作科研化、科研工作教学化①。教师要坚持理论与实践相结合，开展科研活动向学生传授科学知识和技能，培养学生实践、创造能力，并且要及时更新教学内容，把科研的最新成果应用于教学。另外，科研活动具有学术、经济、社会、教育等多种价值②，科研活动要以教学目标为中心展开，教学研究型大学的科研有自身的特性，即教育性，教学与科研应协调进行。

二　"重科研、轻教学"的高校现状

随着社会经济体制改革，国家"985 工程"和"211 工程"等战略的制定与实施，科研与社会生产之间的联系日益密切，科研的功利化越来越明显，许多大学在功利价值的驱动下进行"转

---

① 徐桂秋、李华良：《高等学校科研与教学的关系的认识与实践》，《辽宁教育研究》2004 年第 9 期。

② 李寿德：《研究型大学的特征分析》，《比较教育研究》1999 年第 1 期。

型"、"升级"，盲目地追求高层次、综合化，由单科转化为多科、由多科转化为综合、由综合型转化为研究型大学，希望通过顺应社会的需求，在高等教育体系中占据有利地位。从一些大学的中长期发展规划来看，虽然各大学强调教学的重要性，但与科研相比较，在教学方面多为模糊不清的软指标，而在科研方面主要是清晰、易执行的硬指标。究其原因，多数大学认为高校的排名仅仅是以科研为取向，而政府的投资、社会需求以及高校的评价影响着大学的排名地位、资源分配，所以多数高校急功近利，盲目追求科研成果，忽视教学质量，从而出现"重科研、轻教学"的现象[①]。导致这种现象的原因主要表现在：

（一）认识层面

在认识层面，存在着三种错误观点：第一种观点认为科研水平是一个教师学术水平的根本标志，教学是一种重复性的简单活动，不需要改变与创新；第二种观点认为学习者个人出国留学、拥有良好的工作机会只需要个人获得的科研成果，而教学工作只需要满足一定的量就可以；第三种观点认为科研工作需要探索创新，而教学工作则不然，可以沿用传统的教学手段进行教学。

（二）实践层面

第一，高校对科研与教学在投入的时间、资金、人才上有差异，重科研，轻教学，在实际的学校工作中，管理者将科研成果与水平作为评价学校工作和教师工作的指标，而忽视了教学工作的质量。第二，放松教学管理和改革，将大量的精力与资金放在抓科研、抢课题，提高学校的知名度上，教师一心专注于科研而对教学工作敷衍了事；在进行科研项目时，没有适当地给学生尤其是本科生提供一定的参与机会，教师忙于自身职称的评定。第三，忽略了对教学内容、教学手段与方法的实时改变更新。第

---

① 刘文彦：《研究型大学的科研工作应对本科教学做出积极贡献》，《中国高教研究》2001 年第 8 期。

四，专注于科研所获得的成果，而未将在科研过程中的质疑、勇于探索、追求真理等精神应用于教学过程中，忽视科研对教学的推动作用。

三　教学研究型大学的合理定位

教学研究型大学是地方高校培养高端人才和取得科学研究成果的基地，主要培养的是应用型人才，同时也承担着教授知识、发展技能的任务。教学与科研是教学研究型大学的两大职能，要想教学研究型大学发生转变，就必须实现教学与科研的良性互动，促进教学与科研协调发展。

（一）树立正确的科研观

有学者曾对大学教学与科研的关系进行过梳理，归纳了三种倾向性的观点①：①负相关观点。以一些教学和科研活动为研究对象实证分析得到的数据证明，人的精力有限，要涉及多个领域会导致角色冲突，教学与科研活动是由不同的奖励机制驱动的，学校发展的选择性决定了教学或科研的有限秩序。②正相关观点。成功的教学与科研所需的能力是相统一的，二者都是对知识的传播与交流，但是侧重点可能有所不同。教学侧重于对知识的运用，而科研着重于发现探索知识，积极的研究对教学有重要积极影响。③零相关观点。教学与科研是两种不相干的事业，前者注重于知识的传播，而后者侧重于知识的发现，对于不同类型的教师，要施以不同的管理方式。从高校开办的初衷出发，教学与科研是相辅相成的，任何"以教学为中心"或"以科研为中心"的观点都不利于人才的培养。

而高校的科研人员应该树立正确的科研观：科研应立足于高校职能的基础即教学，并服务于教学，科研水平的提高，一定会

① 王彦：《大学教学与科研关系的探讨》，《浙江工业大学学报》（社会科学版）2009 年第 6 期。

推动教学质量的提高，促进教学方式的改革；科研应为学科建设服务，科学研究要围绕着高校的学科展开，而不能仅仅靠着对某项科研工作的热情与兴趣，要立足于学校的现实情况；学校应围绕着社会发展的需要确定自己的科研方向、领域与课题，其研究成果也需要符合社会经济、政治、文化的要求，具有可操作性、可行性。

（二）坚持以教学为基础，开展特色研究

由于历史和自身资源条件不足，我国大部分教学研究型大学科研实力相对薄弱，想要在短期内追赶上研究型大学的科研水平是非常难的，所以不能急于求成，不能将所有的人力、物力、财力用在提高科研水平上。要遵循教学的发展规律，从实际出发，根据高校自身的特色和优势开展科学研究，并从根本上改变教学与科研失衡的状况，坚持教学与科研相统一的原则，以教学改革带动科研发展，以科研促进教学，建立教学与科研良性互动的机制。

（三）建立教学与科研相结合的科学评价体系

高校的管理者要坚持以人为本的办学理念，建立全面的、可操作的教学与科研管理机制，充分调动教师的教学与科研积极性，激发教师的热情。要解决教学与科研失衡的问题，就必须建立起教学与科研相结合的评价体系，通过各项评价指标，科学地、综合地去评价教师的教学能力与科研水平。

总的来说，教学和科研都是教学研究型大学的重要内容。教学与科研相辅相成，要想在实践中真正地做到"教学与科研相结合"，必须将教学与科研紧密联系在一起，把教学过程当作科研的过程，把科研过程当作教学的准备工作，如此才能实现教学与科研的良性互动。

第四节　教学型大学——知识的传播与应用

教学型大学是指以本科教育为主体的全日制大学。它以招收本科层次的学生为主体，主要履行人才培养和教育教学研究的职能，培养高水平技能型人才（即高级专门人才）和高级研究型后备人才，拥有学士学位授予权和少量的硕士学位授予权，可招收一定数量的专科生。①

一　高等教育大众化的普及

自 20 世纪五六十年代以来，我国大力发展高等教育事业，推动高等教育大众化的普及。相关数据显示，2004 年我国的高等教育毛入学率已经超过了 15%。近年来，我国的高校数量迅速增加，其规模也不断扩大，入学人数在增长，出现了高校办学模式、办学层次以及办学特色上的多样化，同时很多大学都开始走转型之路，希望可以成为研究型大学，增强高校的竞争力，提高高校的名誉声望，从而吸引优秀的生源与国家资金、政策的支持。如果这样的情况一直持续下去，那么承担着高等教育大众化任务的普通高校追求的就是精英式的教学与科研，即研究生教育，从而忽略了普通专业的教学及其人才的培养，这样大众化的教学与精英式的科研发生冲突，并且在科技第一的当今社会，冲突不断升级，愈演愈烈，甚至有些地区出现了抛弃文化的教学和传播活动的现象，比如：①国家与企业将更多的经费与资源投入到大学的科研中，很大一部分拨款用在大学的科研机构、新实验室的建设等方面，而在教学方面的投资却很少，自 20 世纪 90 年代以来，政府打破了对高校的投入平均分配原则，主张扶强的政策，中央与地方共同建立实验室、实验中心、重点学科、国家自然科学基金课题等重大课题，而这些课题的经费对高校有很大的吸引力，高校要想获得这些经费，就必须在科研上有重大的突破，或者获得了超越其他高校的科研成果；②国家和院校的鼓励

① 时明德：《中国教学型大学的特征》，《信阳师范学院学报》（哲学社会科学版）2006 年第 2 期。

政策均向科研倾斜，将研究成果当作硬指标，过于重视科研，却将教学当作软指标，要求也不甚严格。教学团队负责人、科研队伍的负责人、教授等的选拔，均是以科研为标准的选拔，不管其在教学方面取得多么优异的成绩，都不能为评选加分；③教师所从事的大量研究项目、研究内容与教学内容无直接关联，没有正确认识并处理好教学与科研的关系，没有合理利用好科研项目的成果促进教学活动的展开和教学方法的创新。

二　教学型大学定位的错位

教学型高校属于非研究型高校，这类学校目的在于育人，其教学目标主要是培养高素质人才，在科研方面，主要是以教育科学研究为主导，而发展有关科研项目是为了丰富知识，提高教学水平。

（一）重科研，轻教学

在理论上，教学与科研在高校中的关系是相辅相成的，但是纵观国内许多非研究型高校，教学与科研严重脱节，其中"重科研，轻教学"较为明显，这主要表现在：教学与科研作为高校的两项职能，在研究型大学中，科研是高校创造知识、增强竞争力的主要途径，是高校的主要职能；而对于教学型和教学研究型大学来说，它们从事的主要是本科教学，其基本职能是知识的传播与应用，办学目标是培养各级专门技术人才，其特定的环境与有限的资源条件决定了它们只能以教学为中心。但是，也由于教学成果表现为人的内在素质变化，而科研成果直接表现为知识及物质形态的变化，因而科学研究的成果比教学的成果更直接、更容易衡量与判断，即科学研究的成果对教师的地位、学校的声誉和实力影响直接并且更加明显。越来越多的人将大学的科研水平看成是大学地位与实力的象征，因此科学研究的水平逐渐成为国内各大学排行榜的重要依据。在这种竞争背景下，许多教学型高校甚至不顾自身的实际情况，盲目地照搬研究型大学的办学理念与办学模式，在处理教学与科研的关系上，采取以科研为主，以教学为辅的方式，希望通过强化科研、引进人才以及调控分配制度，片面强调高层次的课题，在短时间内来实现学校跨越式的发展，这种脱离了高校本身情况的定位使学校自身的发展失去了办学特色，一线教师数量严重不足，教师在教学过程中求量不求质，导致教学水平低下，培养学生的能力差。

（二）重知识，轻能力

1998 年，美国博耶研究型大学本科生教育委员会发表了《重建本科生教育：美国研究型大学发展蓝图》的研究报告，报告指出："探索、调查、发现是大学的核心，大学里的每一个人都应该是发现者、学习者，研究性大学应该通过一种综合教育，造就出一种特殊的人才，他们富有探索精神，并渴望解决问题，拥有清晰思维和熟练掌握语言的交流技巧，拥有丰富的多样化经验，这样的人将是下一个世纪科学、技术、学术、政治上富于创造性的领袖。"[①] 在教学型大学里，探索、调查、发现也是其核心，教师不仅要将教科书上的知识传授给学生，也要引导学生掌握灵活运用知识的能力，引导学生对已有知识进行调查与探索，并且培养学生发现新的知识的能力，培养学生的学习和探索发现能力，不能仅仅将书本上的知识生搬硬套，简单完成学科的基本知识目标。

三　教学型大学如何恰当定位

有学者对我国 700 所本科院校进行了比较研究，主要比较的是研究型和教学型两类有显著特点的高校，通过对比，找出了两类高校存在的共性以及个性，希望能够探索出适合教学型高校前进发展的道路。教学型高校在办学层次、学生素质、教学资源、

---

① ［美］博耶研究型大学本科生教育委员会：《重建本科生教育：美国研究型大学发展蓝图》，《美国研究参考资料》2000 年第 19 期。

办学理念、培养目标等方面与研究型高校都有着客观的差异，而这些差异的存在决定了教学型高校在学生培养模式、管理模式、教学手段等方面都和研究型高校有所差异。所以，在高等教育的竞争中，教学型高校要实现持续性、稳定性的发展，首先要考虑的就是自身的定位和特色，不仅要将知识传授给学生，建构学生的知识理论体系，还要引导学生学会发现知识、应用知识，重视其应用能力的培养，只有定位准确才能清楚自身的发展方向。

（一）办学层次的定位

办学层次，主要是指人才培养层次，即专科层次、本科层次和研究生层次等。研究型高校大部分以培养研究生为主，其人才培养规格也就定位在研究型创新人才培养上，而教学型高校定位在培养本科层次，其培养目标定位在面向基层的应用型技术人才，因此加强实践性教学环节，加强与生产实际的联系是非常有必要的。就是在一些课程设置上面，不仅仅要有理论知识的讲解，还应该设立相关的实践环节，为学生深刻理解知识提供途径，并且锻炼学生实际运用知识的能力，同时又在一定程度上检验理论知识的真伪，促进知识的更新。

（二）特色学科的定位

教学型学校要有自己的办学特色，应该重视自身的学科建设，搞好特色学科，学习借鉴其他高校的办学经验，但也不能丢掉来自本身的特色。要和研究型高校在学生培养目标、培养规格上区分开来，因为只有这样才能拥有自己的发展空间。如果在学科及课程设置上盲目地和研究型高校进行竞争，肯定会失去自己原有的办学特色，而教学型高校与研究型高校相比，仅仅是办学层次不同，没有所谓的高低贵贱之分。1998 年巴黎召开的世界高等教育大会通过的《21 世纪高等教育展望和行动宣言》中指出，高等教育的质量是一个多层次的概念，要考虑多样性，避免用一个统一的尺度去衡量高等教育的质量。不管是研究型高校还是教学型高校，都可以在属于自己的领域里获得生存空间并争创一流，让我国高等教育健康发展，满足社会经济发展对各类人才的需求。

（三）工作重心的定位

在教学工作上，坚持以教学为中心，为学校的本科教学树立品牌，在办学资源上向教学倾斜。在教师的奖励与职称评定方面，应该强调对教学成果与教学水平的评价，而不应该仅仅围绕着科研成果。教学型高校是以教学为主的，就算是其进行的科学研究，也是为教学服务的。因此，对教师的考核应该以学生对教学的满意度、教学效果为中心开展，对高校的考核应该主要考察高校对教学资源的投入、教学设备及教学经费是否能够满足日常教学工作的需求，是否能够满足人才培养的需要。在科学研究方面，教学型高校的主要任务是培养应用型人才，所以在科研方面花费的时间与资金不应太多，重点应是考虑教育科研方面的内容，如教学科研、教师发表的教育教学论文数量、教学改革项目数量及资金投入量等。总而言之，教学型大学应以教学为中心，而不仅仅是抓教学工作。

（四）发展目标的定位

教学型大学是为了满足我国高等教育大众化和经济发展的需求而生的，其办学的理念与定位不仅和研究型大学不同，也有别于我国传统的学术型普通本科院校。教学型大学属于教学主导型高校，其发展目标是培养能够基本掌握本学科的系统理论、基本知识，可以掌握本专业的基本专业技能和方法，并且具有创新精神和实践能力的应用型专门人才。教学型大学并不是仅专注于教学，但是学校全部工作都是围绕教学开展的。而以教学为中心，也并不只是像传统课堂上一样只将课本上的理论知识教给学生，还要在传授知识的同时，引导学生自己去发现知识，培养他们应用知识的能力，建构高质量、高水平的教学型大学。

第四章

孰轻孰重：通识教育与专业教育

令人言教者，动称通与专之二原则。故一则曰大学生应有通识，又有专识，再曰大学卒业之人应为一通才，亦应为一专家，故在大学期间之准备，应为通专并重。此论固，然而不尽妥者，亦有未易行者。

——梅贻琦

本章导读：通识教育也称自由教育，纽曼认为："从本质上来讲，自由教育仅仅是理智的训练，因此，它的目的不是别的，恰恰就是培养卓越的智力。"专业教育则是培养专门人才的教育，它的目的是通过系统地讲授某一学科专门知识，培养具有一定专业知识和专门技能的人才。通识教育与专业教育好比是大学教育天平的两端，梅贻琦先生认为大学教育应以"通识为本，专识为末"。

第一节 仰望星空——自由之风飘荡

自由，自古以来都是人们一直追求的东西。从卢梭的"人生而自由，但无往不在枷锁之中"所追求的人生自由到现代大学所提倡的"自由教育"，自由跨越百年甚至千年，始终是人类所追求的不变的永恒。论及现代社会，论及当今大学，自由之风从古至今始终飘荡。

一　各抒己见：何为自由

在人类社会历史中，自由是人类社会历史发展过程中贯穿的恒久的追求。美国的独立战争、英国的《权利法案》，无一不是追求自由的行动。然而，自古以来每个人看待自由的眼光并不完全一样，关于自由的争论也从没有停歇，各有各的观点。

在古代，有道家所追求的"无为"，还有"一生二，二生三，三生万物"，这是老庄眼中的自由。穿越千年再回到现代，有人说可以随自己的想法做事，这就是自由；也有人说自由是可以不被别人强迫，可以前往自己想去的地方，还可以不去自己不想去的地方，可以说出自己想说的话，可以不说自己不想说的话。不仅如此，对自由的不同定义绝不仅仅体现在古今意见的差异上，还体现在同一时期不同的人对自由的定义便各有千秋。一个人对自由有一种定义，那么一万个人对自由就极有可能存在一万种不同的定义。以此类推，对自由的解读也是包罗万象、遍地开花了。

何为自由？自由是一个政治哲学概念，在此条件下人类可以自我支配，凭借自由意志而行动，并为自身的行为负责。在学术领域，不同的学派对自由的理解是不同的，对个人和社会之间的联系的解读也不同。自由的最基本含义是不受限制和阻碍（束缚、控制、强迫或强制），或者说限制以及阻碍不存在。"自由"，在中国古文里的意思是"由于自己"，即不由于外力，是自己做主。在西方文化中，"自由"主要意指"解放"，即从外力的束缚中解放出来，才能做自己的主宰。在当代世界，对"自由"的解释是不受外界的干扰和约束，按自己的意愿做自己想做的事情，同时还指人的一种权利。

在中国，道家代表人物庄子所著的《逍遥游》可谓是最早为"自由"奠定了思想理论基础，随着社会的发展和时代的变迁，到宋代时期，"自由"这个词已经被人们广泛运用。"自由"

就是由自己做决定，这是在中国文化传统里的意思。然而由于社会发展相对缓慢，中国有着很长的封建历史时期，受君主专制制度的束缚，以及等级森严的阶层制度，平民百姓是很少有"自由"的，不仅人身自由受到限制，言论自由也受到约束。而古希腊、古罗马的"自由"主要是指"自由民"。可见，中西文化对"自由"的解读是有很大差异的。在古拉丁语中，"自由"指的是解除一个人所受的束缚，使他获得自由，回归到自然本性。在欧洲奴隶社会的民主时期，"自由"和"解放"表达的意思相同。英文单词"liberty"即源自拉丁文，形成于 14 世纪，"freedom"则因为社会发展需要在 12 世纪左右就已出现，二者都含有两层意思：一是不受外界束缚；二是自然生活获得解放。"自由"一词，在西方文化里最初的意义主要是指自主、自立、摆脱强制，旨在表达一种对摆脱人身依附关系和人格独立的追求。以上是中西方早期文化中对"自由"一词的定义，衍生于各自的文化土壤之中，虽有不同，但大体含义一致。可见，不论是现代还是古代，也不论是中国还是西方，自由始终是人类追求的一个目标。

二 追根溯源：自由教育

"自由教育"是一种非常悠久和具有智慧的教育思想，它作为一种重要的教育思想，对整个世界的教育理论以及教育实践具有重大影响。

（一）"自由教育"的出现

古希腊，既是西方文明主要发源地之一，也是西方文明最重要和直接的渊源，如今西方的文明成果几乎都可以找到古希腊文明的影子。公元前 8 世纪到公元前 6 世纪这段时期，是古希腊文明形成的重要时期，为古希腊文明的辉煌奠定了基础。这段时期古希腊通过不断改进和完善建立了以工商奴隶主阶级为主要政治力量的民主政权，但和今天的民主有很大差别，古希腊的教育发展最能代表这一时期的文化成就，形成了两种不同的教育形态。一种是以斯巴达为代表的军事教育。斯巴达教育的主要特点就是重视通过严格的军事体育操练来维护统治，重视培养对国家忠诚的武士，重视军事体育教育，至于文化知识的学习根本不被重视。一种是以雅典为代表的文雅教育。雅典的教育理念既注重人的身体的发展又注重对人的心灵的教育，这种教育追求人的身心和谐与共同发展，是身心都能得到发展的自由教育。同时，也正是由于古希腊政治权力下存在着明显的阶级划分，所以在当时并非所有人都能享有接受教育的权利，只有高贵的"自由民"才有资格接受教育，因此，"自由教育"逐渐演变为专门面向自由民的教育，是少数人才拥有的权利。

"自由教育"来自于雅典所实行的教育。从西方教育文化的发展来看，严格意义上的"自由教育"与今天所提倡的素质教育相差不大，指的是摆脱功利化、注重实用性、注重陶冶情操、达到身心和谐发展的教育，这与斯巴达单纯提倡的军事体育教育有本质的差别。

亚里士多德最早提出"自由教育"这一概念并进行阐述，在当时民主的文化氛围中，"自由教育"等于"博雅教育"或者是"文雅教育"，他认为自由教育是"自由人"（即奴隶主贵族）所应享受的，以自由发展理性为目标的教育。在亚里士多德看来，自由教育应当是适合自由人的教育，自由教育一方面应当促进人的身体、道德以及智慧的和谐发展，还应当促进人的理性的充分发展，也只有这样才能让一个完整的人诞生出来。亚里士多德的这种教育观点即使在今天看来也不过时，对我们依然有启发意义。

（二）"自由教育"的发展

随着时间的推移，到了文艺复兴时期，自由教育的理念并非完全继承了亚里士多德所在的古希腊时期的定义，而是根据当时社会发展需要，在汲取了自由教育思想精华的基础上进行了改造和发展，赋予了自由教育更丰富的内涵。在文艺复兴时期，涌现出了一大批人文主义学家。例如，意大利人文主义者韦杰里乌斯在论述"自由教育"的理想时，提倡的是个人身心的自由发展，他认为自由教育是一种符合人的价值的教育，是一种能使受教育者获得德行与智慧的教育，是一种能唤起、训练与发展人的最高才能的教育。他们不仅提倡尊重人性和人的价值，而且要求解放人性，追求自由，他们在一定程度上都认可了教育要注重人的身心全面发展以及才能和学识的提升。人文主义学家的这种倡导和实践，使"自由教育"的内涵得到了深化和扩展。虽然人文主义学家对自由教育内涵进行了丰富，但是仍然存在弊端，人文主义提出了人性的重要性，也倡导和注重人性的发展，然而随着自然科学的进一步发展，科学在社会发展过程中发挥了越来越重要的作用，人文主义者提倡的古典人文学科的教育与社会发展的需要却并不一致，甚至成为阻碍因素。随着工业革命的兴起以及自然科学的快速发展，自然科学与人文科学逐步一样成为教育中不可缺失的一部分，这种现实的变化又促进了自由教育概念的发展。到19世纪，人们对自由教育含义的理解更加丰富，1868年，英国生物学家、教育家赫胥黎在其著作《论自由教育》中，把自由教育解释为文、理兼备的普通教育，我国为区别与各种专门知识的专业教育，通常把这一时代的"自由教育"意译为"通才教育"或"文雅教育"，这也是近现代以前我国所阐述的通识教育的渊源。

　　此外，在19世纪还有一名兼有神学家、教育家、文学家和语言家多重身份的学者提出了有关"自由教育"的重要思想，他就是英国的约翰·亨利·纽曼（John Henry Newman，1801—1890），他在西方高等教育史上占有相当重要的地位，他的《大学的理想》是第一部专门论述大学理念的著作，对后世的影响极其深远。纽曼在他的著作中认真阐述了他对大学的构想，定义了大学的含义与性质，他认为大学的任务是提供普遍性和完整性的综合知识，而不是狭隘的专业知识，此外他还认为大学的真正使命应该是培养良好公民，培养有文化、有修养的绅士，因此他提出了大学教育应当进行"心智、理智和反思的操作性活动"的"自由教育"，而并非仅仅是简单地进行一些功利性、实用性、专业性的教育①。纽曼在他的著作中还提及了自由教育与专业教育的关系，分析了两者的相关性以及各自的利弊，并且得出两者的关系是相辅相成、互相支持的。

（三）"自由教育"的深化

随着资本主义在各国的快速发展，西方各国的教育也得到了有力的发展，各国不断进行教育改革和推动教育民主化进程。自20世纪以来，自由教育的思想仍然是影响教育界的重要理论思想，其中主要的代表人物有赫钦斯（Hutchins，R. M.）、马里坦（Maritain，J.）和皮特斯（Peters，R. S.）等，他们在接受"自由教育就是适用于自由人的教育"观点的同时，也积极将自由教育与自然科学相结合，使人认识到传统的古典知识的学习并不能完全解决当时所遇见的问题，传统意义上的人文科学也不可能完全适用于现代的学校教育。马里坦是其中的鲜明代表人物，他主张实行"基本自由教育"，一方面倡导学生阅读经典，回归到经典著作中来；另一方面又重视自然科学的发展，要求青年在各方面都能够达到一个相对均衡的状态，学习各方面的知识。

二战以后，自然科学的迅速发展使自然科学技术占据重要地位，自由教育思想也受到来自专业教育思想的极大冲击，在这一段时间，自由教育思想的势力有所减弱，皮特斯是此时期自由教育的代表人物。他认为自由教育就是"非权威性教育"，他反对教育中权威的力量，注重以培养人的独立自由的个性为教育目的，并且注重培养人的理性思维，强调一个独立的个体不应该服

---

① 黄福涛：《从自由教育到通识教育——历史与比较的视角》，《复旦教育论坛》2006年第4期。

从于他人的灌输。在这一时期，自由教育的思想与专业教育的思想进行不断的交汇，并且两者互相磨合、不断调整，直到今天，自由教育的思想仍与专业教育思想并存着。

三　刨根问底：自由教育的内容演变

自由教育最早于古希腊时期得以诞生，从古希腊时期到现在足足经历了几千年的时间，自由教育所包含的内涵以及自由教育的主要教育内容也在不断发生变化。

在雅典，当时的自由教育完全摆脱了功利性和目的性。从教育的理念和课程设置来看，雅典的教育主要是陶冶学生的情操，培养一个完整的人，并非像斯巴达所提倡的军事体育教育那样。在教育内容方面，雅典教育的教育内容主要包括"七艺"：算术、几何、天文、音乐、文法、修辞、哲学，除了这些课程，雅典还根据实际情况实施体、智、美、德多方面的教育，旨在培养一个对社会有用的、人格健全的社会公民，这是其教育目的的最主要特征。这一时期同时还有一批智者教师，他们活跃于社会各阶层，为教育的发展做出了巨大的贡献，其中著名的代表人物有苏格拉底、柏拉图、亚里士多德。

西欧社会在进入文艺复兴时期后，人文主义思想迅速扩展开来，人文主义者用托古的方法表达人文主义思想，反映在教育上就是由自由教育演变为人文主义教育。受到人文主义思潮以及启蒙运动的冲击，欧洲部分学校已经慢慢将自由教育转化为解放人的教育，这一时期自由教育不再仅仅局限于学习雅典的"七艺"，同时还增加了许多其他课程，如学习拉丁文、本国语等。

工业革命后，赫胥黎倡导的文理兼学的自由教育登上历史舞台。他认为真正的自由教育不仅仅包括对人文科学的学习，还应当包括自然科学，这种自由教育在21世纪也常常被提及，我国高中的文理分科制度就是这一教育思想的体现。

20世纪以后，自由教育思想已经慢慢与自然科学相互磨合，针对最早期雅典提出来的"七艺"，新的时期提出了新的要求。赫钦斯在吸取和借鉴雅典的"七艺"基础上，根据美国社会的发展需求和现实，他提出大学教育的"四艺"——自然科学、应用艺术、自由七艺、高级艺术，在这"四艺"中，"自由七艺"最重要，是教育的中心。这一时期教育最主要的特征就是将工业革命以后迅速发展的自然科学技术与大学教育紧密联系起来，随着社会的发展，自由教育不仅逐渐演变成现在我们常说的"通识教育"而且几乎成为各国教育的基本共识。通识教育思想的出现一方面是为了弥补专业教育所带来的弊端，另一方面也是对自由教育的继承与发展，是当今时代比较占主流的一种教育理念。

四　回归本土：自由教育在中国的发展

不得不承认，中华文化上下五千年，我国的教育起源也相当早，但是由于长期都是处在封建统治之中，我国并没有从教育诞生之日起就实行自由教育。在春秋战国时期，可以知晓的是孔孟之学，到后来则是"学在官府"了，中国的教育长期都处于为统治阶级服务的桎梏之中，在这样的状况下，自由教育的思潮也难以生存，更别提继续发扬光大。

在中国，自由教育思想的发展主要是在1919年五四运动前后，蔡元培担任北京大学校长期间，提出了"兼容并包，思想自由"的办学方针，并且在那时候提出了不论出身、身份，只要拥有足够的学识都可以到北大任教，这虽然是中国最早的关于自由教育的表达，但和西方相比不仅内涵较小且发展落后，这与中国的社会状况有很大关系。

中国的另一位著名学者梅贻琦先生在1941年所作的《大学一解》一文中，强调通识教育的重要性："通识，一般生活之准备也，专识，特种事业之准备也，通识之用，不止润身而已，亦所以通于人也，信如此论，则通识为本，而专识为末。"① 在梅贻琦先生看来，在大学的教育教学过程中，应当注重所有学科都以通识教育为主导思想，所有科目的学习都应当重视基础课程的学习，只有从一门课程的基础知识开始才能够掌握整体框架，知识体系才能够顺利搭建起来。

在现代中国，越来越多的教育者将自由教育与通识教育结合在一起，甚至是将自由教育与通识教育等同，且不论这种说法是否完全准确，现在我们可以知道的是现当今的中国社会以及大学都在不断强调通识教育，都在论证通识教育的重要性。

第二节　品味名著——经典孕育思想

所谓名著，以极其通俗的语言来说就是有名的著作，即便经过长久岁月，它也能经久不衰，并且还能够广为流传以及被人们接受。从进入小学学习开始，老师都会不同程度地强调阅读名著的重要性。

一　快餐文化与经典名著之尴尬

在日常生活中，正餐是指一日三餐中的大米饭、青菜汤、红烧肉等，恰恰相反，"快餐"则是相对于正餐而言的一种辅助，是为改善常年吃正餐所带来的烦腻之感而诞生的。因此可以说，"快餐"是一种调剂品，是一种生活理念的改变，是一种与正餐有所不同的消费方式和体验。

（一）何为"快餐文化"

随着现代科学技术的迅速发展，人们的消费水平不断提高，为适应这种快节奏生活，社会上已经出现了各式各样的"快餐文

---

① 梅贻琦：《大学一解》，《清华大学学报》（自然科学版）1941 年第00 期。

化"，不再仅仅局限于人们的衣、食住、行方面，已经慢慢渗入到人们的文化内涵上。

所谓"快餐文化"，又叫做"文化快餐"，按照我们习惯性的思维，从字面上理解就是像快餐那样简便的一种文化现象。在《新华汉语词典》中，"文化快餐"的含义为"形式短小、内容易懂的读物"。当然，除此以外，还有其他学者也对其进行了不一样的定义。在曲伟主编的《当代汉语新词词典》中，把"快餐文化"定义为："一种源于美国的、适合现代社会节奏的文化。其特点是快速、简单、方便、实用、直观、易于被人接受，但缺乏品位、个性和精神底蕴。"但不论是从哪个定义上来看，"快餐文化"都具有消费性以及娱乐性的特征，并且现代社会的"快餐文化"已不仅仅指"阅读快餐"，它还延伸到影视、网络等整个文化艺术层面。

（二）"快餐文化"为何受追捧

我们不得不承认在经济飞速发展的今天，"快餐文化"的出现无疑为人们的社会生活带来了许多可喜的变化，也正是由于人们生活水平的提高，购买力增强，消费水平提高，直接促进了工业化生产的大发展。"快餐文化"正是在人们对文化消费急需的情况下出现的，为满足社会的需要，文化生产的工厂已经迫不及待地想要将自己的文化产品传递给人们。根据马克思主义经济学的理论，价值决定价格，需求影响供给，正是因为人们对快节奏文化生活的需求，导致"快餐文化"出现并逐渐受到人们的欢迎。

随着科学技术的发展，各种文化工厂通过各种技术进行文化生产，这不仅使得文化产品可以批量生产，还在一定程度上节约了成本，在互联网的大力帮助下，文化产业可以在全球流通和传播，在高科技的支撑下，"快餐文化"已经越来越受人们喜欢，且群体越来越大。不得不提及的是，越来越多的年轻人已经逐渐成为"快餐文化"消费的主力军，中国人口占世界人口的比例很大，青少年众多，他们正充满无限活力，对所有未知的事情都具有强烈的求知欲和好奇心，而"快餐文化"显然具有一种新颖感以及新鲜感，这极大地吸引了青少年加入到"快餐文化"消费队伍之中；加上青少年心智发展并没有完全成熟，学业与课业的负担，促使他们想在繁重的学习生活当中寻找片刻的轻松以缓解在学习和生活中所承受的压力。总之，"快餐文化"以它的快捷性、方便性、简洁性、娱乐性房获了一大群消费群体的"芳心"，"快餐文化"在中国占有了了广大的市场。

（三）古典名著为何鲜有问津

2013 年 6 月，广西师范大学出版社对近 3000 名读者吐槽最多的"读不下去"的书进行统计，并且发布了排行榜，在这份榜单前 10 名中，中国古典四大名著尽数在列，其中《红楼梦》位居榜首，是在统计中被读者吐槽最多的"读不下去"的书，除此以外，一些外国名著也难逃一劫。面对这种不争的事实，我们也不禁要自我反思：为何如此有名的文学著作我们现代人却读不下去呢？以往人们眼中的宝贝为何在当今社会却成了另一般模样？

中华文明经历上下五千年的积淀，有着深厚的文化底蕴，中华文化也博大精深、源远流长。在中华文化的历史长河中，涌现出了许许多多的文学名著，这些文化名著经历岁月的沉淀才流传至今，见证了我们发展的历史，饱含着历史的沧桑，是我们中华民族宝贵的精神财富。然而也正是这些重要的精神财富，在时代的快速发展中却显得格外冷清，越来越多的人适应了快节奏生活，也逐渐享受快节奏的产物，人们已经开始忽视对古典名著的学习，古典名著在大学教育中也更是受到冲击。为什么古典名著会无人问津？究其原因，主要有以下几点：

第一，快节奏的生活方式使得很多人除工作之外无法真正静下心来认真学习经典名著，一颗浮躁的心无法将一个人带入最佳的学习状态。

第二，经典的文学著作中存在一些生涩难懂的词汇，不具有一定阅读基础的人阅读古典名著存在困难，对名著的基本内容以及基本含义无法体会。

第三，受到"快餐文化"的冲击，越来越多的人依赖于高新技术产品，越来越依赖于电子产品，忽视了对古典名著的传承，大学生就是其中的一个重要团体。

第四，学业和事业上的繁忙，导致许多人有心无力，以至于长时间投身于学习和工作无法合理安排好时间阅读名著。

从整体上来说，现代社会对名著的重视程度远不如从前，这是令人痛惜的，也是中国教育需要直接面对的问题。

二　回味经典：为何名著值得学习

正所谓经典就是令人过目不忘、回味无穷的东西，就是在经历岁月的沉淀后能够闪耀出光芒的东西。一部名著的诞生往往要经历长期的历史积淀，并非一蹴而就。这些名著沉淀了中华民族的文化，是我们的精神力量。为何名著在经历千年的岁月沉淀后会那么耀眼？还值得我们学习呢？这也并非是没有原因的。

第一，从名著自身而言，它必有过人之处。名著所使用的精练简洁的语言以及它所运用的一些修辞手法往往是一篇文章出彩的地方，文章所使用的各项写作技巧也都是人们阅读文章所看重的东西。正如科举时期，在选择人才时一般参考的就是一个人的写作水平，其中的评判标准必定涉及文章的各个细节之处。

第二，一部真正的名著往往是作者在长期人生阅历之中创作出来的，这与作者的人生经验分不开。一个人的个人经历与知识深刻影响着他对世界的认知和态度，正所谓一个人做出的决定多半受制于他的世界观、人生观、价值观，而一部著作正是作者人生观与价值观的写照，饱含了作者个人的魅力因素。

第三，好文章往往是根据社会实际以及当时所处的社会环境来写的，许多名著通过对现实情况的分析与比对，引起社会大众对问题的思考，大多数情况下，这样的文章直击社会核心问题，是社会现实的一种反映。往往最有效果的文章能够引起读者的共鸣和阅读兴趣，密切关注社会问题的文章一般会有这样的功能。

显然，名著的魅力绝不仅仅于此，不过可以肯定的是名著在经过时间的洗礼后已经具有历史的厚重感，我们应该感受到名著对我们的重要性，学习和欣赏经典名著也应该成为大学生的一门"必修课"。

三　直击现实：为什么大学教育还要倡导学习名著

从个人角度来说，现代大学追求的教育理念是培养全面发展的大学生，是在德、智、体、美、劳各方面都能得到合理发展的大学生。古往今来，不论是从教育者还是受教育者的立场上来说，一个人的完满发展都受到不同方面的不同因素的影响，有学习者自身的因素，也有外在因素的限制。大学作为受教育者即将要迈入社会的最后一道桥梁，无疑对受教育者起着重要的作用，它能够让受教育者的知识、经验以及各种能力得到充分发展。

不得不承认一个事实，现在的大学已经不像以往时期的大学，不再像以往的大学那样注重对经典的学习，现在的大学反而更倾向于那种保持着"速度"向前发展的学业知识。正是因为如此，大学教育里对经典的、著名的著作的学习并没有像人们所期待的那样，学习的效果也没有达到人们的预期。在越来越多的大学里，不论是老师还是学生，他们所使用的书籍都是经过许许多多的作者改版甚至是改编之后的，更为离谱的是在许多学生人群中，有些学生上课甚至都没有课本或者辅导资料，更别谈对名著的学习了。

一本名著，代表着一种文化，无论是中国的名著还是外国的名著，都是一种文化的象征，学习名著就是学习不同的文化，这无疑对学习者的知识增长具有重要的作用，同时更是一种修养的提升过程。在大学里倡导学习名著是十分必要和有意义的。

作为一个相对特殊的社会群体，大学不像义务教育阶段的小学、初中那样，大学生在毕业时所面对的最直接的东西就是就业找工作，只有少部分学生选择继续深造。从哲学观点上来看，物质决定意识，一个人接受什么样的潜意识的指引就会做出相应潜意识的反应。大学生所能够接触到的东西不再局限于以往的各种单调乏味的书籍，而是越来越多的五花八门的东西。正在大学里学习的学生并没有特别多的社会经验，辨别是非的能力也没有达到炉火纯青的地步。大学里强调对名著的学习一方面能够帮助大学生获得充足的文学知识，帮助学生提升自己的文学素养；另一方面也可以提高大学生对文化的辨别能力，抵制一些不良诱惑。当今大学生的学习和生活中充斥着各种潜在的不良文化，如果没有正确的文化观，大学生很容易在选择时出现问题，拿大学生读物来说，大学生的生活区域中一般有很多书店，书店里面的书也是各式各样的，学生在选择读物时往往受到很大的影响。倡导大学生阅读名著可以帮助大学生对各种各样的著作进行甄别，帮助大学生选择合适的、正确的文学著作进行阅读，有益于大学生的身心健康发展。

当然，大学生回归名著学习的好处绝不仅仅于此。学习名著在帮助大学生获得文化知识的同时还可以帮助他们获得相应的文学欣赏的能力，提高他们的品位，对大学生的文化素养也具有相当重要的作用。阅读经典，回味经典，让我们前行的脚步放慢下来，去体会那种慢节奏的生活，去回味历史。

四 实事求是：如何阅读名著

学习名著，回味经典，在经典中孕育思想，阅读与品味名著对人的发展具有重要的促进作用。经典往往就是由历史甄选出来的精华，在岁月流逝中并没有随时间的流逝而褪色，相反却经过岁月的洗涤变得历久弥新。阅读经典，阅读名著，不仅可以感受到优良的艺术熏陶，还能够从作者的经历中体悟出一些人生道理，学习到一些人生智慧，帮助我们树立正确的世界观、人生观、价值观。那么，面对一部真正意义上优秀的、经典的著作，我们如何学习才能够收获颇丰呢？

首先，阅读经典必须明白什么是经典，为什么是经典，了解著作的可读之处。读一本书就像交一个朋友，必须深入了解，当然，在阅读著作上就是应该明白著作的特色之处，了解到名著的创作背景，只有将自己放置于当时的社会环境下才能够在真正意义上感受到名著的魅力。

其次，阅读名著是跟名著作者心与心近距离交流的过程，需要我们读者平心静气，更需要读者全神贯注地投入到阅读过程中，只有这样方能体会和领略到文章中的语言魅力和思想内涵，从而对名著内容有更深层次的理解，提升自己的思想境界。大学生是青年知识分子，但很多学生往往不具备静心读书的心态，太过于急功近利，这容易使他们在阅读过程中产生枯燥感，这一困难是大学教育中倡导学生学习经典名著需要克服的。

最后，要学会从名著中反思学习，这是阅读和学习经典名著的重要方法。不论在日常学习过程中还是在经典名著的学习过程中，反思都是大学生学习过程中的重要一环。以史为鉴可以知荣辱，这是历史的反思。阅读与学习名著是一个思想体会的过程，这个过程也是思想交汇的过程，在阅读名著的过程中，两种或多种不同思想的交汇和碰撞可以让读者得到不一样的感悟。

第三节 术业有专攻——安身立命的专业教育

随着国家对大学教育的日益重视，并且不断提出发展高等教育的政策与措施，今天的高等教育已经变得越来越纷繁复杂。正所谓"通专结合"，前面我们已经了解大学教育里的通识教育，与此对应的便是我们今天所要谈论的专业教育。何为专业教育？长期以来，我国许多专家学者对专业教育进行了不同的定义，纵观这些定义，有些人把"专业教育"理解为专于特定"学业门类"的教育，也有人将专业教育与高等职业教育甚至是专才教育等同起来，因此对专业教育的认识还不是很清楚。那么，究竟什么才是专业教育？它与高等职业教育以及专才教育有什么异同？大学教育所倡导和实行的专业教育是一种什么样的教育？这是我们需要解答的问题。

一 专业与专业教育

自工业革命后，机器化大生产的实现使得生产效率迅速提高，以往的手工业生产便不能满足大机器生产时的工作效率，这使得资本家寻求另一种方法来解决手工生产不能与机器化生产相互磨合的问题，专业化生产便应运而生。教育事业也正如机器化生产一般，随着教育的进步与发展，专业教育也应运而生。

（一）专业

在古代就已经出现专业二字，并且还有其特定的含义。《后汉书·献帝纪》中曾写道："今耆儒年逾六十，去离本土，营求粮资，不得专业。"与此同时，南朝梁刘勰《文心雕龙·养气》中还谈及"至如仲任置砚以综述，叔通怀笔以专业，既暄之以岁时，又煎之以时日"。在这里，专业是指专业从事某种学业或者职业。除此以外，唐李峤《上张明府书》还提及"专业"一词，"峤西垂之贱吏耳，技非专业，未始存於剑书"，"专业"二字置于此处，它所代表的含义则是指专门的学问。

到现代社会，随着时代经济的发展，专业二字在借鉴和采纳以往的历史定义的基础之上不断变化出新的内涵。在《教育大辞典》中，将"专业"定义为"中国、苏联等国高等学校培养学生的各个专业领域"。除《教育大辞典》的定义外，《现代汉语词典》以及《辞海》和《教育管理辞典》等对"专业"的解释则是指"在教育上，指高等学校或中等专业学校根据社会专业分工的需要设立的学业类别"。可见，"专业"一词随着时间的推移已经具有相对详尽并且更适合现代社会的含义，对"专业"一词的定义也显得更为真实可靠。

专业并非是在现代社会才出现的词汇，而是一种非常长久的历史现象，它是在长期的社会发展过程中出现的，并且是在社会发展过程中慢慢形成的。在古代的原始社会中，生产条件差，生产力水平低，我们的祖先并没有拥有像现在社会一样的高科技，他们还是生活在自给自足的时代，男耕女织，劳动人民更多的是"面朝黄土背朝天"的田园耕作。原始社会也正是因为生产力水平极其低下并没有形成相对集约化的社会生产，更难以提及专业化了。随着时间的推移，到了近代，由于工业化的迅速发展，社会生产力大大提高，人们的工作效率比以往也有了很大的提升，现代社会要求越来越高的生产效率，社会所生产出来的产品也有剩余。工业革命以后，为了促进生产效率的提高，社会分工开始逐渐变得越来越明显，为适应工业革命的生产需要逐渐出现了不同的职业，并且在后来的时间里又产生了专门从事不同职业的劳动者，因而也就出现了专业。

从职业的角度出发，大体上可以把专业定义为在社会的各行各业中相对于"一般职业"的"专门职业"。相比一般从业者，专业从业者一般必须具备更为系统以及完整的知识体系，并且必须接受比普通从业者更长期的教育与训练。此外，专业从业者还应当具有比普通从业者更好学的心态，在学习中不断更新自己的知识储备，获得更快的发展与进步。

（二）专业教育

论及"专业教育"，许多专家学者均对此发表过重要看法，并且对"专业教育"给出了自己的定义。在《国际成人与继续教育词典》中，对专业教育给出了定义：面向那些高地位的职业而进行的职业教育就是专业教育。而在顾明远主编的《教育大辞典》中对"专业教育"有专门的解释与定义："专业教育是根据社会职业分工、学科分类、文化科学技术发展状况及经济建设与社会发展需要划分各个学科和专业，高等学校据此制订专业培养目标、专业教育计划和组建专业课程体系，为国家培养、输送所需的各种专门人才，学生亦按学科和专业的分割来进行学习，形成自己在某一专门领域的专长，为未来的职业活动做准备。"①

当然，这些对"专业教育"的定义也并非完全准确，每位学者对"专业教育"的定义并不是十全十美的，他们对"专业教育"的定义或多或少都存在一些不足之处。在这些定义中，往往是侧重或者倾斜专业教育的某个方面，并没有完全概括专业教育的含义。如果想对"专业教育"有一个清晰和深刻的了解，那就必须从专业教育的起源和发展说起。

专业教育的起源与通识教育一样，并不是在教育诞生之初就已经出现，而是在随着生产力和教育的不断发展与进步后才逐渐出现的。在中世纪的欧洲，许多城市悄然兴起，而城市的兴起恰好带动和促进了大学的产生和发展，大学的出现为专业教育的发展提供了一个良好的场所和契机。伴随生产力的发展，尤其是在工业革命兴起以后，科学技术的广泛应用直接促进了社会的不断进步，社会生产中出现了越来越多要求精细化的工作，社会分工也比以往更为精细，正因为如此，相对职业性的专业教育逐渐从传统意义上的人文教育中慢慢分离出来，并且不断受到重视并获得了快速的发展，这也是专业教育萌芽的重要时期。进入工业革命以后，社会分工不断发展，为了适应和促进社会的发展，大学也根据社会的需求以及对社会生产发展的预测不断对教育和学术研究进行一定的分工，在大学招生录取中设立了相应的专业，并且随着经济的不断发展，专业划分越来越详细，精细化程度越来越高。进入到现代以后，专业的划分变得越来越明显，专业化的程度也变得越来越高，很多学校已经逐步将专业教育演化成一个培养专门领域、从事专门职业的专门人才的教育，这也是专才教育。

---

① 顾明远：《教育大辞典》，上海教育出版社 1991 年版，第 26 页。

追溯专业教育的发展历史，可以发现，专业教育的内涵在不断地被内化，专业教育的指向性也不断地明确，专业教育的内涵不再仅仅停留在宽泛的社会定义之上，而是不断地被细化。当然，我们不能否认这种细化也存在着一定的弊端。总而言之，进入到现代社会，生产力的发展使社会分工和知识分类越来越细化，作为高等教育的一个重要组成部分，专业教育在现代社会已和知识教育一样获得了同等重要的地位和发展。

二 对比辨析：专业教育与高等职业教育、专才教育

在高等教育发展过程中，专业教育一直为人们所探讨或者议论，其中涉及的主要内容是与高等职业教育和专才教育的辨析，很多学者也对此发表了自己的看法，然而仁者见仁、智者见智，许多学者各执一词，关于这两者关系的辨析并没有完全达成一致。

（一）专业教育与高等职业教育

在对专业教育进行定位时，社会人士很容易将专业教育等同于现代社会里的高等职业教育，然而事实上并非如此。不得不承认，专业教育所倡导培养的人才的确具有相对明确的职业导向性，这一点与高等职业教育是较为相似的，这在一定程度上容易使人们混淆专业教育与高等职业教育的概念。作为培养人才的两种教育模式，它们虽存在共性，但它们在本质上还是有所区别的。

1. 专业教育与高等职业教育的共性

（1）专业教育和高等职业教育都是指向一定职业、培养一定职业人才的教育模式，在人才培养模式上存在共同之处。从专业教育来说，现代大学最鲜明的特点就是实行专业划分，对每个专业的学生都可以按照专业培养方案来实行，并且在学生完成大学的学习任务后获得一定的专业学位，从而培养出各种应用型、复合型的高层次人才。而高等职业教育的主要培养目标是使求学

者获得某一特定职业或职业群所需的实际能力（包括技能和知识等），提供通向某一职业的道路。很显然专业教育与高等职业教育所要培养的人才都具有极其相似的特点，都不约而同地指向了职业这一特性，在一定程度上都具有职业导向性。

（2）专业教育和高等职业教育在人才培养中都注重社会实践，具有鲜明的实践性特征，不论是教学活动中还是在学生的学习活动过程中都注重对学生动手实践能力的锻炼。专业教育在培养现代人才时密切结合经济建设和社会发展的实际情况，根据社会经济发展的需要注重培养学生解决问题的能力，在现代高等教育中最明显的就是很多学校都会在本科生的教育过程中提供一些社会实践和实习的机会。当然，高等职业教育更是如此。在高等职业教育中，大多数高等职业院校强调学生专业知识学习与技能学习相结合，不仅在日常教学活动中安排学生进入工厂或者是深入企业观摩学习，还在学生的日常学习活动过程中设置动手操作课，让学生参与其中。

2. 专业教育与高等职业教育的差异性

（1）专业教育与高等职业教育是有不同侧重点的两种教育类型。我国的主要教育类型有学术教育、工程教育、技术教育以及技能教育，其划分的依据主要是以学校培养什么样的人才为标准。在 1994 年的全国教育工作会议上，提出我国的学术教育和工程教育由大学本科或以上层次的单位来负责实施，技术教育则主要由高等职业教育来实施，技能教育由中等职业教育来实施。根据这种划分方法，专业教育应属于工程教育，而高等职业教育则属于技术教育。

（2）两者的本质属性不同。专业教育实质上是一种导向性的"专门职业"，而高等职业教育实质上是一种导向性的"一般职业"①。从哲学上来看，物质决定意识，意识对物质具有重要

---

① 刘育锋：《论职业教育的本质属性》，《职教论坛》2004 年第 4 期。

的反作用。社会所设定的人才规格和人才要求在很大程度上影响了专业教育和高等职业教育的培养方案。就现代教育来看，专业教育所培养的是较为宽泛的人才，涉猎的知识内容更为广泛，学生既有专门的理论知识和实践能力，还拥有相对扎实的其他学科基础知识。很多人认为现在的高等教育就是为了让大学生毕业后找到一份满意的工作，认为高等教育所培养的人才今后都要进入社会就职，因此他们也认为专业教育甚至所有类型的教育都可以叫做职业教育。很显然，这种观点已经把职业教育的内涵不断外延，误解了职业教育的真实内涵，这是不理智也不正确的。

（3）专业教育与高等职业教育对受教育的年限要求不同。在中国，实行专业教育的多为本科以及本科层次以上的学校，同时由于专业教育所要求的专业性更强，对受教育的学生要求更高，因此在国内一般的本科学校学生的学业年限大多数为四年，少数医学专业则是五年，这比高等职业教育的受教育时间更长，并且所接受的知识深度和广度都要高于高等职业教育。

（二）专业教育与专才教育

所谓专才教育，是指为培养胜人一筹的某一特殊技巧而进行的个性化教育培训，主要是为了今后能够从事某种职业或者是某个领域的工作。随着社会的发展，精细化分工的专业对人才培养的要求也更加专业化，专才教育和普通的学校教育是有很大的差异的，专才教育的人才培养模式没有像一般高等学校那样注重学生的均衡发展，而是有所侧重地开发学生的潜力，注重实际运用，促进学生实践经验的积累和工作能力的提升，这种以实践为导向的人才培养模式为新中国成立之初的经济复苏和经济发展提供了重要的人才支持。

由于社会经济的迅速发展，我国的高等学校也一直实行按专业招生的政策，这使得很多人对大学教育产生了片面的理解，将大学的专业教育仅仅理解为现在大学的分专业招收学生的教育，也正是如此，有些人还认为大学教育所培养出来的人才就是专才，只适用于学生在大学所学的专业，这也是专业教育与专才教育时常混淆的重要原因。

专业教育与专才教育都注重对人才的培养，它们的不同之处在于：专才教育更强调或者侧重对受教育者的潜能开发，在受教育者接受一定的教育后更注重开发学生的特殊能力，而专业教育则注重受教育者的全面和均衡发展。

三 联系实际：我国高等教育的专业教育

我国的高等教育在世界历史发展的进程中并不是排名前列的，与先进国家相比，我国近代大学的兴起也不过就百年而已。在百年的大学办学中，我国在相当长的一段时间里实行了一种单一的教育模式——专业教育模式。

在新中国成立之前，也就是进入清朝末期后，中国开始创办近代大学，京师大学堂的建立是中国近代大学开创的标志。在那个时候，为培养新型人才，我国采取了"西学东渐"的办法，努力学习西方的办学模式，向西方国家派遣留学生学习，积极引进西方优秀的教学方法，引进现代科学技术。现代高等教育的办学理念非常人性化，因为它一般不设专业，只设院系，一定程度上给入学者留有选择的余地，同时又能培养社会真正所需的人才。

1949 年，新中国成立，当时的苏联向中国伸出了友谊之手，中国的高等教育发生了一些变化。在新中国的成长过程中，苏联一直扮演着"老大哥"的角色，我国积极学习苏联的教育模式，为满足特殊经济形势下社会对应用型人才的急切需求，当时的中国高等教育以培养实用人才为主要目标，这为专业教育的发展提供了一个良好的契机。

随着时代的发展，专业教育在中国高等教育的土壤中逐渐生根发芽、发展壮大。后来的高等教育由于受到苏联教育模式的长期影响，专业教育一直存在于中国高等教育发展的进程之中。改革开放以后，东南沿海各大城市的发展推动了中国经济的发展，也刺激了教育为国家建设培养更多的专业人才。受到经济飞速发展的影响，越来越多的高等学校开始出现，这些学校一直延续着新中国成立之初的专业教育模式，多方位地培养实用型人才。

可以肯定的是，专业教育的模式对中国高等教育的发展具有推动作用。然而同样不能否认的是，专业教育也给我国高等教育的发展带来了许多负面影响。专业口径狭窄、知识结构单一、培养规格统一等都是专业教育在现代高等教育发展中所展现出来的弊端，需要我们去思考和解决。

专业教育是现代大学中按专业分类招收学生后所进行的教育。作为一种培养人的社会活动，大学教育所需要培养的是一个完整的人，而不仅是实用型人才，绝不能因为培养适应社会的专业化人才而降低了教育对培养完整的人的要求。因此，在专业教育之外，大学教育还应该含有其他教育。大学生要在社会上有所贡献或者是有所作为，就需要学习更多的基础知识，扩大视野。所以，大学教育中也应当有一定的通识教育，特别是在培养综合型全面发展的大学生要求下更应如此。

四 未来教育：通识教育与专业教育的融合发展

现代社会和文明的进步推动了中国高等教育的不断发展，人们开始越来越重视高等教育的质量和目标的实现。高等教育与人们的社会生活息息相关，因此人们对高等教育的关注度也不断上升，大学应当实行一种什么样的教育，如何实现教育目标一直是人们探讨的话题。

首先，必须明确的是大学教育仅仅实施通识教育或者专业教育是远远不够的，两者是相辅相成的关系。因此，就这一点而言，我们必须纠正此前对通识教育或者专业教育的错误看法，打破以往过于僵化的认知。

其次，通识教育与专业教育的融合意味着人文教育与科学教育的融合。自新中国成立以来，中国的教育模式长期受到苏联教育模式的影响，一直有着重科学、轻人文的倾向。进入 80 年代以后，中国的教育改革虽然尝试着克服这一倾向，但并没有取得可喜的效果，直到现在还是未能完全实现科学与人文两条腿走路。只有真正实现科学与人文的相互贯通，通过两者的共同作用，高等教育的发展才能取得新的进步。

再次，要打破学科间的壁垒，促进学科的融合。现代很多大学往往是根据专业招收学生入学，在接受大学教育期间，大多数学生只能通过学校开设的部分通识课程来体验和感受其他学科的魅力，很多学校都传达出学生对此表示不满的意见。因此，应当改变过去对教育的片面看法，加强各个学科之间的联系，帮助学生形成一个相对完整的知识体系。

最后，改进和完善大学教育中的学分制改革，提高学生的自主性。学分制改革一直是高校改革的重要主张，这一主张的实施在很大程度上帮助学生提高了自主性，学生可以根据自己的兴趣爱好选择更适合自己的学科进行知识的学习。

总而言之，在高等教育中不论是过分强调通识教育还是过分强调专业教育都不利于高等教育的发展，只有将两者结合起来才是中国高等教育未来发展的正确选择。

第四节　知类通达、明体达用——通才教育与专才教育并行不悖

尽管 20 世纪的中国社会几经动荡，但并没有阻碍中国现代高等教育的发展，其培养目标强调通才教育与专才教育统一，对高等学校的课程和教学等方面具有纲领性、导向性作用，促进了高等教育的现代化。知识分类和学科分化是现代高等教育发展过程中的一个重要阶段。随着社会的变化，以前划分细密的专业教育已经不能适应社会发展。当今高等教育需要探索如何处理通才

教育与专才教育的关系，寻找二者的均衡点，使大学本科教育呈现"专才教育—在专才教育中引进通才教育—通才教育基础上的专才教育"的改革趋势。

一　通才教育与专才教育

所谓通才，通常指学识广博、具有多种才能之人。从人才学、教育学角度，则称横向型人才（all-roundperson），即知识面较广、发展较全面、活动领域较宽的人才。所谓专才，即指"只着意于某一专业甚至一个小专业的某一方面的深入研究，知识面较窄的人才"[①]。一方面，现代科学发展日益专深，学科分化高度精密，即使天赋上智，兀兀毕生也难以穷尽某一专门领域之涯；另一方面，现代科学发展日趋综合，边缘学科、交叉学科等不断涌现，产业结构变迁、职业频繁变换以及人自身的全面发展，都对人才培养提出了更多的要求。与这种看似背道而驰的现代科学、人才发展趋势相适应，以培养人才、发展科学为基本职能的高等教育中也出现了通才教育与专才教育之论。

与通才教育、专才教育最相关的一对教育范畴是通识教育与专业教育，它们之间既有联系又有区别。通识教育是指高校全体学生所应接受的非专业性教育，旨在促进他们积极参与社会生活，富有社会责任感，具有成为全面发展的人所必须具备的广泛的、非功利性的基本知识、技能和态度[②]。专业教育往往亦称专门教育，是使受教育者成为专业人才的教育。早在 1945 年，哈佛大学发表的《自由社会中的通识教育》报告中就提出：大学中的教育可分为通识教育与专业教育两部分，前者主要关注学生作为一个有责任感的人和公民的生活需要，后者则给予学生某种职业能力训练。

---

① 陈岱孙：《"通才"与"专才"》，《高教战线》1984 年第 8 期。
② 李曼丽：《通识教育》，清华大学出版社 1999 年版，第 19 页。

由上可知，通才教育与专才教育，不仅是一种价值层面的教育理念，更是一种实实在在的培养目标和培养模式；通识教育与专业教育，则更多地体现为一种理念及其指导下的课程设置。此外，前者之间主要是矛盾关系，后者之间主要是并列关系，即使有矛盾，也是统一多于对立。"通识教育是相对于专业教育而言的，它是对高等教育专业化导致的人的片面发展的一种矫正"，"大学本科教育应该是专业教育与通识教育相结合的教育"①。通才教育可以依托专业教育，专才教育则通常排斥通才教育。

二 通专兼顾的重要意义

总结近现代我国高校发展的道路，总是呈现一段时间重视专才教育，发现问题继而转向通才教育，不能恰当地处理通与专的关系。随着人们探索的广泛和深入，发现两者并非非此即彼的关系，两者兼顾才是正确途径。

（一）通专兼顾是人自身发展的要求

通才教育强调人的均衡和多面发展，为学生毕业后自身的发展和选择奠定基础。专才教育强调的是对实践技能的掌握以及能够胜任行业要求的能力。通才注重人格的提升，专才注重能力的培养。两者都是对人的培养，对于一个人来说，既应该学会做人，还需要学会做事，会做事是人生存的本领，会做人是社会道德、情感等的基本要求。不能将"做人"和"做事"分割开来，将二者结合才能更好地促进人的自由和谐发展。

（二）通专兼顾是认知发展的要求

通才是指学识广博、具有多方面才能的人，专才是指对某一专业深入研究的人。在科学技术高度发达的今天，一方面，学科的细化要求人们对某一专业进一步研究，学科的深化与突破才能扩展人类的知识范围，各学科深入研究的成果是通才教育的基

---

① 李曼丽：《通识教育》，清华大学出版社 1999 年版，第 240 页。

础；另一方面，现代科学发展不仅综合化，而且精细化，边缘学科、交叉学科不断涌现，要求人们有更广泛的认识，而通识教育正符合社会的这种需求。

（三）通专兼顾是社会发展的内在要求

社会发展的任何阶段都既需要通才也需要专才，一方面，社会的分工提出了对不同专业人才的需求，没有专业技能就不能满足社会现实的需求；另一方面，社会快速转型和高速发展对人提出了更高的要求，要求学生应更多地理解和掌握其他领域的知识，学生不仅要具有扎实的专业基础和技能，还要有健全的人格、良好的适应能力与创新意识。我国处于经济高速发展时期，就业市场对专才的大量需求大大刺激了专才的发展。如果我们只满足于眼前的市场需求，不为学生的发展奠定宽厚的文化基础，不为学生提供发展动力，不为学生的终身学习提供平台，不为学生创新能力的培养提供环境支持，那么我们的毕业生就不能真正适应和满足社会需求。因此，通专兼顾的培养方式是适合现阶段我国国情的，既能满足市场需求、促进社会生产，还能为学生提供广泛的基础知识，为今后的发展提供保障。

三　通专兼顾的必要性

20 世纪末以来，中国高等教育界甚至整个社会都高度关注通才教育问题，通才与通才教育成为热点。相比之下，对专才与专才教育的关注度大大降低，几乎降到冰点，对于二者关系的认识有待改进与深化。这里，我们谈谈以下三点认识。

（一）社会发展中两种人才类型都不可或缺

关于通才与专才、通才教育与专才教育，历史给了我们很多启示。新中国成立之初，我国各行各业发展中出现人才断层，国家建设急需上岗就能立即发挥作用的专才，我们自觉或不自觉地向苏联学习搞专才教育，照搬苏联专才教育模式，并依据苏联模式对高等教育学科体制大改组，其弊端也是显而易见的，导致了学科专业细化与窄化。

近二三十年来，为适应经济体制持续改革与社会稳步发展的需要，高等教育学科体制也在持续改革，主要表现是专科教育、本科教育与研究生教育学科专业几次调整，专业融合，口径逐步加宽。此外，对高等教育的人才培养模式的认识也在逐步深化，素质教育和通才教育逐渐受到人们的重视。

随着我国高等教育改革的稳步深化，无论是认识上还是实践上，现如今的高等教育都已经突破了苏联模式。我国高等教育中素质教育与通才教育得到开放式发展。如今的高校毕业生，已经具备终身学习的理念与能力，能在本科或研究生毕业后适应社会需求，这要归功于高等教育的改革与发展。

但是，在实际的教育发展过程中，我们关注和倡导通才与通才教育时，似乎在自觉或不自觉地否定专才与专才教育，这种做法对于学生、学校与社会而言无疑是不利的。在社会主义市场经济时代，是既呼唤通才也需要专才的时期。一方面，随着科技高度社会化、信息社会的膨胀和社会发展的深化，国家建设与社会发展需要通才；另一方面，在社会科技化、人文环境技术化、科技纵深分支细微化、产业结构国际化背景下，新兴工业的每个行业都需要专才。

（二）通才教育与专才教育是必须统一的人才培养模式

讨论通才和专才，势必讨论通才教育与专才教育。高等教育既包括通才教育也包括专才教育。对于人才培养模式与教学方式，我们的高等学校有时认识明确，有时却没有理性地加以考虑与选择，往往陷于认识迷茫、方向迷失的境地，进而失去对办学思想与行为的有效把握。

实际上，在当今社会发展中，通才与专才是同等重要且互补的人才，两种教育类型都应该成为高等教育必须兼顾的人才培养模式和目标。树立正确的教育教学观念，要实现这种模式与目标的统一是现实和有效的。

第一，可以通过构建不同层次与不同类型的高校来实现。单一的教育模式不仅不利于高校长远发展，更不利于社会良性发展。行业型与应用型本科院校，办学目标旨在培养专业人才，办学定位可以偏重于专才教育，多培养专才；多科型与综合型大学，有条件和资源从事通才教育，办学定位可以偏重于通才教育，多培养通才。本科院校办学一味求大、求全、求高是错误的，一些高水平的行业型与应用型本科院校片面追求综合化也是错误的。

第二，建设多科型与综合型的大学专业学科群。《国际教育标准分类法》将高等教育的本科教育专业学科分为基础理论型、研究准备型与高级技能型三种类型，其中，前两种可以归为通才教育，后一种归为专才教育。在本科教育中，既有通才教育，也有专才教育。一方面，本科层次的通才教育是硕士与博士层次专才教育的基础和准备。多科型与综合型大学专业学科齐全，学科资源容易转化为教学资源，既可以在本科层次上做到通才教育与专才教育并举，也可以在本科层次通才教育的基础之上实现高层次专才教育。另一方面，坚持通才教育与专才教育并举，在两者之间探索建立有效的结合点和平衡点，在全面提高学生综合素质的同时，探索通专兼顾与兼容型人才培养途径，构建宽口径、厚基础、高素质、多模式的人才培养体系。

第三，可以通过多科型与综合型大学的建设实现学科教育。学生的智能与兴趣倾向各有不同，如果与高等学校提供的教育不相适应，他们的知识、能力与素质不仅无法得到健康发展，而且意志与志向会遭遇挫折，进而影响人格健全发展，这会给学生、学校、国家带来损失。学生进入高等学校之初，将他们一次性绑定在通才教育或专才教育之路上，是对他们智能与兴趣差异的忽视，是一种高风险的教育行为，多科型与综合型大学在建设中应该规避这种风险。在这方面，中南大学近年来进行了有益尝试，如在本科教育阶段实施"厚基础、宽口径"培养模式的基础上，发挥学科群优势，从 2008 年起，按学科大类招生，学生按学科大类入学，经过一段时间的学习，智能倾向和兴趣倾向充分显现，再进入相对明确的学科专业学习，初步形成了通专合一、通专弹性分流的本科教育与研究生教育模式。

（三）通才教育与专才教育是两种互补的教育教学方式

在高等教育的实践中，一些研究者认为应该开设以通才教育与专才教育两种教育为核心的课程。事实上，通才教育与专才教育，就其本质属性而言，是两种教育教学方式。通才教育与专才教育，以及通识教育与专识教育，本质差别不是课程设置，而是课程教学方式。也就是说，通才教育与专才教育可以有相同的课程设置，但教学方式是不一样的。

从教育教学方式上来说，专才教育偏向于技术主义、分析主义、经验主义；而通才教育偏向于科学主义、整体主义、思辨主义，表现出高度的社会关怀与人文关怀。例如，同是法律课程，资深律师与法学教授或法学家的教育教学方式不同。通才教育相对于专才教育而言、通识教育相对于专识教育而言，两种教育教学方式是互为补充的，应该辩证地看待两者之间的关系。

合格的建设者和可靠的接班人既要有通才也要有专才，以通才否定专才或以专才否定通才的做法都不妥当。在对人才的认识上，以一种倾向掩盖另一种倾向，不仅不利于高等教育的有效发展，更不利于社会的长远发展。

四 如何做到通专兼顾

通与专是对立统一的，二者是相对而言的，专中有通，通中有专。在如今的社会发展中，通才和专才应是并存和互补的人才。我国高等教育必须兼顾通才教育和专才教育，要实现通专的兼顾，应做好以下几点：

（一）科学规划不同层次与不同类型的高校

只有专才教育或只有通才教育，都不利于高校的发展，都不符合国家建设的需要。国家有关部门必须根据我国经济发展需要和我国高校现有水平，在充分调研的基础上，规划我国各类高校的数量、规模与层次，既要有合理数量和质量的高职、高专等行业型与应用型的本专科院校，还要致力于建设多科型和综合型的大学。不能盲目搞大专升本与普通专业学校升综合型大学的行动，避免造成国家和学校人力、物力、财力的浪费。

（二）建设多科型与综合型大学专业学科群

建设多科型与综合型大学，开设学科齐全的专业，学科资源容易转化为教育资源，既可以在本科层次上做到通才教育与专才教育并举，也可以在本科层次通才教育的基础之上实现高层次专才教育，培养知识、能力与素质俱备的高层次人才。

（三）建设厚基础、宽口径培养模式

厚基础属于通才教育，就是在本科入学初期按照大学科群不分专业教学，主要给予学生科学、人文、哲学等方面的基础素质教育。宽口径就是在本科学业的中后期指导学生依据自身的兴趣、智能倾向，选择自己喜欢的专业，使学生有初步的专业定向。总之，我国近现代高等教育经历了忽而重视专才教育、忽而重视通才教育的摇摆不定的时期，给我国高校的发展留下了许多教训。当前，我国高等教育正处于激烈的变革时期，正确对待通才教育与专才教育的关系，二者兼顾有利于学生的成长，也有利于社会的发展。

第五章

校园文化感悟：大学
培养的是"全人"

教育应当促进每个人的全面发展，即身心、智力、敏感性、审美意识、个人责任感、精神价值等方面的发展。应该使每个人尤其借助于青年时代所受的教育，能够形成一种独立自主的、富有批判精神的思想意识，以及培养自己的判断能力，以使由他自己确定在人生的各种不同的情况下他认为应该做的事情。

——雅克·德洛尔

本章导读：每年哈佛大学都会拒绝上百名来自中国的各科成绩非常优秀的学生入学，原因是他们缺乏社会实践、缺乏社会公德心行为记录。在哈佛大学的那些教授们看来，成绩优秀跟真正杰出的人才没有必然的关系，只有那些全面发展、注重社会实践、懂得体验生活、乐于帮助别人的孩子，才能引起他们更大的培养兴趣。诚如哲学家雅斯贝尔斯所认为的："大学的学习和科研的目标不仅仅是传播知识和技能，而且要造就全人。"

第一节　校训——校园文化的旗帜

校训在大学的发展、大学精神的形成、师生灵魂的铸造中起到了无可替代的作用。大学校训是大学理念的重要体现，而大学理念"是大学文化中最稳定、最核心的要素"①。所以，大学校训必然成为大学文化中最具代表性、最重要的部分。近年来，世人对大学校训的关注、讨论和研究渐多，中国大学校训既蕴含了传统的中国教育思想，也受到了工业革命和科学技术发展的影响，是具有中国特色的大学校训。

一　校训的概念及案例

"所谓校训，是由学校提出的，对学生进行思想道德教育，行为习惯训练及品格培养的戒条。它反映了学校办学的指导思想和培养目标及其管理原则，体现了学校对学生思想行为的规范要求"②，换言之，校训是大学精神的凝练。不同的校训代表了各校风格迥异的校园文化和教育理念，许多中国大学的校训都是引经据典的，其中源自四书五经的居多，讲究积极入世、参与社会变革，《大学》也对后世中国教育理念产生了极大影响，开篇写道"大学之道，在明明德，在亲民，在止于至善"，其论述的核心观点是"穷理正心，修己治人之道"③。因此，大学校训源于这些典籍，也就蕴含了这些典籍中重视个人道德、品行修养的内涵。虽然中国的现代大学并不是由古代的书院发展而来的，但其对培养目标的要求与中国古代的教育思想传统有很大的相似性。

清华大学的校训是"自强不息，厚德载物"，是中国大学校训中最为典型也是最受欢迎的大学校训之一。梁启超曾解释道，"自强不息"，实际上表现了对学者品质意志的要求，以此勉励清华的莘莘学子要坚毅。而"厚德载物"则更像是对君子的道德进行的比喻，仿佛广阔的土地承载着世间万物。蔡元培在北京

---

① 马丁、刘乐明：《当代中国大学校训凸显的大学理念》，《兰州交通大学学报》2007 年第 5 期。

② 王邦虎：《校园文化论》，人民教育出版社 2001 年版，第 35 页。

③ 刘琦、韩维志、程燕杰：《四书详解》，吉林文史出版社 2004 年版，第 399 页。

大学 1918 年开学演说中曾指出："大学为纯粹研究学问之机关，不可视为养成资格之所，亦不可视为贩卖知识之所，学者当有研究学问之兴趣，尤当养成学问家之人格。"① 我们不难理解，蔡元培认为人（受教育者）作为教育的目的、出发点与归宿，被置于整个教育体系的中心。梅贻琦也曾说过："吾认为教授责任不尽在指导学生如何读书，如何研究学问。凡能领学生做学问的教授，必能指导学生如何做人，因为求学与做人是相关联的。"② 由此可知，梅贻琦更加强调大学育人这一项功能。大学校训中频繁出现如"弘毅"、"笃志"、"明德"、"德才兼备"、"自强不息"等类关键词汇，就是这一脉相承的教育理念，在中国大学得到了不断传承的最充分证明。

中山大学"博学、审问、慎思、明辨、笃行"的十字校训是由孙中山先生亲自择选并书写的。孙先生所倡导的"博学"，其含义是鞭策学生要积极学习"古今中外的知识"，包括自然科学知识和社会科学知识乃至社会实践经验。同时孙先生也对受教育者寄予了能够养成好问、慎思、分辨和实践的良好习惯的希望。中山大学校训包含了从"学"到"行"五个学习钻研过程中的关节，准确地总结了师生之间交流学习、合作创新、代代传承的过程。北京师范大学校训中的"学为人师"，目的是要激励学生广泛学习，学识要达到堪为人师的等级，精准地指出师范教育对所追求的知识的目标和要求。一些研究学者对 2003 年上半年 229 所中国高校的校训用词及次数做了精确的统计，其中"博学"一词出现 38 次。另外，在 21 世纪明确提出新校训的 48 所高校中，"博学"是使用频率居第一位的词。③

---

① 钱理群：《想起了七十六年前的纪念》，《读书》1998 年第 5 期。

② 黄延复、梅贻琦：《教育论著选》，人民教育出版社 1993 年版，第 173 页。

③ 李擘：《我国大学校训的历史演变与发展走势》，《高等教育研究》2005 年第 1 期。

　　中国大学校训如此强调求知的原因，第一点就是受到根深蒂固的传统教育思想潜移默化的影响。由于传统的教育思想将博学看作是一个人成为"君子"的最基本要求。众所周知，中国的古代教育将培养"君子"作为教育理念的中心，反复强调知识的渊博和通达是成为君子的最重要的条件。第二点原因是技术革命和大学功能变化影响了大学教育的目的，进而影响了大学教育中反映教育目标的校训。在 20 世纪的发展进程中，科学教育一步步成为不仅是中国更是全世界范围内的学校教育的主体，人文教育则渐渐衰弱下去。[①] 随着知识在社会的发展和各个行业中发挥着越来越重要的作用，"大学逐步成为'知识工业'之重地"。第三点，"由于就社会整体而言文化知识水平的偏低与心智视野的偏狭，刚刚兴起的大学变成了文化知识传输与心智启发的先锋与号角"[②]。换句话说，中国大学本就产生于时代发生巨大转变的风云中，不仅从起始阶段就承担着创造和传承文化的重担，并且由于中国大学在探索知识和科学的理念里还增添了饱含着完成民族独立、国家复兴的强烈而复杂的情感，中国大学对知识的要求更加急切。在这样的背景下，大学校训作为能够表达大学精神最凝练的内容的存在，结合许多探真求知的内容自然必不可少。

　　我们不难从各种对大学校训的分析和理解中得出两个结论：第一是大学校训与办学理念的本质是相通的；第二是大学的办学理念不同，校训自然不同。另外，还需注意的是，广泛参考中国大学校训后我们可以发现，不是所有大学的校训都能体现大学的办学理念，上述结论只有一些成功的校训才能充分可靠地印证。

　　南京大学的新校训"诚朴雄伟，励学敦行"就是在广泛征求教师和学生建议及意见的背景下，在学校进行百年校庆时确定

────────────

　　①　杨凌：《2002 年高等教育国际论坛文集》，西北农林科技大学出版社 2003 年版，第 47 页。

　　②　刘铁芳：《保守与开放之间的大学精神》，《书屋》2002 年第 8 期。

的。"诚"是南京大学推进教育工作所遵循的首要原则。这所百年名校的历史上，曾有出自两江师范时期李瑞清的"嚼得菜根，做得大事"的校训，也有南京高等师范学校时期的一字校训"诚"，这些都能说明"诚"是南京大学精神的本质和中心。以诚求学，以诚处世，以诚待人。南京大学一贯追求的就是培养怀有一颗真诚之心的人才。

大学的基本任务是钻研、追求和传递知识。只有延续不断的大学精神，才能形成大学悠久的历史文化。当今的各所优秀大学都沉浸在自己历久弥新的历史文化中。因此，一般来说，我们制定大学校训时更多的是借鉴和使用古老的训诫。但综合研究中国各所大学的校训，反而又出现了许多能够表现时代特色的案例。例如，国家会计学院，将"不做假账"作为校训，对全体教师学生进行严格要求，把社会和企业对会计从业人员的基本要求作为校训，不仅反映了学校致力于培养有着更基础的职业道德的人才，也是学校对如今假账泛滥的现实发出的强烈控诉。

二　大学校训的重要性

大学校训是学校历史和文化的积淀，是学校办学理念的集中体现，是学校精神和灵魂的象征，同时它也是一所学校师生员工共同遵守的基本准则和行为规范。一则优秀的大学校训对内可以营造良好的学术氛围，对外可以树立一所学校高大的形象。基于大学校训对大学教育所具有的重要作用，我们应当更加深入地研究大学校训，并更加注重校训的设计和编写。

大学理念也可以称作大学观念，之所以理念一词更为多见，源于它的德国古典哲学背景。大学理念是一所大学精神层面的概念，是人们经过长期的理性思考和教育实践而形成的思想观念，它是一所大学办学思想、办学模式、办学特色和培养目标的核心和指导思想。学校的各项工作都是在大学理念的指引下展开的，大学理念是否正确、是否全面直接影响着学校的建设和发展。

在设计本校校训的过程中，必须正确理解和把握本校的大学理念，将传统、新型和特色三部分大学理念有机地融合起来。所谓传统大学理念是指洪堡的大学理念。现代大学制度得以确立的标志是洪堡在1810年建立的柏林大学。洪堡提出的现代大学理念包括以下几个方面的统一：大学活动的非政治性质与大学建制的国立地位的统一；科学体系的内在完整性和科学对整个文化与社会的批判、启蒙意义的统一（这里所说的科学包括相当广泛的内容，不仅包括自然科学和社会科学，也包括我们通常所说的人文科学或人文学科——哲学、历史、文学和艺术。洪堡看来，只有具备这样的科学体系的大学，才能培养出具有全面人格的、成为全民族精神文化生活的典范的公民）；教学和研究的统一。洪堡的大学理念告诉我们，大学不但要注重对知识真理的追求，促进学术的发展，同时还要强调大学自身的独立和自由。

传统大学理念为大学的稳定发展提供了积极有效的指导，奠定了坚实的基础，但随着近年来现代大学教育的发展越来越快，一些具有强烈的时代特征的新型大学理念也应运而生，如国际化理念、可持续发展理念、大众化理念、以人为本理念等等。树立国际化的理念，能使大学借鉴西方近现代大学的优秀经验，并结合中国的固有传统，实现中西文化的完美结合。以人为本的大学理念在一定程度上避免了大学急功近利，过于迎合政治的行为，使得大学精神的人文气息得以重建和发扬。

在设计大学校训的过程中，必须要明确本校的大学精神和理念的定位，避免盲从、一味地追求高大上，应当努力树立自己的个性化意识，努力在自己所处的层次中创优、创新，增强自己的比较优势和核心竞争力，这才是大学得以健康和谐发展的根本。北京师范大学就是在明确了师范教育的办学定位后，确立了"学为人师，行为世范"这一则有个性、意义深远的大学校训。

中华文化源远流长，五千年的文明历史创造了深厚的民族文化。大学校训是大学精神在传承中华民族优秀的传统文化的过程中，融合民族文化的价值观念和价值判断而形成的一种集中体现大学文化的特殊形式。① 因此，大学校训设计的思想来源和表现形式自然都应当从这个民族的历史文化宝库中汲取精华。不仅如此，每个学校自身的文化传统、办学特色、办学风格和发展历程也是大学校训设计中的一个重要的文化源泉。不同的学校反映着不同的办学历史、不同的办学特色、不同的文化传统，大学校训也因此有所不同，各具特色。由此可知，大学校训在设计过程中要充分借鉴和理解本民族的传统文化并且参考本校对民族传统文化的继承和发扬现状，宣传和发扬这些传统文化的精华，促进传统文化和大学的双重发展。

大学校训是大学的时代精神和办学理念的精华和缩影，是激励全体师生员工能够更加重视学习工作的精神园地，是学校办学宗旨和教育理念的指挥棒和风向标。想要了解一所大学校园文化与办学特色，首先这所大学的校训进行研究必然会少走弯路，校训是了解一所学校的一把金钥匙，可以直接了解到这所大学的大学精神中最本质、最核心的部分。校训就像是一所大学的一张名片，是一所大学深远的历史文化和个性特色的缩影，对大学理念的创新和发扬、学校教育工作的顺利开展具有理论以及实践方面的双重意义。

三 大学校训的意义

窥一斑而观全豹，一叶落而知金秋。从一所大学的校训，亦可见其办学理念和大学精神。大学既有文化，又有精神。大学对于社会而言，不仅是作为一种建筑的客观物质存在，更是一种能够创造和更新人类文明的文化存在和精神存在。大学校训能够体现一所学校的办学精神和文化底蕴。一则充满个性色彩的校训能够表现一所具有个性精神的大学，而一则意义深远的校训又能够

---

① 周涛：《大学校训研究》，硕士学位论文，山西大学，2007 年。

告诉我们这所大学的历史意义。一则优秀深刻的校训不仅能够体现大学的精神所在，而且能够铸就一所大学最深处的灵魂。大学校训，反映大学创办者和管理者的办学理念和价值取向，表达的是大学工作人员对求学者来自于内心深处最热切的期盼。它通过一届又一届优秀教师和莘莘学子的血液和心跳代代相传，是全校师生共同遵守的行为道德。校训既反映学校办学理念和治校精神，也是建设校园文化过程中的关键一环。

校训充分表现了学校的校园文化特点，是校园文化的总结和精华。校园文化建设应通过观念的创新、办学思维的创新、育人目标的创新、教育教学方法的创新、教学手段的创新，促进学校不断地向前发展，通过把学校的发展与教师个人的价值追求完美地结合在一起，让学校每一位教师和学生在实现学校发展的大目标过程中，充分实现个人的价值与追求。校训是校园文化的旗帜，它渗透了办学者的教育思想，彰显了本校的治学风格，反映了校园文化建设的核心内容。它以精简独到的语言传达出一所学校的文化积淀，反映了全校师生共同的理想信念、精神追求、价值理念和行为准则。

大学校训将深刻的学校文化通过独特的表达方式，浓缩出大学文化精神之魂，它以无形的控制力掌控着学校教育的办学方向，弘扬和传承着大学精神，在建设大学文化精神的进程中起着不可替代的作用。因此，校训应是校园文化传承中不可或缺的重要环节。校训的关键是要体现实践性。大学要适应不断发展的社会需要，承担"亲民"的社会责任，要培养科学精神、人文精神和创新精神三者统一的高素质人才，就必须着力培育扎根于本校历史文化而发展起来的特色大学精神，营造良好的学习氛围和具有个性的校园文化。

构建新的大学校训要加强对追求真理的表达，对学术自由的呼唤。作为现代意义上的大学，应该是科学精神、科学意识的大本营和发源地。构建新的大学校训要增强为国家、为社会服务的意识。虽然我国封建社会的高等教育的最重要目的是选拔人才、服务国家，但是我国真正现代意义上的大学的校训却鲜有关于服务国家、社会的表述。设计和创作新的大学校训，必须坚持"以人为本"的教育理念，要将受教育者的发展和完善作为确立校训的基本点。大学校训是为受教育者的学习和发展创造氛围的，我们应当不断发掘和利用其不可估量的文化潜力，努力将受教育者培养成为具有主人翁意识和创造性思维的人才。

第二节　校风——校园文化的氛围

校风，简言之，就是指学校的风气。具体来说，是指一所学校全体师生员工在工作、学习、生活中精神风貌、道德情操、文化修养、人际关系等方面的综合表现，它主要体现在学校的教风、学风和政风上。[①]

一　教风

所谓教风，概括地说就是教师或者教师集体教育、教学的风格和特点，其具体指的是教师在教学、科研等工作中体现出来的职业道德和学识风范，包括教书育人的目的、态度、行为特点、方法等。优良的教风主要表现为：教师忠于职守、爱护学生、言传身教、钻研业务、团结合作、管教管导、为人师表等。[②]

教风是教师的职业道德、政治素养、专业知识、教学方法技能、教育学和心理学素养等方面的综合体现，是其人格、修养和

① 朱天利：《论现代大学校风建设及其时代意义》，《黑龙江高教研究》2006 年第 11 期。

② 陈润全：《建设良好校风"三要素"》，《广东教育》（教研版）2006 年第 10 期。

知识等内心世界的特定的外化形式，是学校形象的灵魂。在社会实践过程中，教师在学校各类人员中的主体地位、教学工作在学校各项工作中的中心地位、教学投入在各类投入中的优先地位，共同决定了教风在校风中的核心地位。

教风体现在教学态度上，用一句话来概括就是教学过程中做到教书育人。因为教师是履行教书育人职能的专业人员，肩负着培养社会主义现代化建设事业接班人的神圣使命，所以作为教师就应该怀着饱满的热情向学生"传道、授业、解惑"。当今，有的教师面对社会上的各种诱惑，忍不住怦然心动，导致其精力分散，对教学工作敷衍塞责、误人子弟；或者有的教师重科研而轻教学，把从事科研、多出成果、晋升职称作为第一奋斗目标。这些有碍教风建设的不良行为，应当坚决地戒除掉。

现代大学教师除了教学还要进行科学研究、知识创新，教风在科学研究中就表现为教师的学术风范。大多数教师都有良好的学术风范，恪守职业道德、求实敬业、严谨治学、敢于创新，这样才有利于知识的创新、发明和发展。但也有些教师，不愿踏踏实实地进行自己的研究，心浮气躁、急功近利，只想弄虚作假、东拼西凑，甚至剽窃、抄袭他人的成果；还有个别教师评到想要的职称后，吃老本，不再进行新的研究创造，失去了应有的积极进取的学术精神。这些表现与学术风范要求是相悖的，必须尽快地戒除掉。

教风的核心体现在教师的职业道德上，可以说教师的教学态度、学术风气都是教师职业道德在个体行为上的具体表现。教师应该把自己所从事的工作当成高尚的事业来做，不能把它看作是"混饭吃"的求生技艺。教师的世界观、人生观、价值观和言行举止时时刻刻都对学生产生着耳濡目染的影响。

在学校，教师是一支人数最多并且起骨干作用的育人队伍，他们是学校教育教学工作的重要力量，在培养合格人才、实现教育目的中起着主导作用、占据非常重要的地位。因为学校是教书育人的地方，而教师的主要任务是教书育人，所以教风建设是校风建设中的关键性部分。正如邓小平所说："一个学校能不能为社会主义建设培养合格的人才，培养德智体全面发展、有社会主义觉悟的有文化的劳动者，关键在教师。"①

教风建设能够影响并带动学风建设，因此，教师拥有怎样的教风，对学生形成怎样的世界观、人生观、价值观、学习观具有深刻的影响，甚至直接决定学风的优劣。同样，教风建设也关系并促进政风建设，一个学校如果没有良好的教风，政风建设就失去了存在的意义，换句话说政风建设就无从谈起。

为了加强教风建设，教师自身要加强育人意识，以师德为核心，把创新意识、敬业精神贯穿到教育、教学工作中去，以事业主义者的姿态投入到工作中去。此外，学校要高度重视教师队伍建设，一方面要关爱教师，改善教师的工作和生活条件，充分调动教师教书育人的积极性、创造性；另一方面要对教师提出高标准、严要求，并为他们提供尽可能多的便利条件，以不断提高教师的政治理论水平、业务水平和育人能力。

二 学风

学风，即学生的学习风气，它是一所大学精神文化的主要体现，是一种巨大的精神力量和育人资源。学生的学习风气是学生在校学习过程中的行为规范和思想道德的集中表现，主要包括学习态度、学习规范等方面。

学风体现在学习态度上，主要是指学生在学习上是"要我学"还是"我要学"。学习是一种特殊的认识活动，学生是认识活动的主体，只有把"学习源"建立在自身的内在动力上，自觉自愿、积极主动地去"我要学"，才可能取得预期效果。特别

---

① 赵春艳：《论高校社会主义核心价值体系的建设》，硕士学位论文，南京师范大学，2009 年。

是在科学技术迅猛发展、新旧知识"更替"速度加快的现代社会，要想赶上时代步伐、抓住时代机遇，就必须主动地学习。我们发现有不少大学生是为了应付考试或者是迫于外在的压力，在无可奈何的情况下而消极、被动地选择学习——"要我学"，这种学习对于学生来说是痛苦的，让学生感觉是种负担，其学习效果只能是事倍功半。

要想取得好的学习效果，不仅要端正学习态度，还必须具有正确的学习规范，即良好的学习习惯、科学的学习方法和熟练的学习技巧。学习习惯是一种学习活动中比较稳定的学习行为方式，良好的学习习惯一旦养成，就将促进学习活动的有效进行，从而取得理想的学习效果。所以，学生在学习活动中一定要养成良好的学习习惯，改正和戒除不良的学习习惯。学习方法是在获取知识、形成能力的过程中所采取的活动方式，掌握科学的学习方法是完成学习任务的重要前提，否则学习过程中就会感到心有余而力不足。所以，学生必须掌握科学的学习方法，才能保证圆满地完成学习任务。学习技巧是学习过程中综合地、灵巧地运用各种学习方法的能力，一旦掌握学习技巧，学习活动就会变得游刃有余、得心应手。所以，要努力综合运用多种学习方法，从而掌握熟练的学习技巧。

优良的学风不可能自发形成，而是在学校领导和教师在日常的学校教育教学实践中，经过有意识的、坚持不懈的培养才慢慢形成的。优良的学风包括：正确的学习目的和巨大的学习动力；正确的学习态度，如勤奋、严谨、好思、创新等；良好的学习方法和习惯，如勇于探索进取、尊师敬友、理论联系实际、互帮互助的人际关系。[①]

校风是以学风为基础的，我们之所以说学风是校风的基础，

---

① 杨尚昆：《当代大学生学风建设论》，硕士学位论文，中南大学，2008年。

首先是因为学风不仅能全面反映学生的学习态度和教师的治学风气，涵盖了学校领导、管理队伍和教职工学习的意识和习惯，而且也是一所学校的治学精神、治学态度和治学方法的综合反映。学风是一所大学办学水平和校风的集中体现。

古人云："教学相长。"教师敬业精神的发扬、教学态度的端正、业务能力的提高，良好的学风都起到了很大的促进作用。良好的学风也促进政风建设，对学校各级领导的行为具有很大的推动力、约束力，对后勤服务系统的工作人员和行政职能部门的管理人员产生强大的强心力、鼓舞力。

为了加强学风建设，学生要积极发挥自身的创新精神与个性优势，以满腔的热情、踏实的学习去追求既定的目标、实现自身的价值。此外，学校一方面要尊重、爱护和帮助学生，为学生提供优质的学习环境、生活条件和服务水平，从而充分调动学生的积极性、主动性和内驱力；另一方面要强化思想品德教育，严格组织纪律，用规章制度来约束学生，用方针政策来引导学生。

三　政风

政风，又可称为管理作风或服务作风，是指管理主体在实施管理过程中的思想作风、工作态度、学习作风和生活作风等，其实施主体包括学校各级领导班子、行政职能部门和院系管理人员等。优良的政风主要表现为：解放思想、求真务实、办事公道、精诚团结、高效廉政、关心群众、作风民主。

一个好的政风，不仅能促进科学有效的管理，是学校提高办学水平和效益的重要途径，而且能引导良好的学风和教风，彰显出学校的良好形象，并且推动着学校不断地向前发展。一个学校的政风直接关系着学校校风的方向和水平，影响着优良教风和学风的形成与发展。因此，政风在校风内部系统中居于关键地位，而领导班子的政风又是关键中的关键。

学校各级领导是管理的主体。校长作为学校行政的最高首长，要具有统筹全局、把握大局的领导才能；要具有现代办学理念，以创新促进学校全面发展；要树立竞争意识，在市场经济的社会背景下，既要谋求与各方面的合作，又要以竞争的姿态站稳脚跟，以竞争求合作；要增强依法治校观念，既要充分运用国家有关法律、法规赋予的权力，维护学校自身的权益，又要履行应当承担的义务；既要遵守国家、上级的法律、法规体系，又要完善学校自身的各项规章制度，保障依法治校工作的进行。

学校中层领导干部是管理系统的中坚力量，学校工作的成效在很大程度上取决于他们的思想、工作和生活作风。所以，在思想上，要有高度的事业心和献身精神，要有崇高的信仰和全心全意为学校师生员工服务的热情；在工作上，要清正廉洁、克己奉公、清楚做事、清白做人，要求真务实、注重实效、以身作则、开拓进取；在生活上，要保持艰苦奋斗的优良传统、不贪图个人安逸，要光明磊落、为人正派，时刻检视自己的行为，与全体师生员工同甘共苦、和睦相待。有了这样一支中层领导干部队伍，一定能够使学校各方面的工作有效地开展起来。

行政职能部门的管理人员，是学校各项管理工作的直接操办者，他们工作的好坏直接影响到管理绩效的大小。所以，行政职能部门的管理人员要做到：在工作态度上勤奋努力、兢兢业业，以满腔的热忱做好工作；在工作方法上既服从领导的安排，又灵活机动、大胆出新招；在与同事的关系上，既要完成自己的本职工作，又要相互支持、互相合作；在对待上下级关系上，不能弄虚作假、欺上瞒下。每一个管理工作人员，都要站好自己的岗，做好自己的事，以保证学校管理系统的高效运行。

后勤服务系统是学校的保障机制，后勤工作人员是不上讲台的教师。所以，他们应该做到：要树立服务意识，全心全意地为教学、科研、教师、学生等提供全方位的服务；要严格要求自己，认真负责、扎实能干、勤勤恳恳、任劳任怨；要热爱本职工作、提高服务水平、言谈举止文明，在服务中履行育人职能；要勤俭办事、节约开支、不怕困难、艰苦奋斗、爱护公物、反对浪费；等等。需要指出的是，校风建设中，后勤服务系统建设容易被忽视，原因主要有两个方面：一方面是来自外部的误解，认为后勤服务只不过是一些琐碎的事务性工作，随便什么人都能做；另一方面是出自内部的偏见，认为后勤服务是伺候别人的"粗活"，从而后勤人员产生自卑心理，不安心本职工作。在校风建设过程中，一定要注意这一点。

政风建设涉及的部门众多、人员队伍复杂，既有学校各级领导，又有管理工作者，还有后勤服务人员，但他们的任务都是为学校发展提供保障服务机制。也就是说，良好的政风能为教风和学风建设提供优质的服务保证；反之，教风和学风建设就失去了依存的条件。

为了加强政风建设，学校各级领导要切实加强自身建设，以良好的政德和高水平的领导能力，赢得师生员工的信任；管理工作人员要以政德为核心，在思想、工作和生活作风上严格要求自己，做好管理育人工作；后勤服务人员要不断提高服务水平，以优质的服务做好服务育人工作，从而赢得教师、学生的尊重。

四　校风建设的重要性

良好的校风是一所大学的精神和灵魂，体现着一所大学的办学理念和办学特色。良好的校风一旦形成，就有利于高校创造出有别于其他学校的品牌优势，对高校的建设具有重要的意义。

（一）校风建设能促进党的教育方针的全面贯彻落实

学校的根本任务是全面贯彻党的教育方针，培养社会主义现代化建设需要的合格人才。校风建设是根据国家的教育目的而开展的多方面、全方位综合建设。校风建设反映出来的一系列特点与党的教育方针的要求是完全一致的。所以，良好的校风一旦形成，不仅有利于学校自身的发展和提高，更有利于学生形成爱学校、爱国家、爱社会主义、爱科学、爱学习等良好风尚。简而言之，良好的校风是人才培养的催化剂，能促进党的教育方针的全面贯彻落实。

（二）校风建设能促进学校工作全面提升

良好的校风不仅是不可估量的无形资产，而且也是一种巨大的精神力量，能在潜移默化中发挥其应有的作用。首先，良好的校风能使师生及员工受到鼓舞，让他们产生强烈的光荣感、自豪感和心理凝聚力而催其奋进，将学校的各项要求变成自觉行为，具有强大的激励作用；其次，良好的校风能使师生及员工以一种朝气蓬勃、和睦相处、相互支持、追求卓越的精神面貌和心理状态投入到学习、工作中去，对学校工作具有全面的推动作用；最后，良好的校风能使师生及员工受到感染，从而熏陶情操、铸造精神、净化心灵、提升形象。良好的校风在潜移默化中发挥的作用，必将促进学校工作的全面提升。

（三）校风建设能促进校园环境建设

如果说校园环境建设是学校建设中外在有形的硬风建设，那么校风建设则是学校建设中内在无形的软风建设，二者相互配合、相辅相成，共同促进学校的改革和发展。学校的资金、设备、设施等是办学的必备条件，优质的校园环境为学校师生员工的学习、工作和生活提供了良好的居所，从而为校风建设提供物质基础。然而，无论多么好的硬件资源、外部环境，如果缺乏良好的校风，学校只不过是一个看上去很华美的空壳而已，学生也将一事无成。校风是一种无形资产，其作用从某种意义上来说比有形资产大得多。因为良好的校风能够提高办学效率，节约办学资源，减少办学浪费，将有限的硬件资源发挥出最大的效益。所以，校风建设必然会强有力地促进校园环境建设，在办学过程中应该软、硬一起抓，以硬支持软，以软促进硬，使学校在校风建设带动下不断迈出新的步伐、登上新的台阶。

（四）校风建设能遏制不良行为的发生

良好的校风能够产生一种同化力，使来自四面八方的学生和其他人员一踏进校门就产生一种肃然起敬之感。即使是带有某些不良习性的人，也会逐渐地自觉克服和改变自己原有的行为。良好的校风会产生强大的约束力，它有助于个体抵御各种不良心理、行为的侵蚀和干扰。这种强有力的约束力还会对原来就有不良倾向的人产生一种无形的压力，使其逐步由外表上的顺从到情感上的接受，最终从信念和行为上与校风气氛相一致。

第三节　文艺社团——校园文化的生机

一所成功的高校除了在学科领域有一定优势外，还应拥有与其发展历史、人文气息、学科建设相匹配的校园文化。在校园文化的传承发展过程中，各种类型的社团组织应运而生，社团文化成为校园文化的重要组成部分。①

一　文艺社团的内涵及功能

一所大学必然有其自身的文化建设，一般而言，文艺社团是大学文化建设的代表。无论是其内涵，还是其功能，文艺社团都有力地代表着这所大学的气息。

（一）高校文艺社团有利于校园文化的建设

文艺社团因其特有的活动形式成为校园文化建设的有效载体，它的发展能彰显高校的精神特质和文化追求。近年来，大学文艺社团数量增长迅猛，社团活动集新颖性、艺术性、娱乐性、文化性于一体，受到了新时期大学生的青睐。这些文艺社团为学生提供了感受艺术、交流艺术、享受艺术、展示艺术作品的平台，有利于学生素质的提高，而学生素质的提高又为校园文化向

---

① 谢晓娟、陈大勇：《文化多样性与社会主义核心价值观建构》，《辽宁师范大学学报》（社会科学版）2014年第1期。

高层次发展注入了新的生机与活力。

（二）高校文艺社团有助于大学生核心价值观的养成

广大学子肩负着实现中华民族伟大复兴的重任，高校学生的人生观、价值观、道德观直接关系着中华民族的未来。文化的思维定式功能认为文化能够对一个人的思维方式和价值取向等起到自律作用。[①] 而多数文艺社团创建之初就有文化的内涵特质，先天就具有文化传播和感染功能。因此，相比其他性质的社团组织，文艺社团组织文化自律功能发挥的作用就要明显得多，对学生核心价值观的养成影响更深远。文艺社团通过新颖的文化活动和高雅的艺术氛围完成对高校学生的思想改造。学生通过参加文艺活动，思想上完成了从最初只想丰富一下课余文化生活、扩大一下自己的交际圈，到锻炼自己、提升能力、陶冶情操、净化心灵的蜕变过程。

在这个过程中，文艺社团将正确的价值观内容与社团活动相融合，实现"理论联系实际"，让广大学生不仅知道"我们应该做什么"，还知晓"我们到底应该怎么做"，内化社会主义核心价值观。[②]

（三）高校文艺社团有利于大学生综合素质的培养

随着高等教育改革的步伐不断加快，大学生的个性化教育越来越受到重视，文艺社团以其组织的活跃性和活动的丰富性，在大学生人格培养、潜能激发、个性塑造、审美情趣养成、社交能力锻炼等方面具有不可替代的优势，为大学生展示自我，发现自我提供了广阔舞台，满足了广大学生日益增长的精神需求。以理工科高校中的舞蹈社团为例，理工科专业讲求学习的精确严谨，

---

① 鲜开林、杨昕：《社会主义核心价值观融入高校教育教学体系研究——以新媒体为视角》，《辽宁师范大学学报》（社会科学版）2014年第5期。

② 郭广银、杨明：《新时期高校校园文化建设的理论与实践》，南京大学出版社2007年版，第35—55页。

舞蹈是一门运用肢体动作来表达情感、抒发胸臆的造型艺术，长于抒情而拙于叙事说理。舞蹈社团在理工科大学的建立发展，使文艺与科学动态与静态完美交织融合，对于理工科学生的成长可谓锦上添花。相比文科专业的学生，理工科专业大学生的人文知识相对匮乏，对专业艺术知识更是知之甚少，习惯了理性思维方式，而文艺活动这种充满热情与活力的表达方式，有助于大学生跳出固有的思维模式，使他们的潜能得到挖掘。

（四）高校文艺社团与高校课程体系建设密切相关

纵观欧美等发达国家高校社团组织的发展历史，文艺类社团是高校课程体系建设的有效补充，各学科领域尤其是理工科需要文艺知识的渗透与补充，文艺活动可以活跃人的思维方式、激发人脑细胞的潜能、提升人的想象力和创造力，进而增强大学生对本专业领域的认知、促进创新力的形成。讲授法成为老师授课的主要方式，而被动聆听则成为学生获取知识的主要手段，这种教学模式的教育效果非常有限。而文艺社团活动突出实践性，参与者既能接收信息也能反馈信息，成为学习的主导者，使学生从传统教育中的"要我学"转变为艺术实践过程中的"我要学"。文艺社团的成员有着不同的专业背景和知识结构，因此接收同样信息的时候引发的反应是不同的，使得成员之间可以在艺术实践的过程中取长补短，达到"个性化"教育的目标。同时，文艺社团成员之间处于一种相互协作的关系，这种协作是在跨学科的背景下进行的，有利于改善个体的知识结构、激发艺术潜能、增强大学生团队协作能力。

二　文艺社团文化的特征

日益丰富的精神文化之风沐浴着中国大地，各类艺术文化学校盛景长存，当代大学生多才多艺、能歌善舞已不再是什么稀奇的现象。社团文化的主体性，是指社团成员为了满足社会和自身发展的需求，为了丰富校园文化，通过营造自由、和平、积极的环境，有根据、有时代背景、有计划、有主题地组织各种社团文化活动，活动结束后进行分析总结，研究讨论活动中的细枝末节，总结经验，吸取教训，从而把社团成员培养成为有前瞻性、有发展眼光、务实创新、团结合作的新时代大学生。

（一）娱乐性与教育性结合

大学生社团成员中当然也不乏一些文艺爱好者。在社团活动里社团成员可以自由地展现自身的特长，在具体的节日或背景下，热情主动地举办自己喜欢的并能影响身边同学一起进步的社团活动。这样不仅能够使自己的才华得以施展，最大限度地娱乐自己，也能给身边的老师、同学带去快乐。此外，通过亲身经历社团活动学生能获得课堂上学不到的知识，进而提升自己的综合素质。每个社团成员通过互助合作和互相请教学习共同致力于一场完美的活动，使社团成员体会到团队合作的重要性，耳濡目染地感悟到社团文化中所蕴含的价值观、道德观、行为方式和行为准则，在闲暇娱乐之余就受到了教育，学到了知识。

（二）组织性和主体性相结合

高校社团的建立必须经过校团委及党委的审核，经审核批准才能得以成立。社团的健康有序运行离不开校团委和学工部门的指导，因此社团文化有很强的组织性。而学生社团的宗旨在于帮助大学生提高自我和教育自我，目的在于为四有新人的自我发展和完善提供载体，因此社团活动必须充分体现学生的自主创新能力和自我实现能力，鼓励大学生充分发挥自身的主观能动性，用创新的思维去策划高品位的社团活动。即社团文化尊重学生的主体性，体现了以人为本的现代教育理念。

（三）实践性和发展性相结合

社团文化不同于课堂理论，社团活动的具体实践是社团文化的有效载体和主要表现手段，并且是学生作为教育主体来进行自我教育。大学生通过热闹非凡的社团文化展示、盛大的社团文化节开幕式和闭幕式，以及各种类型的文艺活动、综艺活动、志愿服务活动、科技活动等来展现社团文化，打造出的社团活动生机勃勃、魅力无穷。

高校社团文化作为校园文化的重要组成部分，难免受到社会上主流文化的熏染和影响。高校社团文化与社会主流文化在文化内涵、特征、表现形式等方面存在着许多相同因素。但是由于高校社团文化的主体是大学生，大学生在接受新文化、总结新规律方面有着一定优势，在接触社会主流文化后，大学生结合自身所处特殊环境，谨慎思索，展望未来，在实践中摸索前进的技巧，因此高校社团文化还会在创新的基础上有所发展。

三　大学文艺社团的教育导向功能

大学生在高校社团活动中进行自我教育，社团文化具有突出的教育功能，以及文艺社团本身会带来的导向功能无不在培养着我们国家所需要的人才。

（一）高校社团文化的教育功能

其教育功能总结如下：一是自我表现教育功能。离开高中阶段枯燥乏味的教学课堂，大学生对高校社团这一放松自我与展现自我的平台很感兴趣，大学生可以通过参与活动、排练和登台演出等，充实大学生活、发挥个人特长，从而把自己的形象生动地留在同学和老师的心里。二是交流协作教育功能。计划生育政策的普及使得当前的大学生普遍是独生子女。在家长的娇生惯养下，这些独生子女很难形成集体观念。他们大多很自我，没有集体感，不懂得合作的重要性。然而，在高校社团文化活动中，在这个自由平等的组织里，大学生自然会学会如何与除父母之外的人相处，学会如何在相处的过程中扬长避短、互助互利。三是创新教育功能。对于社团来讲，坚持办有新意的活动，才能保证社团质量，才能保证社团的不断发展。而新颖的社团活动离不开社团成员创新思维的支撑。为了增强社团活动的吸引力，社团成员必须发挥他们的创新思维，制定出丰富有趣的社团活动方案。在此过程中，每一个社团成员的创新意识都得以培养。

（二）高校社团文化的导向功能

"高校社团文化的导向功能是指高校社团文化运用特有的方式如启发、动员、教育、监督、批评等来引导大学生的思想和行为，使其与社会发展方向相符。"①

高校社团文化的导向功能主要包括兴趣导向、榜样导向、精神导向三种。一是兴趣导向。刚刚步入大学殿堂的大学生其实难免会表现出一些迷茫，他们对于百花齐放的社团选择既谨慎又糊涂。如果只通过社团的名字来判断社团的宗旨和性质，那么未免有些大意，但是如果想把校园里所有的社团都了解一遍也不是一件简单的事情。有些大学生往往没有主心骨，喜欢跟随别人，或者做一个和自己所崇拜的好友相同的选择。在进入社团以后，各个成员之间也有相互学习或模仿的现象，列举一个通俗易懂的例子，张三觉得打羽毛球利于身体健康，那么李四就会铭记于心，明天就会去打羽毛球，这说明社团文化具有兴趣导向的作用。二是榜样导向。大学生大多是有素质、有文化的一代人，他们分得清美与丑的界限，社团里总会有榜样标杆存在，向身边优秀人学习是大学生应该自觉意识到的事情。榜样作为一个标杆昭示全体成员怎样做才是正确的，而社团之间也会有所借鉴和学习。三是精神导向。每一个社团都有自己的精神理念，这种精神是社团传统的价值观与道德准则的结合，已经在社团内生活过的成员要负责传承这种精神，新加入的成员要积极学习这种精神。

（三）高校社团文化的激励功能

激励是企业管理的重要环节。有效的激励可以为企业发展提供动力保证。高校社团的激励功能是指大学生社团文化在运行其职能的时候对大学生起到了激发和鼓励的作用。当代大学生的竞

---

① 曾庆法、王晶晶：《论高校社团文化的德育功能》，《高等园地》2007年第9期。

争意识并不是很强，他们千军万马通过高考这座独木桥，顺利地过了桥来到了大学，便觉得自此可以与世无争，参加社团活动时不去争取机会，竞选学生干部时不积极主动发言，课堂上举手要求回答问题更是罕见的奇特景观，甚至"60分万岁"的观念深深根植在学生对大学考试的态度里。国家之间综合国力的竞争实际上是人才之间的竞争，如果作为人才的大学生知识分子不去发挥自己善于挑战和竞争的优势，那么整个民族将会在世界民族之林中止步不前。高校社团领导通过制定奖学金与社团活动综合得分相挂钩的制度可以激励大学生像高中时一样努力拼搏，多多参加社团活动，可以通过各种方式来调动学生的积极性，加强大学生与大学生之间的竞争、社团成员内部的竞争和社团之间的竞争，通过竞争促进学生发展。社团的活动还可以激励大学生向优秀的典型社团成员学习。每一个社团领导都是经过民主选拔的，他们或是拥有较强的管理与组织能力，或是拥有过硬的技术手段，总之在某个方面甚至几个方面都是标杆模范的水平。当看到社团领导因为优秀得到了老师的肯定，大学生也会羡慕、崇拜这些杰出的领导，并发自内心地将他们作为自己学习的榜样。社团开阔了学生的眼界，使他们的学习榜样不仅仅局限于寝室或班级，也为他们提供了提高自己的平台，在社团活动中大学生可以积极主动地表现自己，去践行自己的想法，因此社团的激励功能可以在活跃校园文化的同时激励大学生奋勇进取，不甘落后。

（四）高校社团文化的约束功能

大学生社团的自主性决定了大学生在组织里自我教育的特性。社团的规章制度是由各个成员聚集在一起经协商、讨论，最后确立下来的一套内容。大学不像高中、初中和小学，每个班级都有固定的班主任老师，每天都强调你该做这个、不该做那个。因此，大学生的自律性显得尤为重要。如果大学里没有了班主任老师的谆谆告诫，大家就放任自流，那么大学生的素质就无从谈起。好在除了班级这个有形集体之外，大多数的大学生都有社团经历，不管这个社团是否拥有悠久的历史，它一定会有社团制度。社团制度的作用非常广泛：首先，在社团制度的约束下，社团成员会积极主动地进行自我监督及互相监督，从而规范社团成员的行为；其次，社团受高校的统一领导，指导教师也会不同程度地参与到学生的社团工作中来，因此，学生的一举一动也都牵引着老师的视线，大学生们无形中就提高了自身的觉悟，自觉地去保持良好的大学生形象，时刻用优秀学生的标准去严格要求自己，对自己进行约束与规范教育。

（五）高校社团文化的娱乐功能

高校社团里的成员大多兴致、爱好相投。如今多才多艺的大学生不在少数，一个衣着平平的女孩可能就是舞台上的舞蹈家，一坐进练歌房，大家都是麦霸级别。大学生经历了十载寒窗苦读来到大学神圣而自由的殿堂，不可能继续满足于课堂上学到的书本知识。高校社团是大学生获得教育的第二课堂，他们在丰富多彩的社团活动里可以得到更多的身心愉悦。一方面，一场晚会、一台演出为大学生提供了休闲娱乐的场所；另一方面，大学生可以通过文艺汇演等方式来倾诉自己的情绪，一首歌、一支舞，愉悦自己的同时也给他人带来了美的享受。社团文化能够使直接参与者和间接参与者都得到一定程度的放松和愉悦。他们在参加活动的过程中可以变得更加充实，没有了虚度时光的空虚，又在娱乐的同时学到了知识。

（六）高校社团文化的拓展功能

国家力求培养德、智、体、美、劳全面发展的高素质大学生，这就意味着传统课堂满足不了大学生全面发展的需求。当社团逐渐成为另一个教育大学生的重要阵地时，社团应利用自身活动的优势，充分发挥其拓展功能。大学生在课堂上学到的仅仅是书本文化，而大学生社团活动则为大学生提供了实践的平台，一次大型的文艺晚会或者走出校园的一次社区活动，都能够在各个环节体现实践的魅力。活动经费的获得是最锻炼人意志和能力的，你如何巧言其说获取活动经费并非易事，如果这笔钱的数目还不小，那么就更具挑战性。举一个发生在身边的实例，某高校社团联合会的文艺部想举办一场大型文艺演出，场地和设备需要近万元的活动资金，这么一笔不小的资金谁能为其免费提供呢？其中一个社团成员想到与银行合作的办法。如果该校 1000 名大学生在该银行办卡，那么银行就有必要与他们进行合作。于是该学生就与银行的相关工作人员取得联系，将互益的假设进行一番介绍，得到了银行的同意。这体现的是大学生社团文化的社会拓展功能，为大学生走向社会做了很好的过渡和铺垫。当然，社团活动在很多方面，如创新思维、设计策划、总结分析、演讲与表达、人际关系调整等方面都会起到拓展作用。

（七）高校社团文化的调节转化功能

高校社团文化的调节转化功能是指"高校社团成员生活在社团文化氛围之中，通过感染熏陶和互动等，在无形中自我接受教育，促使自身向好的方面转化"①。

1. 社团文化的调节转换功能可以调节大学生的心理

纷繁复杂的外部环境给大学生的内心和思想都带来了一定的冲击。全国统一的高考将全国不同省市的大学生聚集在同一所大学里，来自五湖四海的学生之间有着截然不同的风俗习惯、价值观，这为大学生的正常沟通带来了障碍。这时，一些心理素质不好的学生会觉得自己孤独无助，而社团是一个融合多元文化的大家庭，大家聚集在一起就是基于相同的兴趣爱好，在这里你一定能够找到属于自己的精神依托，朋友的一句劝说、一句安慰可以使你化解心中的郁闷情绪，使你感觉到大学的温暖。

2. 调节师生之间的关系

大学校园内班主任制并不广泛流行。大学生与老师之间的

---

① 张耀灿、陈万伯：《思想政治教育学原理》，高等教育出版社 2001年版，第 79 页。

沟通缺少了必要的桥梁，有些老师完成课时后好像真的再也没有出现在学生的视野里。大学校园太大了，反而隔远了师生之间的距离。社团活动可以拉近师生之间的距离，一个好的活动创意可以向老师进行请教，举办活动过程中遇到的困难可以找老师帮忙解决，一场视听盛宴可以邀请老师一同分享，这一切都能够使老师走近学生，使学生走近老师。

3. 调节转化社会角色的功能

大学是一座象牙塔，虽然受到了外部环境的影响，但是仍然相对地被称作是一块净土。大学生在校园里的思想单纯、朴实，进入社会以后往往接受不了工作岗位上的尔虞我诈和阿谀奉承，也处理不好人际关系，导致心理高度紧张。大学生社团文化在大学生在校期间可以为他们提供校外社会实践的机会，利用这个实践平台可以慢慢琢磨人与人之间的关系，可以向前辈们学习社会上的礼俗，这样有利于大学生更好地从校园向社会过渡，使大学生在步入社会以后不茫然、不慌张，镇定自如，游刃有余。

第四节　志愿者组织——校园文化的辐射

在《关于费尔巴哈的提纲》中马克思说道："全部社会生活在本质上是实践的。凡是把理论引向神秘主义的神秘东西，都能在人的实践中以及对这个实践的理解中得到合理的解决。"[①] 马克思主义实践观，是其认识论和唯物史观最基本的观点。志愿者组织为大学生社会实践活动提供了重要平台，为学生的发展做出了巨大贡献。

---

① 魏强：《马克思的新唯物主义是"辩证唯物主义"吗?》，《齐齐哈尔师范高等专科学校学报》2009 年第 3 期。

一　志愿者活动是实践教育的重要形式

大学生作为生活在象牙塔里的人，社会生活经验少、实践机会少，他们都是比较简单片面地看待整个社会发展变化，必须要在社会实践中不断地弥补学生的这个缺陷，因而实践是大学生健康成才的必修课，是高等教育不可缺少的组成部分。

（一）志愿者活动有助于大学生完善理论知识结构和进一步深化知识层次

其一，志愿者活动有助于发展和完善大学生的知识结构。当今社会是一个急剧变化的时代，不同时期不断有新的知识涌现，但是这些最新的内容往往难以及时编入教材，也未能及时被大学生吸收。而大学生在参与志愿活动时所承担的具体事务和各项工作，能够让他们发现政治、思想、道德、科学等这些知识领域是相互联系的，他们可以在现实生活中去接触和体验各个领域的丰富知识内涵，扩大其知识面。其二，志愿者活动有助于进一步深化大学生的知识层次。俗话说："纸上得来终觉浅，绝知此事要躬行。"这个理论联系实际的过程可以不断拓宽大学生的知识面，并不断深化其对理论知识的认识，从而不断提高他们的鉴别、选择、调控能力等。同时，还积极鼓励大学生培养创新意识和问题意识，激发其创新精神和对已学知识提出疑问。

（二）志愿者活动能够帮助大学生坚定社会主义的使命感和责任感

毛泽东同志曾经说过，认清中国的国情，乃是认清和解决一切问题的基本根据。现在的大学生的活动主要集中在校园内，他们并未深入频繁地接触社会和生产劳动，因此他们对整个社会的了解是间接的，因而引导他们参与志愿活动是相当有必要的。其一，志愿活动把学生的视野从理论和学校扩大到社会的大环境，大学生可以去亲自感知、亲身体验，进而全面深入地了解国情、社情和民情，在这个广阔的新天地里感受改革开放的巨大变化和伟大成就，并接受爱国主义、集体主义教育，从而加深对建设有中国特色社会主义理论和党的路线、方针、政策的理解，坚定大学生对我国社会主义建设事业的必胜信念。其二，鼓励大学生将辩证的方法贯穿于志愿活动的过程中，既要看到好的一面，又要对我国社会主义初级阶段存在的缺陷和不足有一个清醒的认识。了解这些国情民意，有助于激发和增强当代大学生的历史使命感和社会责任感。

（三）志愿者活动是大学生由自然人向社会人转变的现实需要

大学阶段是成长成才的关键时期，是思想观念形成、影响人一生的关键时期，也是大学生步入社会的前奏阶段，这个时期是大学生由学生身份向工作者身份过渡，准备成为新的社会角色的时期。其一，大学生作为志愿活动的主体去接触不同文化、不同地域的人们的过程中，其实是给大学生提供了一个以独立的社会人的姿态培养自己、管理自己、支配自己的平台，让大学生可以尽情施展个人才华和激发潜能。同时，不仅提高大学生对环境的适应能力、处理问题的能力及应变能力，还使其学会在现实生活中如何待物接人和进行人际交往，培养他们的独立生活能力和团结协作能力。其二，通过参加志愿活动，大学生可以学会正确评价自己，准确定位自己，自觉地把实现个人价值和社会价值紧密结合起来，在社会实践中不断积累成功经验和失败教训，肩负起历史和时代赋予的重任，倍加珍惜宝贵的时光，更加勤奋刻苦学习，不断强化其专业技能，更为重视自身综合素质的提高，努力实现全面发展，做好思想、知识和能力上的准备，为近期的全面建成小康社会出一己之力，为将来的实现中华民族伟大复兴的中国梦做贡献。

二　组织开展志愿实践活动是培育大学生社会主义核心价值观的重要举措

大学生在校园学习的过程中，已经对我国的国情和社会发展状况有了一定的认识，志愿服务是大学生走进社会，进一步了解国情、社情和民情的活动载体，同时也能培育大学生的敬业精神。

（一）开展志愿服务实践活动有助于深化大学生的爱国情感

一方面可以让学生在志愿服务活动中亲自接触和亲身体验纷繁复杂、五味杂陈的社会生活；另一方面学生融入祖国的大好河山和普通百姓生活，以此增强学生的爱国情感，让学生亲自感受祖国建设发展的成就和艰辛发展历程，从而激发他们的爱国情怀，升华对中华民族源远流长的灿烂历史文化的认识和提高对社会主义的认同感。在志愿服务实践过程中，大学生与广大人民群众接触，必然对我国当前社会主义初级阶段的基本国情有更深刻的理解，尤其是对我国当前经济社会发展不平衡的现状有进一步的认识。大学生通过了解这些具体国情，会更加懂得知识的价值，激发他们的爱国热情和学习动力，进而确立为祖国的进步发展而奋斗终生的崇高目标。

（二）开展志愿服务实践活动有助于巩固大学生的敬业精神

敬业，是用一份热爱、珍惜和敬重的情感对待自己所从事的职业。敬业精神体现的是人们对于自己所从事职业的高度认同和热爱，敬业精神是具体化了的社会责任感。虽然，在一些大学生看来，他们还没有工作，不需要这么早就确立敬业精神，其实不然，在大学期间加强对学生进行敬业精神的培养是非常重要的，一个人的敬业精神不仅会对自身的发展产生很大影响，同时也会对社会发展有很大的影响，每个人都是社会中的一员，在校大学生也最终都会走出校门成为未来社会主义事业的建设者，因而他们的敬业精神层次的高低，与国家和民族的前景是密切相关的。大学生志愿服务活动的开展强化了大学生的敬业精神，通过与受助对象的接触促进学生形成勇于承担责任的人格品质，在校大学生特别是一些独生子女，他们在家里受到良好的保护，无法形成自觉承担责任的意识。志愿服务有助于学生逐步树立起由一种对自己负责任的思想认识深入到对于家庭的责任感，进而升华到对整个社会所应肩负的一份责任。此外，社会对大学生给予十分肯定和高度评价能给学生带来新的动力，进而强化和激励大学生提升其社会责任感，促使学生更加认真地对待自己所承担的工作，进一步巩固学生尽职尽责的敬业精神。

（三）开展志愿服务实践活动有助于强化大学生的诚信品质

当今社会对诚信愈加重视，高校思想政治教育也将加强大学生诚信教育当成一项重要工作来做。大学生是社会的精英群体，他们不仅传承了我国优秀传统文化，还积极践行社会主义核心价值观，无论在任何时期，大学生对于当前社会主流意识的把握和应用都具有重大的意义，对于整个社会的道德水平，当代大学生这一群体的思想道德品质发挥着举足轻重的影响作用。对大学生开展理论与实践相结合的诚信教育是相当有必要的，不仅要注重理论层面的教育，更应该注重实践层面的教育，实现知与行的统一。在现阶段，大学生有了诚信品质，可以通过现实生活中的大大小小的事情践行，比如，在考试问题上做到诚信考试等。还可以通过开展志愿服务活动，让学生走出学校这个大门，通过自身在社会舞台的亲身体验，在实际行动中接受潜移默化的诚信教育，从而培养其诚信素养，陶冶其诚信品质。与此同时，学生在志愿服务过程中能通过自觉的亲身体验感受诚信的价值和意义，接着通过实践活动培养相应的诚信素质，进而在实践活动中将诚信品质转化为良好的诚信行为，做到知行统一。

（四）开展志愿服务实践活动有助于培育大学生友善品德

友善是指待人接物应该友好和善，用爱人之心和为善之心对待生活中的人、事、物。友善在我们的日常人际交往当中是一种不可缺少的道德规范，友善对于一个人能否成功，以及一个人所选择的成长道路与发展情况等会产生很大影响。在构建和谐社会的背景下，通过志愿服务活动加强对大学生的友善教育，让学生明白这一平台不仅是在贡献自身、关心和帮助他人，也是在给他们一个正确处理个人与社会关系的机会，能提高他们适应社会的能力。此外，教育学生学会换位思考，多尊重理解他人，逐渐形成健全的道德人格，在全社会营造良好的友善氛围。毋庸置疑，当学生身处友好和善的社会环境中，其身体与心理都会是健康愉悦的，从而对其学习效果和生活品质的提高有积极的促进作用。

（五）志愿服务是大学生公民意识的重要体现

志愿服务的蓬勃发展对全社会公民意识的增强产生了巨大的激励作用，每一位接触社会信息的公民都认识到要为他人和社会做出贡献。不论是贫穷还是富有，不论是健康还是残疾，任何人都可以参加志愿服务活动。志愿服务是现代公民自主、自愿、自由参加的公益事业。大学生是社会的未来之星，是建设社会主义的接班人，应该积极主动地参与到志愿服务中来，体现大学生的自主意识和主人翁意识。大学生志愿服务与公民意识共同指向国家与社会责任。大学生志愿的目标指向为以无偿自愿劳动付出来为社会发展、他人幸福提供必要的服务，促进社会的和谐。而大学生公民意识的目标指向公民对于国家和社会应该承担的责任，是公民对自我社会身份及其政治和法律属性赋予其应当履行的公民责任和权利的一种认知，在从事志愿服务工作中，大学生能感受到自己的重要性，感受到自己被这个社会及他人所需要，找寻其存在的价值的同时更能体会"我为人人，人人为我"这一理念；在为社会服务、为社会贡献的过程中，大学生志愿者能够找到自己在社会中所处的正确位置，了解体验到这个位置的责任。在关注世界的过程中，大学生的视野进一步扩大，他们开始思索个人与历史、个人与世界的关系，不断增强大学生的历史使命感。对于优秀的青年学生而言，志愿奉献的精神完全有可能升华为无私奉献的共产主义道德情怀，这对于增强大学生爱国团结精神有重要意义。因此说，大学生公民意识主要体现在志愿服务上。

大学生公民意识教育是一种意识形态教育，对大学生公民意识的培养内隐于志愿服务活动中。我国的公民意识培养的教育目的具有内隐性，公民意识培养通过内容具体生动、形式活泼多样的志愿服务来表现，增加了在向大学生传递公民意识的教育过程中的愉悦性。这种隐性教育可使大学生在庄严、激动、关爱及愉悦等情感中自发进入公民意识教育的场景中，潜移默化地对其思想品德、道德情操、意志情感及行为准则产生影响。大学生志愿服务活动通过大学生群体的志愿行为能够形成一种舆论影响力，在这种舆论影响力的背后，是一股强大的无形的思想力量所带来的巨大的示范效应。高校大学生是青年志愿者活动的主要参与者，高校大学生公民教育要充分挖掘和利用青年志愿者活动这一载体，把志愿服务和实践育人有机结合起来，建立大学生志愿服务实践育人长效发展机制，引导青年勇敢地肩负起历史赋予当代大学生的重任。弘扬志愿精神有利于提高大学生服务社会的本领。课堂上的灌输式教育缺乏对学生实际行为的指导，社会是最好的课堂，志愿活动是实现理论与实践相结合的新途径，也是促进大学生职业能力发展、增强社会服务本领的重要手段。志愿者活动的开展针对不同的人、事、环境等不断进行调整，所以志愿服务的范围和对象也在不断地变化，志愿服务过程中志愿者需要扮演不同的角色，亲身体验各种不同的社会环境，将理论付诸实践，用自己的所学和所长服务于社会。在这一过程中，学生由被动变为主动，由消极变为积极，把高校德育工作落到了实处，提高了教育的实效性，对拓宽大学生的精神领域，形成良好的道德习惯，长服务社会的本领均有着十分重要的推动作用。

三 志愿者组织促进了校园文化建设

大学生志愿服务活动促进了校园文化建设。大学生志愿服务活动促进了校园环境的优化。良好的校园环境是推动校园文化建设的重要条件，是促进大学生身心健康发展和思想道德素质提高的重要因素。

（一）大学生志愿者服务凸显了校园文化建设的主题和内涵

大学生志愿者服务凸显了校园文化建设的主题和内涵。如郑州师范学院一直传承着培养具有脚踏实地、艰苦奋斗、乐于奉献、锐意进取的应用型人才的"铺路石精神"。"铺路石"已成为校园文化建设的主题思想。志愿者在继承民族传统美德的同时又秉承了"奉献、友爱、互助、进步"的新时代精神。大学生志愿者服务强化了校园文化建设的功能。校园文化建设具有多方面的功能，大学生志愿者服务的导入，强化了校园文化建设的部分功能，如导向功能、发展功能、调试功能、辐射和服务功能等。最后，志愿者服务拓展了校园文化建设的范围。大学生志愿者服务的主要方式是与社会实践相结合，发挥自身优势，开展服务活动，由此将校园文化建设的空间范围延伸到广阔的校园之外，而志愿服务所体现的精神价值则仍然属于校园文化范畴。从这一角度看，大学生志愿者服务为校园文化建设提供了新的增长点。

（二）有利于学院德育教育的创新和发展，强化了校园德育文化建设

大学德育教育的最高目标就是终极关怀，终极关怀由四个层次的内容构成：自我完善的人格，人与人之间的平等、互利、互助的交往，人与地球的和谐相处，人与宇宙的浑然一体。实际上，它的具体内涵就是人不仅要关注自身，而且要关注他人；不仅要关注我们周围的环境，而且要关注宇宙的发展变化。这与校园志愿文化提倡的友爱、感恩、互助、进步、奉献的理念是吻合的。在爱心义教志愿活动中，通过课业辅导、陪伴、课堂教学、爱心捐赠等一系列实践活动，他们在爱心义教的过程中，自己亲身经历、感受中国的变化，对国情、民情、乡情有了一定的了解，激发了他们潜在的使命感和责任感。在亲情陪护、爱心捐赠等活动中，他们懂得了爱心、关怀、利他、感恩等道理，学会了主动地去承担、去体会，并将朴素的慈善情感逐步内化为自觉的

道德意识，形成慈善品德和"服务社会、奉献自己"的志愿精神。

　　总之，青年志愿者协会的成立和各项公益性活动的举办，不仅服务了身边的人，也对参与活动的人产生了深远的影响，充分弘扬了民族精神，提高了参与者的思想道德素质。青年志愿者的行动在我国经济社会发展中有着十分重要的意义。作为一名在校的学生，要积极拓展自己的知识面，锻炼和提升自己的能力，增强社会责任感，不能只学习书本上的知识，还要投身到社会实践当中去，提高个人思想觉悟，促进学校道德教育工作的发展。

第六章

教育忧思：洞见大学教育的问题

> 大学不是风标，不能什么流行迎合什么。大学必须时常
> 给社会一些它所需要的东西，而不是社会所想要的东西。
>
> ——弗莱克斯那

本章导读：美国斯坦福大学校长说："如果斯坦福的校园面积增加一倍，学生的人数也增加一倍，那么这所大学要花 20 年才能达到原有的教学质量。"这在中国，可能并不止 20 年。随着大学教育大众化的不断推进，大学教育质量令人担忧，丘成桐先生认为，以目前国内的本科教育模式，不可能培养出一流人才，中国大学生的基础水平，尤其是修养和学风正在下降。

第一节　大学的批量生产——工厂化的大学教育

我国自 1998 年实行高校扩招以来，全国高校招生人数从 1990 年的 60.89 万增加到 1998 年的 108 万，又到 2009 年的 629 万，其后招生规模基本稳定在这一水平，高等教育已经逐步由精英教育向大众教育过渡。大学批量生产带来的工厂化大学教育真的能培养人才吗？

一　扩招下的中国大学

扩招已是我国现阶段大学的主要状况，毋庸置疑，这一重大

举措对于提高我国全民素质和国家的综合竞争力产生了重大作用，对缓解就业压力、稳定社会治安、提升个人就业竞争力也多有裨益。但因国力有限，在市场经济大环境下，国家对大众教育无力全部支付，也无法满足全部毕业生就业需求。因此，市场经济中的难题必然会在教育中涌现且具有冲击性，其影响深远，迫切需要对此进行深入且全面的分析，并提出有针对性的对策以预防或解决我国高等教育在快车道上平稳远行的阻碍。[1]

教育市场化和高校扩招利弊共存。中国人做事喜欢权衡利弊，利大于弊则行之，弊大于利则弃之。要取其利具体应做到五方面：一是避免遗漏人才，提高高中升学率，使更多学生能圆大学梦。二是提升学历，提高国民素质，为社会培养更多的人才，缩小与发达国家教育水平的差距。三是推迟首次就业时间，减缓就业压力。四是发展经济，拉动内需。五是教育设施设备投入可由收缴学费承担，减轻国家财政压力。

其弊有九方面：一是扩招实为降低录取标准，以降低录取分数为代价，使普通高校生源平均素质低于以往。二是变精英教育为"大众化教育"，学生良莠不齐，增加了教务管理、后勤管理的工作量和难度。三是高昂的学费，寒门子弟无力支付，使一些优秀人才被拒之门外。四是师生比的快速提高，导致年轻教师比例过大，片面注重高学历，轻视实际教学能力，导致教师队伍整体教学水平下降。五是高校业绩竞争使教师负担过重，教育教学精力投入不够，影响教育质量。学科竞争力和高校重排名，重"一年树谷"，轻"十年树木"，略"百年树人"，把精力都用在"多出、早出、快出科研成果"上。六是"用所非学"、"学所非用"现象突出且普遍，人力资源浪费严重。导致人才市场"聘低抑高"和"高配低用"。七是学历含金量下降，毕业生没有竞

---

① 莫家豪、刘景：《中国的高等教育：从国家福利到教育的私有化和市场化》，《社会保障研究》2007年第2期。

争力，很多人不得不接受"再教育"，才能找到可以胜任的工作。八是精英教育的"机器"不适应生产大众化教育的"产品"。传统的高等教育一时难以适应急剧扩招的形势，有些学校在没有配备好资源的条件下就开始扩招，有的高校则没有"金刚钻"也揽"瓷器活"。九是在教育规模日益庞大、教育力量十分微弱的情况下，高等教育工作者也力不从心。学生潜质难以发掘，只能高度同化并进行工厂式的人才培养。

二　市场经济下的大学工厂

如今市场经济的理念和运行机制使大学成为人才培养的工厂，从而使大学教育成为一种日益重要并不可或缺的产业，人才培养进入了大规模生产阶段，形成了"教育产业"、"教育市场"、"教育投资"等新型观念。

（一）市场经济导致教育的利益化

市场经济使人际关系更为世俗化，等价交换的原则使得无论何种行为都要进行成本和收益的计算。在市场经济的影响下，几乎没有高雅和神圣可言，就连结婚生子都要考虑其是否边际效益最大化。人们虽在一定程度上接受了这种世俗但并不欢喜，因为人与人之间更宝贵的东西已然丢失。一方面，虽然市场经济带给人类的要远远多于失去的，因为市场经济制度是在承认并尊重人类追求自利前提下的制度安排，它激发了人们追求和创造财富的积极性，使生产不断扩大，不断地引发了新的产业革命，它使原来只有少数社会上层人士才能享有的消费品变得普及化。另一方面，市场经济条件下教育也逐渐利益化，人们纷纷把教育作为一种投资，以期教育为自身带来最大收益，这种思想带来的后果就是教育的功利化。

（二）市场经济导致高等教育产业化

自从有了人类，就逐渐有了人类的教育，而学校教育的普及则是从近代才开始，高等教育的形式也是从近代才得以出现。市场经济制度的建立和发展使大学逐渐产生并日益普及，因为市场经济条件下对各种专业人才的需求剧增。因此，总的来说，市场经济的产物就是近代大学教育。教育服务由办学者提供（包括科技产品），学生交付费用享受服务，于是有了供求，也就有了市场。办学者必然追求多元化收益（并非仅是利润），学生为了锻炼自己的能力、积累经验资本，为了自身前途则会尽自己最大努力去争取接受高等教育的机会。因此，大学教育迅速普及，这同时也是市场经济"世俗化"的表现，它使大学教育也世俗化了。现在人们提出了很多的产业化概念，如"农业产业化"、"环境产业化"等，都是与市场经济相适应的提法，但是都没有准确的定义。"大学教育产业化"可以定义为：企业化、市场化、商品化、大众化的大学教育活动。所谓"企业化"，意味着办大学本质上就是办企业，与其他产业中的企业相比，只是生产经营的具体内容和管理方式不同；所谓"市场化"意味着大学是与其他企业一样的市场主体，教育的投资者、经营者和接受教育者都是市场主体，各个主体的行为都遵循市场经济的规律和原则。

第二节　教授＝正处＜副处——大学去行政化的思考

大学是研究高深学问之地，是创造和传播知识的专有场所。而大学教育为何培养不出杰出人才？这既是钱学森先生对大学的质问，也是社会对高等教育的质疑。面对当前中国高等教育出现的诸多问题，大多数人将矛头指向了大学的行政化管理体制。

一　教授＝正处＜副处

教授在大学教师职称中处于最高级别，教授两字则源于"传道授业"的字义，这在我国古代也是早已使用的学官名称，在中国汉代、唐代的大学中都设有该职位。而正处级是公务员的行政级别之一，在公务员法条例中，"县处级正职"、"调研员"就是正处级。一般情况下，处长、地级市的局长、地级市区区长、县委书记和县长、县级市市委书记和市长，中共省纪委室副主任、市纪委副书记，调研员为正处级。

正处级和教授本没有相关性，但"正处级＝教授"这一等式在大众眼里却并非令人匪夷所思的公式。这一公式主要含义是，大学在有关岗位津贴规则的实行中，教授与正处级干部的津贴是处于同一层次上的，以此类推，副教授的岗位则相当于公务员中的副处级。某大学在一次公示中写道："现拟提拔××教授为副处级领导干部……"，这种说法使官本位意识显露无遗。在这句话中，"提拔"一词不禁让人觉得可笑，因为教授在实行岗位津贴制时本就相当于正处级，但为何还要通过"提拔"才能成为副处级领导干部呢？毋庸置疑，在教授被"提拔"前，地位一定低于副处级领导干部，甚至更低，即公式"教授＜副处级"。"正处级＝教授＜副处级"这一公式确实是中国大学的怪现象，在大学中，拥有行政职务的老师权力远远大于一名资深教授的权力，甚至可以对教授发号施令……

二　中国大学行政化与去行政化

《国家中长期教育发展规划纲要》（以下简称《纲要》）作为指导教育未来发展的重要纲领性文件，其第三十八至四十条提出，推行管办分离和政校分离，逐步取消实际存在的行政级别和行政化管理模式，使学校办学自主权得到落实和扩大，使中国特色现代大学制度得到完善。对于高等教育为什么培养不出杰出人才这一问题，《纲要》向社会做出了这样的解释：中国大学之所以培养不出杰出人才，根本原因在于没有建立起现代大学制度，直接原因是政府对大学采用行政化的管理模式，大学存在行政级别，缺乏办学自主权。

（一）大学"行政化"与"去行政化"的含义

大学"行政化"至少包括两种不同的含义：一是负责学校管理的政府部门行政化；二是学校自我管理的行政化。政府部门对学校管理方面的行政化，是指以大量的行政方式干预学校的工作，限制了学校的办学自主权。而学校内部管理的行政化，是指学校教授的学术权力被管理人员以行政权力压制，扭曲了学校的价值取向，大家都想当官而不专心于教学和科研工作。

大学的"去行政化"有两方面的含义：在大学与政府的层面，一是要求构建服务型政府，改变政府管理模式，现阶段要充分放权，多采用法律、财政、经济手段来管理大学，少用计划、命令的手段来管理大学；二是厘清大学与政府的关系，区分和落实好经营权、管理权、主办权。在学校层面，一是大学不允许用行政权力代替和削弱学术权力；二是学术资源和教学资源的配置要以学术委员会和学术权力为主。

（二）大学"行政化"之历史缘由

1. 官办官管

由于我国近代最早的大学的创办者主要是满清政府，因此"官办官管"是大学制度的核心特征，由政府任命或委派校长或学校管理者，教育管理部门对大学行使全面的主导权和管理权。这种大学治理观念和体制，便是有关我国现行大学行政化这一热门话题的最早根源。新中国成立后，我们把大学视为教育行政部门的下属单位，大学失去了独立性。从办学方针看，清末崇尚"中体西用"，民国时期推行"党化教育"，新中国成立后遵循"教育为无产阶级政治服务"。清末民初及抗战时期大学自由度较大，我国将大学视为国家"富国强兵"的工具。国民党统治时期的大学宗旨之一，是在"党化教育"方针指导下，强调"信仰及服从领袖"。由此可见，我国大学行政化由来已久。

2. 资源高度集中

新中国成立后，我国实行单一的计划经济体制，实际上是由行政控制经济，它反映在经济运行的各个环节当中，各种与此相适应的社会建制都是围绕着这一中心体制建立起来的，并同它保持一致。[①] 为配合并适应这种制度，政府建立起了一种使大学完全依附于政府的管理模式，具体表现为：一是将政府直接管理大学的制度与整个社会一元化领导的制度背景相对接；二是接受政府任命的大学领导在执行政府意志的过程中，给予其相应权力和经济待遇，大学不必为管理中出现的失误而负责任。此外，由于教育资源配置权高度集中于教育行政部门，大学缺乏必要的办学自主权——政府部门掌控着从校长任免、经费拨付、项目审批，到专业课程设置、招生名额、学位授予权设定、教师招聘名额的审批权，行政级别不但与学校地位有关，还与校领导的个人待遇直接挂钩。

3. 官大学问大

中国传统文化中"尊卑长幼"的思想意识一直有着广泛的影响力，它既是儒家社会伦理的一个重要组成部分，也深深地影响着民众的心理，形成了一种以家庭为核心自发地向外扩散的"上下级"意识。行政关系向社会各种微观领域的拓展就是以这种心态为条件的。另外，中国是世界上封建专制主义中央集权制度统治时间最长、官僚体制最完善、政治权术最发达、"官本位"势力最顽强的人口大国。再加上科举制度的有力配合，便形成了"官学一体"以及"学而优则仕"的模式，在此基础上形成了"学在官家"、"官大学问大"的社会心理。至此，老百姓的"拜官主义"和官员的"恋官情结"就共同构成了中国人普遍的超强政治理性和延续数千年的超稳定的"官本位"社会结构。

以上这些因素的共同作用使得我们的大学原来的价值取向发

① 顾昊、刘勇兵：《大学"去行政化"的现实思考》，《教书育人》2012 年第 1 期。

生了偏离，其中影响最为严重的是制度性因素。它们的共同作用造成了学术自由、大学自治、教授治校的大学共同价值观不能得到实现。在大学内部，学术权力让位于行政权力，学术自由受到了限制和制约。在知识生产、知识创新、人才培养上，观念落后、方法单一，也不可能培养出创新能力强的人才。

三　"教授＝正处＜副处"的省思

以往的理论分析都简单地认为学术权力被行政权力制约并消解着，学术权力在不断地被边缘化，将行政管理与教授治校完全对立起来。而在实践中，专业人员通过学术团体控制、个人统治、政治斗争和官僚化的地位等各种方式施展权力。[①] 在学术界，院校即为地理中心，学科就是"产品线"。前后代表相互交叉——推动学科而领取薪金的教授与负责推动一所或一批大学发展的行政管理人员结合到一起。在很大程度上，这种庞大而恒久的学术系统矩阵结构是自发形成的。这种结构的自发形成是如此符合"事物的本质"，以致似乎没有其他选择。高等教育必须以学科为中心，同时必须聚集于事业单位。这充分说明了在高等教育系统中，学术权力和行政权力是一种二者可兼得的权力集合，在现代社会组织发展的过程中，二者有矛盾的地方，但也不能否认相互依存的地方。因此，在"去行政化"的道路上，要因势利导，从高等教育系统的底层向高层延伸来探讨学术权力与行政权力是如何紧密结合的关系。

大学的学术活动所具有的特征使之与众不同，具有一些特殊的权力问题和运行问题。系相当于是一个行政单位，学术管理体系中最低的一级是系主任。系制的冲突都集中到了系主任身上，他是一个处于上挤下压地位的中间人物，既负责行政工作，也管

---

① 张宏喜、汪元宏：《大学"去行政化"——基于高等教育系统的整体思考》，《研究生教育研究》2013 年第 4 期。

理教学工作。专业学院的院长，尽管有一定程度的自治权，然而大多数仍然是任命的而不是选举的，并仍然具有行政官员的地位。因此，在高等教育系统的前两个层级中，学术权力和行政权力是紧密结合在一起的，很难说清教学问题和学术问题是由行政权力还是学术权力裁定的。教授通过学术声望取得行政上的权威，目前大学里大多数行政职能部门的负责人因其本身是具有高学历的教授等专家学者，因此往往又在大学的各种学术组织中担任领导职务，一身兼具学术特征和行政特征，必然会对单纯的学术权力造成冲击。

在大学内部，因为行政权力依附于学术权力之上，所以学术权力的"去行政化"，通过学术权威来发号施令，其实也是一种行政权力学术化的倾向。那么，在大学外部的高等教育管理系统中，又是一番怎样的景象呢？

当专业化和官僚化结合起来形成巨大的组织和更大的部门时，从而产生强有力的社会行动者。当前，在政府层次的高等教育系统里，各主管部门领导基本都既是学术专业人员也是管理专业人员，他们既有在学术上有了一定影响力之后走上领导岗位的，也有在领导岗位上获得各种学术头衔的。作为教育部门中重要的专业人员群体，他们是上层官僚和政客的重要成分。在高等教育的全国组织模式中，一些学术界有影响的高级学术人士，也在重要的中央机构任职。

而之所以出现这种现象，既有制度性的因素，也有文化和现实的需要。大学通过教授或学者将触角伸到政府部门，从而使本校可以更加容易地获得政府的政策支持；政府通过教授或学者不断地将行政化的触角伸到大学内部，从而加强了对大学的管理和控制。因此，行政化在大学与政府之间是在同一序列上。教授或学者通过学术声望获取行政权力，政府通过行政权力控制学术权力，在这里，学术权力和行政权力有力地结合起来，共同推动整个高等教育系统的科层化管理。在整个高等教育系统中恐怕难以完全澄清的是，到底是行政权力制约了学术权力，还是学术权力绑架了行政权力。因此，我们需要以理性的思维来看待高等教育中行政化与去行政化的问题。

四 建立现代大学制度——大学"去行政化"的唯一选择

解决当前大学存在的诸多矛盾与问题，采用"去行政化"是一个最佳解决方法。去行政化，就是要解决两个方面的行政化问题。就政府与大学的关系而言，政府既要通过适当的方式对大学进行领导、指导和管理，又要尽可能给予大学比较充分的办学自主权。就大学内部管理而言，关键是明确划分教授（教师）权力与管理者权力，并且彼此尊重[1]。我们必须要有一定的依法决策、民主决策和科学决策机制，以制度来保障两种权力的发挥，保障决策的民主与科学，推动学校发展目标的实现。而建立现代大学制度是大学去行政化的唯一选择，这已成为人们的高度共识。笔者在这里之所以提出并特别强调"以法制精神为核心"的现代大学制度，主要是基于如下考虑：

（一）现代大学制度是大学依法自主办学、完善大学内部治理结构、理顺和规范大学与政府和社会关系的基本制度

现代大学制度的基本架构包括两个层面，即大学内部关系的微观层面和大学与外部关系的宏观层面。大学章程是现代大学制度的具体体现（但基本只涉及大学的内部关系）。现代大学制度的首要精神和核心精神就是依法自主办学的法制精神，即以法制的形式明确各方义务和权利。因此，不以法制精神为内核、不以法制加以规范和保障的现代大学制度，难以确立办学中的各方义务与权利，即使确立了也如同一张废纸。

---

[1] 王长乐：《我们应该怎么对待大学行政化》，《大学教育科学》2005年第6期。

（二）中国大学的行政化恰恰是远离法制和法制精神的必然结果①

也就是说，大学法制化与大学行政化是当前中国大学面临的一个根本矛盾，其矛盾结果是行政化日强而法制化日弱。正是由于法制精神的缺乏，或者说，大学没有法制化，才使行政化产生了漏洞。譬如，大学内部行政权力与学术权力和大学外部权力对大学办学的干预的混序等就是因为没有法制保障而为行政化留下的空间。这样，即使形式上有了所谓的现代大学制度，而不以法制精神为其内核，这样的大学制度不可能真正建立起来。即使有了所谓的现代大学制度，也会患软骨病，终究会疲软而立不起来。

（三）去大学"外部行政化"和去大学"内部行政化"

可见，仅仅有现代大学制度是不够的，而必须拥有以法制精神为核心的现代大学制度，才能为大学去行政化提供总前提。人们已经认可大学行政化包括大学"外部行政化"和大学"内部行政化"两个方面，相应地，去大学行政化也就包括去大学"外部行政化"和去大学"内部行政化"两个方面。去大学"外部行政化"与去大学"内部行政化"同步进行的同时，去大学"外部的行政化"更为关键且逻辑在先。大学外部的行政化与大学内部的行政化是密切关联的，而大学外部的行政化又是大学内部行政化的根源。这是因为，虽然大学内部的行政化有其自身的原因，但大学内部的行政化却肇始于大学外部的行政化，而且大学外部的行政化是大学内部行政化的最初诱因和最终根源。大学外部的行政化导致了大学外部行政权力对大学的深度干预和大学内部行政化的强化以及大学独立性的缺失。从逻辑上说，只要真正实现了去大学外部的行政化，大学内部去行政化也就顺理成章了。取消大学及其管理者的行政级别是大学去行政化的重要前

---

① 廖小平：《大学去行政化四问》，《大学教育科学》2013 年第 5 期。

提，也是大学去行政化极具象征性的事件。

第三节　教授被称为"叫兽"——大学教育的悲哀

在中国的传统文化里，"尊师重道"的理念一直被强调并不断弘扬。旧时民间多设"天、地、君、亲、师"的牌位或者条幅供奉于中堂，这显示了人们对教师角色的重视。如果说身体发肤受之父母，那么教师就培育了人的心灵。然而，在如今的社会风气中，作为大学教师的教授却被称为"叫兽"，这的确是大学教育的悲哀。

一　"教授＝叫兽"，教师权威何在

在信息化的今天，教授在网络上的表达是"叫兽"。对于这种情况，起于何时，网络上众说纷纭。不过，显而易见的是，教师权威与威严在近几年受到了严峻的挑战，教师的公众形象大打折扣。那么，师生关系究竟为何走到如此尴尬的对立面？教师权威何在？如何重新建构教师权威呢？

教师权威，是教育权威的集中体现，是指在教育领域里，教师依据该领域所确立的目标与规范对学生的控制与管理，学生在自己的学习、观点与生活中服从并依赖于教师。这个概念含有以下两层意思：权威代表的是一种社会关系，教师权威是指教师与学生之间影响与被影响、支配与服从的关系。教师权威的存在，一方面是因为学校教育要求一定的权威发挥管理、协调和控制等作用，另一方面在于学生需要教师权威为他们维持一种适合学习与生活环境的秩序。

二　"教授＝叫兽"，师生关系走向中的二元对立

"教授＝叫兽"这一说法是对是错我们暂且不论，因为这只能说是仁者见仁，智者见智。但同时，这也使我们清楚地认识

到，在当今大学校园中，的确存在着"叫兽"这一小群体，他们学术造假、徇私舞弊、贪污腐败、道德败坏，其做法却使整个教授群体都蒙受了巨大耻辱，这也是中国大学教育的悲哀。在这一扭曲的现实背后，我们也发现学生与教师之间的关系也在潜移默化中走向对立。

（一）师生关系的含义

师生关系是指教师和学生在教育教学过程中结成的相互关系，包括彼此所处的地位、作用和相互对待的态度等。它是一种特殊的社会关系和人际关系，是教师和学生为实现教育目标，以各自独特的身份和地位通过教与学的直接交流活动而形成的多性质、多层次的关系体系[①]。师生关系包括了多学科的意义：在教育学意义上是教育者和被教育者的关系；从哲学认识论上看是主客体的关系；在心理学意义上是师生间的情感、个性关系；在管理学意义上是管理者和被管理者的关系。这里的师生关系包括了以上各层意思，它们是一个东西的四个侧面，不可分割。

师生关系走向是指师生关系的价值取向及其实践结构的发展趋势和方向。师生关系的价值取向是规定师生之间教育教学活动的方向、实践模式以及发展趋势的价值意识与价值体系，包括了不同社会发展阶段和教育发展阶段人们对这一问题的看法、观点的总和。概而观之，有两种主要的、典型的师生关系价值取向：一是教师本位的师生关系取向，如传统的师道尊严思想；二是学生本位的师生关系取向，如民主、平等的理念和要求。

（二）"猫鼠式"和"鲸鱼式"的师生关系

纵观历史，两类典型师生关系价值取向对应着两种主要的师生关系实践结构与模式，即猫鼠式和鲸鱼式。猫鼠式表示师生关系类似于猫和老鼠的关系，这种结构基于等级、集权和服从等原

---

① 全国十二所重点师范大学联合编写：《教育学基础》，教育科学出版社 2002 年版，第 85 页。

理。鲸鱼式表示师生关系类似于训练师与鲸鱼的关系，这种结构基于鲸鱼哲学。教师要做发现学生正确做事的专家，而不是玩猫捉老鼠，发现别人做错事的游戏。鲸鱼哲学是沟通技巧的理念基础。只有在你真诚和诚实的时候，鲸鱼哲学才会奏效。同样，在猫鼠式和鲸鱼式这两种极致结构之间，师生关系也应该对应着多个实践操作模式和多种结构。这和教师个体、教育环境和社会环境的特质都有关系。

（三）师道尊严是至高无上还是罪该万死

近年来，基础教育领域的新课程改革开展得如火如荼。传统的师道尊严又变成众矢之的，有多篇论文涉及此问题，形成两种比较典型的态度。前一种态度十分激烈鲜明：认为师道尊严是历史垃圾，与民主、平等的现代理念背道而驰，必须坚决予以批判和取缔。这种看法把师道尊严和民主、平等当作是丝毫不能融合的二元对立面。后一种态度比较平和：认为师道尊严应该保留，社会和教师需要师道尊严来维护教育的尊严，并证明教师角色的合法性。这种看法在论证如何实现现代教育不能违拗的民主、平等的师生关系时显得无力，并缺乏说服力。同时，师生关系的理念在实践中也正在陷入尴尬局面。在教育实践中，绝大多数人都赞同并提倡民主、平等的师生关系，但教育现实与之相差甚远。猫鼠式是教育改革所要去除的结构，但它又该如何去论证教师是教育过程的引发者和主导者的说法呢？人们开始困惑了。在现代教育条件下，师道尊严到底是至高无上还是罪该万死？它和民主、平等是什么关系？二者的冲突是否可以调节？在这似是而非中，究竟该如何定位当下的师生关系？师生关系的新走向到底如何？

三　教师权威的合理建构——教授≠叫兽

教师依附于教育制度的权威现已"祛魅"，这虽是大势所趋，但教师权威的存在却是教育教学有序高效进行的必要条件，也是进行教育教学活动不可或缺的前提。在教育中，教师权威是不可缺少的。因此，问题的实质不在于要不要教师权威，而在于要什么样的教师权威，即教师权威将如何实现由原先的"外在依附"权威的"祛魅"向"内在生成"权威的"反魅"①，从而确立起新的教师权威。

（一）教师内在层面的建构

在教师权威的现代转型中，教师自身也须跟上时代发展的步伐，努力在"德、才、学、识"方面不断自我完善、自我发展、自我超越，这样才能从根本上确立起自己在教育教学中的权威。

首先，教师要不断提升自己的职业道德，以"德"树威。教育是人与人心灵的沟通，生命与生命的对话，思维与思维的碰撞，"人只能由人来建树"。教育工作的特点决定了教师应当成为学生的表率，教师不仅要用自己的学识教人，而且更要用自己的行为品德教人。要"言教"，更要"身教"。只有从人格上赢得学生的尊重，征服学生的心，才能从根本上在"内在权威"中奠定基础。为此，教师应加强自己的职业道德修养，提高自己的思想境界，争取从人格上赢得学生的尊重。

其次，教师要不断地学习，以"才"生威。社会的发展和科技的进步对教师的知识储备和业务能力也提出了更高的要求，现今社会，知识从量上看，裂变得"一日千里"。今天的知识即使刚印刷出版就可能已经过时，更何况将这些知识运用于未来。此时，教师只有不断学习、"学而不厌"，才能拓宽自己的专业知识面，提升自身教育教学技能，才能适应不断发展的教育教学的需要，才能树立起自己的内在权威。从某种意义说，教师只有学而不厌，才能海人不倦，才能使自己的权威真正地根植于自己的学识上，才能赢得学生发自内心的尊敬与爱戴。

---

① 张良才、李润洲：《论教师权威的现代转型》，《教育研究》2003年第11期。

再次，教师要具备多方面的才能，以"能"强威。一位合格、优秀的教师要说得一口流利的普通话，写得一手好板书，有一个好口才，写一笔好文章，有一套好方法，要具有对教育活动中的人和事统观全局、分清主次、把握其本质的能力，以及根据学生身心发展规律给予正确引导和帮助的能力。这样，教师对教育教学活动才能驾轻就熟，才能保证教育教学活动的有序性，才能确立起自己的内在教育权威，这是生成内在教师权威的能力基础。

最后，教师要定位好自身角色，成为学生学习的促进者、帮助者，以"识"壮威。"真正的教育是引导学生进行自我教育的教育。"教育的真谛应是激发、培育学生自身对知识的渴望。在教育教学活动中，教师应放弃依靠教育制度保护的依赖心理，遵循合理交往、人格平等的原则，尊重学生的个性，注意发挥学生的主体性，构建平等、民主、和谐的师生关系。教师不是发号施令者，而是"平等中的首席"，应以对称交流作为赢得权威的主要手段，以友善的态度引导学生形成正确的世界观、人生观、价值观，发挥教师作为"平等中的首席"的主导作用。这是赢得内在教师权威的角色保证。

（二）教育管理体制的外在支持

新型教师权威的确立不仅需要教师提升自身素质，转换自身角色，也需要教育管理进行体制创新，为新型教师权威的确立提供必要的外在支持。

以前，我们在教育管理体制上强调管理的集权性、课程的一元化、教学的模式化、考试的统一性等，在这种教育管理体制下，无论是教师还是学生，都难以有创新，也不能有自己独立的思想。这种教育管理体制严重地阻碍着教师内在权威的生成，是造成教师亦步亦趋、缺乏创新意识和实践能力、难以生成内在权威的制度根源。在推行社会主义市场经济的时代，这种教育管理体制显然落伍了，是与社会发展、教育改革和独立、自主人格的培育背道而驰的。以培养学生实践能力和创新能力为核心的素质教育，国家出台的"三元课程"（国家课程、地方课程、学校课程）的架构政策以及教材多元（教材出版发行引入竞争机制，通过招标竞标进行）政策等，都需要教育管理的创新，需要实施以学生为本、以教师为本以及以学校为本的管理体制，尤其是彰显教师发展的重大意义。比如，地方课程和学校课程如何设计，教材用哪种版本更能适应本校学生的需要，如何在教学过程中培养学生的实践能力和创新精神，这一切都要靠教师个人的尝试和探索。此时，如果教育行政部门仍然用一种"定于一"的方式管理学校，给教师定出过多的条条框框，那么教师在亦步亦趋的同时，其"内在权威"的生成也失去了外在的支撑。"内在生成"的教师权威不是靠"外部力量"强加的，而是靠"内在素质"养成的，不是凭借着制度和法定的力量，而是通过教师的知识、个性、行为、教学风格的展现获得的。因此，要实现教师权威的现代转型，教育行政部门需给教师"松绑"，多给教师一点信任与自由，少一点武断干预和控制。

总之，使教师权威由"外在依附"到"内在生成"的现代转型，既需要使过去"定于一"的教育管理体制发生改变，给教师"松绑"，也需要用民主、平等的教育理念武装教师，努力使教师在"德、才、学、识"等方面堪称学生的"表率"与"楷模"，这是实现教师权威现代转型的内外条件和基础。

第四节　就业与教育公平——大学 应为教育公平做贡献

教育公平是自古以来人类社会共同的追求。从孔子的"有教无类"到我国现行的九年制义务教育法的基本国策，教育公平是一个国家永恒的话题。我国将入学机会均等、教育条件公平和结果公平作为衡量教育公平程度的重要指标，主张每个人受教育的权利平等，即接受义务教育的权利平等以及接受高等教育的机会平等。大学作为高等教育的承载场所，作为受教育者步入社会前的最后一个受教育基地，更应该为我国的教育公平做出贡献。

一　什么是教育公平

2010 年 7 月 29 日，《国家中长期教育改革和发展规划纲要（2010—2020 年）》正式公布。其在考试招生制度改革方面突出强调了"清理并规范升学加分政策"，在高等教育"提高人才培养质量"的措施中，突出强调了"加强就业创业教育和就业指导服务"，在高考、就业这两个高等教育的起点和结果公平的重要问题上作出了更加明确的规定。从中我们不难看出，教育公平问题是国家在制定中长期教育改革和发展规划时特别注重的问题，那么教育公平究竟是什么？

公平是人类社会共同追求的理想，是社会发展的重要维度，也是千百年来人们不懈努力的奋斗目标。人们谈论公平时，总是对当前社会的公平关系进行批判，并希望能有所超越。理想之于现实的关系是：理想源于现实又超出现实，是永恒发展的。马克思说，希腊人和罗马人认为奴隶制是公平的，1789 年资产者的公平则是要求废除封建制度，因为它不公平。所以，关于公平的概念不仅是因时、因地而变的，往往还因人而异。

在中国，国家对教育资源进行配置时所依据的合理性的规范或原则就是教育公平。这里所说的"合理"是指要符合社会整体的发展和稳定，满足社会成员的个体发展和需要，并从两者的辩证关系出发来统一配置教育资源。事实上，进入 21 世纪后，西方学术界便提出了"给每一个人平等的机会，并不是指名义上的平等，而是要肯定每一个人都能受到适当的教育，而且这种教育的进度和方法是适合每个人特点的"观点，这也就意味着教育公平要使学生最大限度地获取知识，并突出学生的个性。

二　招生、就业与教育公平

（一）大学招生中的不公平现象

自我国高考恢复以来，高等教育招生一直采用以文化考试为主的形式，除少数院校实行一定量的自主招生外，全国一直是统一考试、统一试卷、统一评分标准，并以统考成绩来决定考生个体接受高等教育的机会大小。这种单纯以智力测试为标准来决定学生接受高等教育机会的做法实际上剥夺了一些不适应文化考试的学生接受高等教育的机会①。例如，在有阅读障碍的学生、偏科的学生等身上，教育不公平在受高等教育的起点上就表现了出来。同时，我国现行的高校招生制度采取的是分省定额、划线录取的方法。这种主要依据各地高教资源和地域经济状况而非依据考生数量和考试水平分配录取名额的招生办法，导致不同区域之间就学机会差异显著，在很大程度上加剧了地区之间原本已经存在的高等教育不平等，其突出表现为近年来愈演愈烈的"高考移民"现象。很多学生会选择在教育质量较好的城市读书学习，然后在高考之前"移民"到我国少数民族聚居地等享有政策优惠的地方进行高考，以增加自己考上好学校的概率。尽管国家为制止"高考移民"现象出台了相应的政策措施，但是此现象仍然屡见不鲜。

（二）毕业生就业的不公平现象

不公平的现象还存于学生接受高等教育的终点即就业方面，在就业方面存在着就业机会的不均等，突出表现为不同学校、不同专业、不同生源、不同性别的学生的不均等。例如，国家在学校类别上的划分及教育制度及体制上对重点大学的明显支持导致社会上用人单位在招聘时持一种"重点情结"，关注重点院校，

---

① 邹丹、李超：《我国高等教育不公平现状及改进建议》，《现代教育管理》2011年第8期。

偏爱"名牌效应"，致使普通院校的学生在就业过程中遭受不平等待遇，甚至受到歧视，这是教育结果不公平的直接表现。通常表现出来的现象就是，从"985"和"211"所属的重点高校出来的学生会在应聘时更加有优势。这也导致了高考填报志愿的一种现象：部分学生和家长更加注重填报的学校是不是重点院校，而对于专业选择的关注度被削弱。在专业上，热门专业毕业生就业时供不应求，就业选择的机会多，而冷门专业和社会效益趋向长期的文科专业毕业生就业困难，可选择的机会很少，甚至就业无门，不得不从事跟所学专业无关的职业，被社会所接纳的机会比热门专业毕业生差许多。

三 路径探究——如何为教育公平保驾护航

世界高等教育发展史表明，高等教育是制度文明的产物，高等教育发展问题以及公平问题的解决必须依靠制度的不断完善。我国目前高等教育存在的不公平，很大程度上不是由于高等教育者和受教育者自身的原因造成的，而主要是因为高等教育政策以及由其延伸出来的相关法规、制度、机制的缺失、不完善和不健全所造成的。因此，落实和促进高等教育公平，有效解决当前高等教育起点和终点不公平的问题，需要从制度和体制两方面入手[①]。

（一）建立健全高等教育资源投入、合理分配的制度和机制

政府是高等教育资源分配中的主体，所以政府如何分配高等教育资源直接决定了高等教育公平的实现。首先，要继续加大国家财政对高等教育的投入力度。在高等教育发展的大众化阶段，人们对高等教育的需求越来越大，因此国家必须加大对高等教育的投入，提供更多的教育供给，从总量上提高教育投入，逐步提

---

① 邹丹、李超：《我国高等教育不公平现状及改进建议》，《现代教育管理》2011年第8期。

高国家财政性教育支出占国民生产总值的比例和预算内教育经费占财政支出的比例，为高等教育公平的实现提供物质基础。其次，要建立科学合理的高等教育资源公平分配制度。教育管理部门要遵循平等、补充和对等的原则，合理分配有限的教育资源，改变以往高等教育资源过于集中投向发达地区、重点高校的局面，资源分配在高等教育内部要有合理的比例，在重点学校与非重点学校之间，专科、本科与研究生之间都应有合理的比例，要为各类院校（包括公办与民办、研究型大学与非研究型大学等）营造一个良性竞争的环境氛围。最后，推动建立多渠道筹措高等教育经费机制。国家除了利用国家财政的专项资金、转移支付外，还可以通过一定程度的减税和免税政策，鼓励社会各界捐资助学，或利用政府机制、社会机制和市场机制相结合的融资方式，积极利用资本市场筹集教育基金，发行教育债券，建立与发展教育投资基金，加强国际合作引进资金，推动边远地区教育的发展，以缩小区域之间教育资源的不均衡。

（二）建立和健全高校竞争合作机制与激励机制

在短时间内，扩大高等教育资源的总量存在很大困难，因此如何提高高等教育资源的使用效率就显得非常重要。提高高等教育的资源使用效率，政府的责任就是在创造良好的制度创新环境的同时要认清自己在高等教育中的位置，对高校办学进行宏观指导。鼓励高校正当竞争，加大对高校不正当竞争的惩罚力度。目前，我国的公立学校主要是由政府来举办，所以政府的行为深入到了高校办学的每一个方面，限制了高校办学的自主性和积极性，高等学校完全成为了政府的附属机构。为此，1993 年发布的《中国教育改革和发展纲要》为高等教育体制改革指明了方向，这就是"逐步建立政府宏观管理，学校面向社会自主办学的体制"。也就是说，政府需要让高校成为独立的利益主体，这样高校就会为了实现自身利益的最大化而积极地进行制度创新，提高高等教育资源的使用效率。

（三）积极发挥政府和市场的共同作用，促进高校毕业生就业公平

在我国高校毕业生人数持续增多，就业压力日益增大，各种就业丑闻层出不穷的情况下，就业公平问题成为社会关注的焦点。在社会主义市场经济条件下，我们应该抓住市场和政府两个抓手，为高校就业公平问题的解决创造条件。首先，要积极发挥市场的基础性作用，充分利用市场的资源配置功能。但同时，由于市场主体的自利性和自主性，也应当注重防范市场的失灵现象。其次，积极发挥政府在就业中的宏观调控作用，切实解决好政府的"越位"、"缺位"和"错位"现象，做好就业公平和市场经济的"守夜人"。最后，注重法制建设，加强就业相关法律的立法、执法和司法，培育良好的法律意识和法制环境，争取早日解决就业公平问题。

第七章

大学，大师者也：追寻大师的大智慧

所谓大学者，非谓有大楼之谓也，有大师之谓也。

——梅贻琦

本章导读：大学之大不在于硬件设备有多先进，而在于大师之大之多，大师从某种意义上代表着大学的文化感召力。冰冻三尺非一日之寒，大学铸就大师也不是一蹴而就。许多人可以一夜成"星"，但是要成为一位大师却远非一日之功。

第一节　思想自由、兼容并包——大师的胸襟

"思想自由，兼容并包"这一思想理念是蔡元培先生将西方思想自由的理论与中国传统文化加以融合后提出来的，随着一个世纪的变迁与发展，"兼容并包"的办学理念仍然不乏新意，在当今的教育环境和氛围中仍有着重要的现实意义。比如构建和谐校园这一主题，便可结合"思想自由，兼容并包"来思考，和谐校园建设既是构建社会主义和谐社会的重要组成部分，也是教育和社会发展规律的集中体现，更是大学对自身不断进步发展的内在要求。

此外，"思想自由，兼容并包"这一办学理念也可用于培养当代社会新型、复合型人才。人才的培养始终是教育任务之重，

钱学森先生曾经问道："为什么我们的学校总是培养不出杰出人才？"这是钱学森先生生前的疑问，也是钱学森先生的遗言。

一 "兼容并包"思想诞生的时代背景

钱学森之问是中国教育界备受瞩目的焦点问题，也是关于中国教育事业发展的一道高深而难以理解的命题，对此问的探讨和实践已历经多时，而结合"思想自由，兼容并包"这一思想来解决钱老之问，是许多教育界人士和其他社会各界有心人士的共识。

（一）蔡元培先生的努力

作为"兼容并包"的宣传者和实践者，蔡元培先生一生从事了很多教育活动，从他创办第一所学校"绍兴中西学堂"起，就把其毕生献给我国的教育事业。1868 年，蔡元培先生出生于浙江省绍兴府山阴县。正值年轻热血之际的蔡元培已是清朝的进士和翰林。清朝末期，蔡元培坚定转入反对清朝的民主革命活动中，受到清廷追捕和通缉。1904 年冬，他与章太炎、陶成章等人在上海成立革命团体光复会，主张民族革命，反满复汉，并被推举为光复会会长。1905 年秋，他参加了孙中山先生领导组织的同盟会，积极参与组织反清活动。1907 年 5 月，蔡元培远渡重洋赶赴德国，进入莱比锡大学攻读哲学、伦理学和文学等，在此期间，蔡元培接触到了西方的进化论观点，深以为然并主张回国后广泛传播，主张采用西方的先进理念和观点进行教育和救国。1912 年，中华民国临时政府成立，他受孙中山之召，任临时政府第一任教育总长。就任之初，他即发表多篇文章讲述其对于新教育之意见，同时大力反对清末学部奏定的教育宗旨，将其忠君、尊孔、尚公、尚武、尚实五项宗旨改变为军国民教育、实利教育、公民道德、世界观、美育五项。后因遭袁世凯猜忌又再赴德国。袁世凯死后，黎元洪政府的教育总长范源濂致电蔡元培回国，由此蔡元培开始担任北京大学校长一职，并在其任北京大学校长期间进行了多方面的教育改革。蔡元培先生认为任大学校长，并不是为了做官，教育可以救国，遂决定北上就任。孙中山先生认为此举有利于向北方传播革命思想，从历史进程来看，蔡元培先生的改革的确在某种程度上推动了思想的解放和自由民主的传播。

蔡元培先生一生对教育做出的巨大贡献，除主办了爱国学社和爱国女子学校外，还创立了中国教育会。在就任中华民国第一任教育总长期间，召开了第一次全国教育工作会议，废除了清末的教育宗旨，制定了新的教育法令。影响最为深远的便是就任北京大学校长期间，开始进行的我国大学教育的改革。蔡元培趋时更新，锐意改革，在任期间大力提倡"思想自由，兼容并包"，为新文化、新思想的传播开拓了道路。他还网罗各派学者，容纳不同学派，实践学术民主，支持自由辩论，这些举措对促进思想解放和百家争鸣都起到了重要作用。除此之外，他还大刀阔斧地改革学校的陈旧体制，破除学生的旧观念，一扫当时众多学生把北大当作升官发财阶梯之陋习，让学生抱定宗旨为求学而来，以研究学术为本道。通过这一系列改革措施，立意图新，北大立改过去腐败沉闷的风气，变成了思想活跃、可以代表当时中国之新潮的重要阵地，也逐渐开始成为新文化运动的中心和五四爱国运动的策源地。同时，这些措施和理念也为北大此后的办学指导思想，校风、学风建设树立了良好的榜样和先范。北大能有今天的辉煌，离不开70多年前蔡先生进行的教育改革。

（二）北大教学改革

蔡元培先生改革北大的主要原则就是大学应"思想自由，兼容并包"，这一原则在他的整个教育思想中都有体现。1918年11月，蔡先生在《北京大学月刊》发刊词中写道："大学者，'囊括大典，网罗众家'之学府也。《礼记·中庸》曰：'万物并育而不相害，道并行而不相悖。'足以形容之。如人身然，官体之有左右也，呼吸之有出入也，甘肉之有刚柔也，若相反而实相成。各国大学，哲学之唯心论与唯物论，文学、美术之理想派，计学之干涉论与放任论，伦理学之动机论与功利论，宇宙论之乐天论与厌世观，唱樊然并峙于其中，此思想自由之通则，而大学之所以为大也。"在《致〈公言报〉函并答林琴南函》中他又解释道："至于弟在大学，则有两种主张如下：一、对于学说，仿世界各大学通例，循思想自由原则，取兼容并包主义，与公所提出之圆通广大四字，颇不相背也。无论何种学派，勾其言之成理，持之有效，尚不达自然淘汰之命运，即使彼此相反，也听他们自由发展。二、对于教员，以学诣为主。在校讲授，以无背于第一种之主张为界限。"蔡先生把培养人才和研究学问同列为大学教育任务，反复强调了大学研究学问、发展文化的重要意义，对不研究学问只灌输知识的旧教育弊端发起猛烈抨击。

（三）"兼容并包"的社会背景

与其说"思想自由，兼容并包"是学术研究向往的高尚境界，是为了改变北大当时作为升官发财之阶梯而给学生们树立的求学宗旨，不如说它更是时代背景下的政治诉求。任何一种思想理论的形成、发展，都离不开特定的历史条件，都会被打上特定的时代烙印，带有其产生时期的时代色彩。五四运动之前的中国，正经历着辛亥革命从胜利又复归失败的痛苦历程，中国的革命也处在新旧转折的历史交叉点上。1911 年，清王朝的腐朽统治被孙中山领导的辛亥革命推翻了，建立了中华民国。后来袁世凯窃取了辛亥革命果实，建立起代表大地主、大买办阶级的北洋军阀反动政权。在政治上实行军阀官僚的专制统治，倚仗武力，肆意践踏共和制度，镇压民主力量，剥夺人民的政治权利。而袁世凯死后，帝国主义各自扶植一部分军阀充当自己的代理人，造成了军阀割据和连年混战的局面。在经济上，19 世纪末 20 世纪初，中国民族资本主义得到了初步发展。民族资本企业数量的增多和企业规模的扩大，迫切需要自由贸易。北洋军阀政府却极力维护帝国主义、封建地主阶级和买办资产阶级的利益。文化思想方面，中华民族在救亡御侮、自强图存的艰难探索过程中，提出了所谓"中学为体，西学为用"的主张，也产生了中学与西学、旧学与新学的对立。20世纪初，文化战线上的斗争趋于激烈，有些人则主张抛弃古董，全盘西化，而有些人主张读经复古，保存国粹。尊孔读经复古思潮在北洋军阀时期更是嚣张一时。

二　"兼容并包"思想的主要内容

正是在这种大时代的环境背景下，蔡元培先生开始进行北京大学的教学改革。"思想自由，兼容并包"的办学思想在蔡元培这些实际的办学措施中主要体现在以下几个方面：

在这种办学方针指导下，在用人方面蔡元培网罗众家众学派之大师与人才，不拘一格、不计资历，不仅延聘像陈独秀、李大钊、胡适等当时的新派人物，还聘用了学有专长的旧派人物，如身穿马褂，拖着一条长辫的复辟派人物辜鸿铭、赞助袁世凯称帝的筹安会发起人之一的刘师培等。胡适、钱玄同提倡白话文，刘师培、黄侃提倡文言文，钱、黄二人经常开设同一门课程。此外，还有文科的马叙伦、陈垣，法科的马寅初、陶孟和，理科的李四光、颜任光等，都是国内鼎鼎大名的学者、专家。当时的北大，可谓人才济济，学派众多，百家争鸣，学术气氛浓烈，盛极一时。

在学术研究方面，蔡元培提倡学术民主、各抒己见、百家争鸣。蔡元培认为："无论为何种学派，苟其言之成理，持之有故，尚不达自然淘汰之命运者，虽彼此相反，而悉听其自由发展。"由于蔡元培的积极倡导，北大学术研究、自由讨论之风极盛。学术讲座上各派学者各抒己见，学术观点层出不穷，并且相应地也成立了许多社团，如马克思主义研究会、新闻研究会、进德会、孔子研究所、雄辩会等，使学术空前繁荣。

在管理方面，蔡元培先生要求教授治校，使北大能够成为真正"思想自由"的大学，除了对大学性质、学派、教员及学生作了理论阐述外，他还通过实施一系列改革措施使北大在学术上自由、管理上民主。在领导体制上，成立评议会、教授会，作为学校的最高权力机构，让教授会来管理学校。"德国大学学长、校长均每年一换，由教授会公举，北大此后亦当组成健全的教授会。"他认为，大学的主体应该是教授，所以大学的管理者也应是教授，教授会由各系推举的教授组成，学校的一切领导都由教授会选举，学校的一切重大决策必须由教授会通过，教授会可防止校长独断专行。"照此办法，学校的内部，组织完备，无论何人来任校长，都不能任意办事。即使照德国办法，一年换一个校长，还成问题吗？"这就是说，要通过制度和组织的不断完善来保证民主制的实施和防止个人专权。蔡先生担任北大校长10年有半，实际上在校时间只有5年半，教授会的实际作用可见一斑。

在教学制度方面，蔡元培积极提倡并率先采用选科制。他比较集中地阐述了北大让学生自由选择发展方向的教学环境，1919年8月，在《传略》（上）中，描述了大学率先采用选科制的具体情形。他写道："又发现年级制之流弊，使锐进者无可见长。而留级者每因数种课程之不及格，须全部复习，兴味毫无，遂有在教室中瞌睡、偷阅他书及时常旷课之弊。而其弊又传染于同学。适教员中有自美国回者，力言美国学校单位制之善。遂提议改年级制为单位制，亦经专门以上学校会议通过，由北京大学试办。"可见，美国教育经验的影响对蔡元培甚大。这是一种比较灵活，有利于学生发展的、与学分制（又称单位制）相联系的教学制度。学生可以根据自己的兴趣爱好，选学有关的知识和内容，修满学校规定的学分即可毕业，这可使学生的学习积极性得到充分的调动。

扶植各种社团，营造校园学术氛围。蔡元培先生积极提倡和扶植各种社团，支持学生开展多种多样的课外活动。于是，北大各种社团、课外组织如雨后春笋，纷纷破土而出。据不完全统计，北京大学成立的社团有进德会、学术研究会、哲学研究会、经济学会、史学会、教育研究会、孔子研究会、新闻学研究会、文学研究会、音乐研究会、书法研究会、画法研究会、戏剧研究会、歌谣研究会、风俗调查会、速记学会、国民杂志社、新潮杂志社、国故月刊社、阅书报社、新知编译社、数理学会、生物学会、化学会、地质学会、马克思主义研究会、平民教育讲演团、平民夜校、学余俱乐部、体育会、健身会、武术会、卫生学会、北大教职员会等数十个。在这类社团组织的推动下，学术气氛日渐浓厚，也使学生砥砺德行，提高修养，从而更好地服务社会。除此之外，在师生中还出现了许多具有鲜明政治倾向的社会组织。其中最有名的有"少年中国学会"，由李大钊、邓中夏主持，国民社及《国民》杂志、新潮社及《新潮》杂志、平民教育讲演团、工读互助团，还有蔡先生亲自主持的进德会等。这里特别指出的是，在蔡先生的大力支持下，李大钊等组织的"马客士（马克思）主义研究会"及"北京大学社会主义研究会"使北大成为中国最早传播马克思主义的地方，为"五四"时期在北大成长出一批中国早期共产主义知识分子创造了条件。

三　"兼容并包"思想的启示

（一）"思想自由，兼容并包"对构建和谐校园的启示

　　蔡元培先生所做的上述改革在现今仍有重要的借鉴意义，当今社会，构建社会主义和谐社会是一重要命题，而构建和谐校园，也是其重要内容之一。"思想自由，兼容并包"这一办学思想对构建和谐校园有着丰富的启示。和谐校园主要是指校园内部各种要素处于一种相互依存、相互协调、相互促进的状态。从唯物辩证法的角度来看，"兼容并包"的思想正是体现了承认矛盾的多样性和差异性，承认只有把不同事物的实质包容起来，才能达到矛盾的统一和均衡的目的，从而实现从精神到物质的总体平衡和中庸。构建和谐校园和"思想自由，兼容并包"结合起来

有几点重要要求：要有博大宽容的胸怀，形成民主管理的机制，处理好行政与学术的关系，承认和包容学生和社会需求的多样化。

要着眼当下。例如，地方本科院校在构建和谐校园的过程中，为了尽快实现从专科教育向应用型本科教育的转型，首先必须要有一种博大宽容的胸怀，对自身办学时间较短、基础比较薄弱、办学条件不足的现实给予严肃认真的对待，明确自己在地方经济社会发展中承担的责任和在整个高等教育体系中的角色定位，从自身优势学科和特色专业入手，不急功近利、不随波逐流、不盲目攀比；其次要有"囊括大典、网罗众家"的气度，善于吸纳人才和吸收一切文明成果；最后切实做到尊重知识、人才、规律，用人文精神和科学精神的力量，用爱和智慧肩负起高等教育大众化所赋予的历史使命。

此外，建构和谐是塑造民主的一项基本要求，民主治校是大学和谐发展的必然要求，也是和谐大学的重要特征。民主，在本质上与"兼容并包"的思想是一致的。当年，蔡元培制定了北大《评议会章》，章程规定"大学内部规则"须经评议会通过，始能生效；"各学科的设立及废止"、"讲座的种类"、"学生风纪"等重要事项，须经评议会通过，始能付诸执行。这充分显示了蔡元培民主治校的精神，是北大构建和谐校园的基础。从新建地方本科院校自身发展来看，由于多校合校和专科升入本科，客观上也引发了许多新的问题和矛盾，新建地方本科院校普遍地存在着许多状况，比如：大楼多于大师，教学设备重于人才，规模扩大、教学质量滑坡；作为大学重要力量的教授在相关人事任用、专业设置、课程调整、教学计划编制、经费分配与使用、招生与就业等方面没有真正的发言权、行政权力对学校的存在和发展起着绝对的支配作用的状况；用行政手段强加干预学术的问题，不尊重学术自身的运行规律，出现了学术行政化，甚至官僚化的现象。这些都加剧了人际关系的不和谐，从根本上损害了学术事业的发展。

根据蔡元培在教学制度上采用的选科制、扶植各种社团，可见其根本目的也是为了满足学生不同的兴趣爱好，有利于学生的个性发展。关心学生遇到的各种各样的生活、学习、情感、就业等方面的问题，主动为其解疑、释惑，帮助其解决生活中的各种问题，把满足学生的需求和解决学生的实际困难与和谐校园建设紧密地联系起来，以促进学生的和谐成长，促进和谐文化建设。这些措施有利于满足不同学生的不同要求，使他们获得最大程度的发展，帮助他们实现个人追求，使每个个体都获得最大收益，也是应对多样化的合适举措，有利于推动高等教育大众化进程，即使高等教育走向大众。

（二）"思想自由，兼容并包"对我国当前高教改革的启示

当前，我们应把进入世界一流大学作为我国高等教育的重要任务。与蔡元培先生所处的社会阶段相比，目前社会的经济、政治、文化等都有着巨大的改变，但是教育的相对独立性决定了蔡元培先生"兼容并包"的高等教育思想依然对我们有十分重要的启示。从蔡元培先生的大学教育思想及其实践中可以找到我国高等教育提出并进行的创办世界一流大学的理念和改革。我国素有重人文科学、轻自然科学的文化传统。受中国传统文化的影响，当时的北京大学人文学科发展比较强大，是一个极具文化底蕴的大学。世界一流大学都很重视学生人文素质的培养，而这就离不开人文科学和社会科学的发展。大学则是人文科学和社会科学成果的源泉。人文社会学科提高了劳动者的素质，虽然在短时期内产生不了直接的经济效益，但这些学科培养了未来生产力——学生的综合素质。因此，要重视人文社会类学科的建设和发展也要避免建设世界一流大学急功近利的心态。

蔡元培先生改革北大时，用人方面秉承"不拘一格"思想，创造出了中国大学史上最辉煌的教师阵容。当前，和世界一流研究型大学相比，我国高校师资队伍的素质水平还不够高，特别是

缺乏一批在世界上有影响力的学术大师，因此必须把师资队伍建设作为创建世界一流大学的关键。在高校形成开放、流动的人事制度和运行机制，避免师资队伍流于平庸、学校缺乏生气的情况。制定和实施人才发展战略，一方面培养与引进教学水平和学术水平兼备的师资队伍；另一方面要注重师资的流动性，从而建立起固定人员与流动人员相结合的师资队伍。在这个过程中，还要特别注意培养、引进和交流人文社会科学方面的优秀人才，使其在建设世界一流大学中发挥重要作用。

蔡元培出任北大校长以后，借鉴和吸收德国的洪堡教育思想及世界各国大学的办学经验，采用"思想自由，兼容并包"的思想，使北大由一个封建气息浓厚的大学转变为新文化运动的发源地和阵地。除了实践这一办学思想，蔡元培先生还在各种场合宣传学术自由，他说，"学院自由是学术进步之基础"、"科学不知道有权威，不能受权威的支配"。在改革开放的今天，要想创办世界一流大学，同样要借鉴国外著名大学的成功经验和教育理念，对我国的教育体制进行大胆的改革。因此，为促进我国大学学术的繁荣和创新，吸引更多的优秀人才，必须赋予高校一定的自主权，这是我国建设一流大学的前提，也将决定中国大学的教学和学术生态环境。

（三）"思想自由，兼容并包"办学方针对我国大学精神重建的启示

从学科概念上看，大学精神应该隶属于大学文化。大学文化是一个复合概念，它一般包括三个层面的含义：一是大学设施，即硬件设施、物质条件层面，这是一所大学发展的物质基础；二是大学制度，即体制构建及管理实施层面，这是一所大学发展的组织保障；三是大学精神，即大学中各个利益共同体之间共有的思想品格、价值取向和精神状态，这是一所大学发展的精神支柱。而这三个层面的含义互为关联，大学的物质基础和制度保障应与大学精神形成一种内在同构和相互支持的关系。

梅贻琦校长曾经说过"所谓大学者，非有大楼之谓也，有大师之谓也"。一方面教授要向学生传授知识和智慧，另一方面大学的精神修养全有赖于教授的精神。大师是一所大学的灵魂和精神支撑。中国古代的大学理念强调大学的精神在于发扬人性之善，培养健全人格，化民成俗。依据近代真正意义上的柏林大学的创始人洪堡的办学理念，大学不是职业培训所，也不只是培养专家的传授知识的场所，而是一个国家、一个民族创造性思想的发源地。这也是大学最早的自身价值定位。

当今随着市场经济的发展，学校随之出现了"产业化"的倾向。急功近利，缺少人文关怀等现象的出现，使大学丧失了其作为"精神家园"和"理想灯塔"的崇高定位。大学精神的重建面临两难选择：是坚持"象牙塔"——回归大学的本真面目，抑或是迎合社会的功利需求？一个真正民主的社会，应该允许有不同的声音出现，片面强调思想上的"大一统"会对知识的传承与发展及社会的前进起阻碍作用。

总之，蔡元培作为一个杰出学者，以其博大胸怀和远见卓识，给大学创造了一种学术自由的校园氛围和追求真理的精神，并且蔡元培的思想对中国教育和中国革命有着深远影响。随着时代的发展，蔡元培先生"思想自由，兼容并包"的办学理念不断地被赋予新的含义，对今天的教育改革和教育思想的发展仍有许多借鉴之处。

第二节　衣带渐宽终不悔——大师的追求

有人说，一位优秀大师必须具备三大要素：文化底蕴、教育智慧和教育追求。如果说文化底蕴是大师能娴熟地运用教学方法的技巧，充分发挥自己的知识积累和文化积淀，教育智慧是大师处理日常教育教学问题所表现出来的睿智和艺术的话，那么教育追求就是促使大师自身发展的关键要素。

一　陶行知的追求——生命尊严的现代启蒙

（一）生命尊严的个体关怀

在陶行知先生看来，中国要有效改变危急存亡的现实，找到强国富民的发展道路，必须向西方学习，走现代化的道路并实现现代化。现代化的关键在于人的现代化，人的现代化有赖于教育的现代化。只有教育中国人"拿着现代文明的钥匙"，"继续不断地去开发现代文明的宝库"，才能使中国"保证川流不息地现代化"。陶行知先生认为，中国要实现现代化，中国的教育首先要承担起自己的历史使命，必须通过重树人的生命尊严，并要把个体的生命尊严置于至高无上的优先地位来取得突破："中国要到什么时候才能翻身？要等到人命贵于财富，人命贵于机器，人命贵于安乐，人命贵于名誉，人命贵于权位，人命贵于一切。只有到那时，中国才站得起来！"

个体生命的存在及其尊严在陶行知先生这里获得了普遍的承认和优先的权利，成了"一个对人类意志的绝对命令"，"无论对自己或对别人，你始终都要把人看成目的，而不是仅仅把他作为一种工具或手段"。因此，每个人都必须充分认识到这种生命尊严的宝贵性和独特性——"人生至贵，惟兹寿命"，并要给予充分的尊重。每个人都要有意识地、自觉地、努力地去实现和维护这种尊严，"我们不但是物质环境当中的人，并且是人中人"。每个人对自我生命尊严存在的认可和自觉自愿地去追求和维护自己的生命尊严，意味着在教育过程中要彻底扭转传统教育中自私自利的生命观，积极正视生命存在的普遍性，实现个体生命尊严的平等性。由此出发，陶行知先生把生命尊严的个体关怀作为中国教育现代性的基本起点，展开了他对中国教育的现代性改造过程。

（二）生命尊严的平等诉求

陶行知先生认为奠基于血缘和情感基础之上的中国传统教

育，实质上是对个体生命独立性和生命尊严的一种剥夺，"他是我养的，我便爱他如同爱我或者爱他甚于爱我自己。若不是我养的，虽死他几千万，与我何干？"在这里体现出的爱，并不是一种基于生命关怀的爱，更不是一种对生命尊严的内在关怀与尊重，而是一种极端的自我膨胀。因此，在中国，父母、教师对孩子受教育的期望，首先不是希望他成为一个对国家、社会有用的人才，或者是一个献身于对未知世界进行探索的知者，而是帮助父母或者教师去实现他们自我的理想或者期望的工具。所以，在中国传统教育中，很少有对儿童自身生命存在的真正尊崇，更谈不上对其生命尊严的平等性尊重。儿童往往是以私人财产或者工具的形象存在于家长或者教师的生活中，因而其生命尊严的独立性也就难以得到真正的实现和充分的保障。

所以陶行知先生认为，中国在走向现代社会的过程中，必须把对人的生命的尊重放到重要的地位上来。中国教育也应该树立全新的生命观，把"生命至上"、"人民至上"的观念贯彻到中国教育的实践中去，让中国教育真正回到对生命的尊重、理解、支持和创造上来，要真正在教育中确立起人的生命尊严意识，不能再让个体生命的独立性和尊严遭到非人的践踏。

（三）生命尊严的价值超越

在陶行知先生看来，个体生命尊严的至上性决定了生活对于教育的优先性，因为生活是生命之根，是生命的安身之所。个体生命的发展和生命尊严的体现也只有在生活中才能够进行。因此，教育只有回归生活，实现和生活的整合，才能凸显其生命的本质。所以，真正的教育应该是"生活的教育"，"自有人类以来，便是人人过生活，人人受教育，自然而然的，生活是普及在人间，即是教育普及在人间"，"教育是生活所原有，生活所自营"，"是生活就是教育，不是生活的教育不是教育"，"是好生活就是好教育，是坏生活就是坏教育"。据此，陶行知先生对传统的"满朝朱紫贵，尽是读书人"的升官教育和"两耳不闻窗外事，一心只读圣贤书"的死读书教育提出了严厉的批评，认为传统教育是"伪知识"教育，传统教育所培养的人是"废人"，因而传统的教育必然是畸形的教育，没有生命力的教育。

在陶行知先生看来，承认和尊重个体生命尊严的独立性和超越性，还意味着教育必须回归个体真实的生活世界，把教育努力的方向指向主体真实的自我。所以他再三强调一定要教人做人，教人做真人，教人做真、善、美的新人，"千教万教，教人求真；千学万学，学做真人"，要成为真君子，而不是伪君子。只有个体真实地面对自己，找回真实的主体自我，个体才能够获得自身的生命尊严，也才能够真正成为自己命运的主人。只有个体成为自己命运的主人，才能够突破个体生命世界的狭隘局限，有效克服被异化的自我所产生的消极影响，进而成为国家的真正主人，成为世界的真正主人，最终在个体全面彻底的解放中获得人和世界的和谐发展，实现生命存在和发展的最终自由。

二 蔡元培的追求——为了自由的教育

蔡元培先生是我国近现代史上著名的教育改革家和教育思想家。清末，北京大学的前身京师大学堂设置师范馆、仕学馆、译学馆，蔡元培做过译学馆的教员。民国元年，京师大学堂更名为北京大学，蔡元培调任教育部长。民国五年，正在法国的蔡元培，接电回国任北大校长。无论是主管全国教育行政还是担任北大校长，他都十分重视教育制度的改革。他曾提出四点改革意见：一是设法、商等学科的学校必设文科，设医、农、工等学科的学校必设理科；二是大学应设研究院，作为教授、留校毕业生和"高级学生"研究学术的机关；三是在北京、南京、汉口、四川、广东等处先设五所国立大学，使布局得到改善；四是在大学设预科，解决因新生入学程度不齐给提高教学质量带来的困难。早在我国近现代高等教育刚刚起步之时，蔡元培就着手进行了重复专业的合并工作。

　　蔡元培先生十分重视学科梯队的建设，重视人才在办学中的作用，真正做到了求贤若渴。他就任北大校长的第一件事情，就是调查分析学校的现状，积极引进学术名流。他一上任便采纳北京医专校长汤尔和的建议，首先聘请了《新青年》杂志主编陈独秀到北大担任文科学长。他心目中的陈独秀"确可为青年的指导者"，办事不畏艰险而富有毅力，于是亲自前往陈独秀寓居的前门外的旅店拜访，并很快签订了聘任协约。他很看重胡适之的"旧学邃密"、"新知深沉"，当胡适之留美回国后，立即请来北大任教，并通过胡适之的介绍又请来一批好教员。尽管后来胡适之非难他的改革举措，但他对胡适之为他引进人才却颇感得意。蔡元培先生一方面为北大广招人才，一方面充分发挥各类人才的积极作用。他说："我素信学术上的派别，是相对的，不是绝对的；所以每一种学科的教员，即使主张不同，若都是'言之成理，持之有故'的，就让他们并存，令学生有自由选择的余地。"这大概就是至今仍为北大人津津乐道的蔡元培的"兼容并包"，也是后来北大之所以在全国高校独领风骚的"秘诀"吧。

　　从严治教、从严治学是教育管理的内在要求，也是蔡元培办学的基本准则。他写道："我们第一要改革的，是学生的观念。"他的文章栩栩如生地描绘了当时校园的不良学风。他说："我在译学馆的时候，就知道北京学生的习惯。他们平日对于学问上并没有什么兴趣，只要年限满后，可以得到一张毕业文凭。""课堂上学生觉得没有趣味，或瞌睡，或看杂书，下课时把讲义带回去，堆在书架上，就永远不再去翻一翻了。"

　　蔡元培先生还非常重视学校的"美育"和"军事训练"。他甚至想办一所学科齐全的"完全的大学"，即综合大学，他还把文理交融视作自己的"理想"。他的这些"理想"和"举措"，至今仍在为我们所追求、所效仿。当然，蔡元培也有他的历史局限性。世界是不断向前发展的，在后人的眼里，一辈子毫无历史局限性的人物几乎是很难找到的，重要的是我们要学习他们值得学习的东西。

三　叶圣陶的追求——"不教之论"

叶圣陶先生是我国 20 世纪成绩卓著的教育家之一。叶圣陶先生在 1977 年就提出了"教学境界说"："教学为了达到不需要教。我想，教任何功课，最终目的都在于达到不需要教，假如学生进入这样一种境界，能够自己去探索，自己去辨析，自己去历练，从而获得正确的知识和熟练的能力，岂不是不需要教了吗？而学生之所以要学要练，就是要进入这样的境界。给指点，给讲说，却随时准备少指点，少讲说，最后达到不指点，不讲点。这好比牵着手走，却随时准备放手。我想在这上头，教者可以下好多功夫。"

叶老在教育园地扔了这枚"不教之论"原子弹，引起了广大语文教师极大的反响，形成了对语文教学强大的冲击。事实上，叶圣陶教学理论的价值追求就是"不教之论"的教学境界，带有极强的前沿性和指导性。这就迫使语文教育界去反思乃至重构我们的教学观、方法论。思考怎样"下好功夫"，才能达到这种美好的"不教之论"的境界。

境界是努力的航标、前行的动力、奋斗的指归。"不教之论"的境界说乃是指导教学的航向灯。如何践履此道？这就要认真研究叶圣陶先生的教学思想、策略、方法，从思想上认识到"不教之论"的精神实质，在行动上努力实践之。

首先，学生要有自主之道。叶圣陶先生认为，语文教学应该使学生"自能读书，不待老师讲；自能作文，不待教师改。教师之训练必做到此两点，乃为教学之成功"。"要使学生养成这样一种能力，不待老师教自己能阅读。……想方设法引导他们在听讲的时候自觉地动脑筋"。自读自改自思，扬自主之旌，行自主之道，与今天新课标倡导的"自主、合作、探究"精神完全吻合。

其次，教师须尽引导之职，引导学生预习，"教师自当测知他们所不及，给他们指点。至于翻查、分析、综合、体会、审度之类，老师不要越俎代庖，而是让他们自己动天君（动脑筋）。在学生讨论过程中，教师的注意力要高度集中，对学生提出的看法和观点要做到有错误给与纠正，有疏漏给与补充，有疑难给与阐明"。教师承担的角色是"主席评判人与纠正人"。教师承担的角色自然而然就要求教师的专业功底须深厚，否则无法对学生进行评判、补充、纠正。

最后，教学行为追求历练之效。在叶圣陶先生看来，精读、略读、写作、听说都需要历练，而且美文须吟诵、须美读。因为只有通过吟诵才可以理智地了解，而且亲切地体会，在不知不觉之间，将内容与理法内化为读者自己的东西。这种历练做法与传统的语文悟读是一脉相承的，"化为己有"就是历练之效的体现。而"精读了一篇文章，就可带读许多书，知解与领会的范围将扩张到多大啊"！"无限扩张"就是历练之效的未来体现。叶老反复强调举一反三，强调教材本来也就是个例子，其实就是想通过历练、积累从而形成能力的扩张与延伸，目的在于对全体国民的整体素质的提高与长远需求。这如此长远之效，能说这不是叶圣陶先生教学境界的价值追求？

叶老将"不教之论"方法论糅合于教学观之中，读后让人启迪、反思，乃至起而行之，目的就是为了让"不教之论"这种想象中的境界成为现实。

陶行知、蔡元培、叶圣陶都有一个共同的身份：学术界的大师，教育界的泰斗。他们也有一个共同的特点：为追求学问而衣带渐宽，为追求真知消得人憔悴却终不悔。

第三节　独立之人格——大师的风骨

近年来学术界不断对学术进行深刻反思，认为最突出的问题是缺乏原创精神、创新精神、缺少大师，因而提出了"呼唤大师"的口号。然而大师的产生仅仅是个学术问题吗？不去承担社会责任、选择逃避现实、缺乏独立人格之人，能够成为大师吗？陈寅恪在《王静安先生遗书》的序言中说："自昔大师巨子，其关系于民族盛衰学术兴废者，不仅在能承续先哲将坠之业，为其托命之人，而尤在能开拓学术之区宇，补前修所未逮，故其著作，可以转移一时之风气，而示来者以规则也。"我们所说的大师就是要敢于原创、敢于创新，能够扭转社会不良风气并且开一代社会新风气，具有独立人格的创造性人才。学术上如此，创作上也是如此。王国维说："三代以下之诗人，无过于屈子、渊明、子关、子瞻者。此四子者，苟无文学之天才，其人格亦自足千古故无高尚伟大之人格而有高尚伟大之文学者，殆未之有也。"他所说的人格既指高尚的道德人格，又指独立的创作品格。因此，他反复强调作家要"感自己之所感，言自己之所言"，而反对"感他人之所感，言他人之所言"。并把"独上高楼，望尽天涯路"看作"古今之成大事业、大学问者"必须经历的"第一境界"。

一　大师风骨——独立人格之要素

（一）独立意识

独立意识应主要包括两个方面的内容：第一，思想方面的独立性，即独立思考和判断的能力。在思想上和心理上保持独立，就是要正确理解独立意识的内涵，坚定自己的理想，对一些问题要有探究的勇气，要形成自己看问题的视点，形成自己独到的见解，不要被他人的看法和言论所左右。要学会通过自己努力处理各种问题，不断丰富自己的思想，不管是否成功，都能正确地对待自己，不对自己的能力产生怀疑，不会模糊自己的人生方向。并且又能对失败的原因进行深入的分析，及时总结，最终获得成功。第二，实践方面的独立性，即学习工作、社会交往等各方面独立处理问题或事件的行为能力以及生活上的独立自理能力。培养独立思考问题、独立学习、独立生活、独立处理问题的能力，培养各种独立能力，学会顺应瞬息万变的环境，学会自立、自尊、自强。

西方国家的教育经验或许能够给我们一些启示。在英国，高中毕业之后休学一段时间的现象很常见，在此期间学生们可以做许多喜欢的事情，如果选择旅游的话，那么旅游资金就需要依靠自己去赚取，学生出游的钱都靠打工挣来。英国通行的暂时休学方法，显然对提高学生综合能力产生了积极影响。大学不仅是知识的直接增补，更应该是挖掘个人潜能的摇篮。在接受高等教育之前，积累一定的社会经验，便于学生更好地适应大学生活和学习。

（二）批判意识

多年来，我们的学校教育特别是德育有一种明显倾向：重视集体主义教育，忽视自我意识培养；重视规章纪律对学生的约束，忽视个性心理的发展。而在基础教育领域，长期形成的"大一统"理念影响深远：统一大纲、统一教材、统一课程、统一要求、统一考试、统一录取。在"一刀切"的教育体制下，教育者习惯用同一个教育目标、同一种教育标准培养和要求学生，习惯用相同的教育模式、相同的教育策略来实施教育教学计划，其结果是，忽视了学生的个人潜能、兴趣、特长、思维等个体差异，忽视了青少年认知发展的基本规律。比如说独立意识较弱的同学连基本生活都无法自理，那就更谈不上层次更高的独立思想和独立见解了。批判意识是建立在问题的基础之上的，要具有发现、提出、分析问题的能力，一位从事教育工作多年的教师曾说："对于大学生来说问题意识就是现在最或缺的，如果一个大学生连一个像样的问题都提不出来，更不用说具有批判精神了。"

（三）创新意识

所谓创新意识，是人们对创新与创新的价值性、重要性的一种认识水平、认识程度以及由此形成的对待创新的态度，并以这种态度来规范和调整自己的活动方向的一种稳定的精神态势。创新意识总是代表着一定社会主体奋斗的明确目标和价值指向，成为一定主体产生稳定、持久创新需要、价值追求和思维定式以及理性自觉的推动力量，成为唤醒、激励和发挥人所蕴含的潜在本质力量的重要精神力量。决定一个国家、一个民族创新能力最直接的精神力量就是创新意识。在今天，创新能力实际也就是国家、民族发展能力的重要体现，是一个国家和民族解决自身生存、发展问题能力大小的最客观和最重要的标志。

社会多种因素的变化可以促成创新意识，推动社会的全面进步。创新意识从社会生产方式中产生，推动社会生产方式进步也是创新意识形成和发展起作用的表现，从而带动经济的飞速发展，促进上层建筑的进步。对于大学生个人来讲，创新意识进一步推动思想解放，有利于形成开拓意识、领先意识等先进观念。同时创新意识也作为一种力量能够促成人才素质结构的变化，提升人的本质力量。创新实质上确定了一种新的人才标准，它代表着人才素质变化的性质和方向，创新意识也透露出了一条重要的信息：社会需要充满生机和活力的人、有开拓精神的人、有新思想道德素质和现代科学文化素质的人。

（四）公民意识

公民意识是个人对公民地位以及由这种地位所决定的思想观念和行为准则的认识和态度。党的十七大报告指出：加强公民意识教育，树立社会主义民主法治、自由平等、公平正义理念。从各个层次、各个领域扩大公民有序政治参与。

大学的"大"字内涵所在，不是教会学生掌握生活技能和就业技巧，而是为了让他们成为能够独立思考、独立解决问题、具有公共情怀的未来公民；不是使学生成为"就业机器"，而是为了让他们成为和谐发展的人。特别是要通过大学丰厚的人文资源、书香琴韵，让学生得到无法言说的精神熏染和境界提升，不仅注重物质发展，更注重厚德载物、慷慨公正的精神传承，成为一个"大写"的人。

二 教师独立人格之丧失

现代教育规章制度对教师的限制和训导限制了教师独立人格的发挥，教师总是在传达别人的观点，在教学中不能很好地传递自己的想法，因为环境的种种限制，教学在他们眼里已经成了一个异化的世界，教师独立人格的养成并不容易，教师独立人格的丧失主要可以总结为以下几点：

其一，某些学科资深专家的学术霸权的不良习风。学术霸权不仅有历史传统还是当下个人崇拜在教师身上的反映。在传统文化中便有"闻道在先、学有专攻"的"经师"传统，"学问泰斗"与"智慧圣人"。这是普通教师独立人格丧失的一个哲学基础。当教师不知道"教育是什么"及"如何教育"的方法时，需要"学问泰斗"与"智慧圣人"告诉自己知识及获得这些知识的方法。即使有人提出教师"第一线的知识"与"实践知识"的价值，但其潜意识依然是以大学教育学专家话语为基准。因此，现代教师失去了自我意识与个体价值，从而成为一道典型的现代性文化景观：教师在学科资深专家的权力话语中艰难地适应着，他们失去了人格独立。

其二，技术官僚是另一个原因。在现代教育管理行为中，实践中的教师，做的是规定好的模式化的标准动作，而这一套标准动作是以技术官僚提供的话语理论为依据，以教育行政相关的政策为行为指向的。这种在遵循客观规律的旗号之外的现代教育科学设计，往往导致教师思维与行为的形式主义和教条主义。教师主动接受外在思想，愿意被指示，愿意被规约，可以说已经成为一种习惯甚至是一种文化，也可以说是前两个原因的结果。许多教师在课程改革中总是由领导和专家告诉自己现成的方法与教学程序，这几乎形成一种思维定式，他们的思想与行为都是被给予的而不是自我选择的。教师的话语不如教育行政部门的技术官僚的话语有权威或有力度，所以技术官僚意识形态话语与大学专家话语霸权一起，共同对教师话语形成了双重制约。结果，教师的被动接受、大学专家霸权和技术官僚发号施令三者形成了恶性循环。这就是独特的中国教师哲学主体边缘或主体抑制的问题。

三 大学生独立人格之培养

我们常常说现实生活中"90后"大学生是垮掉的一代，理想信念模糊，价值取向扭曲，缺乏实践动手能力，更缺乏坚韧的意志。正如陈寅恪先生所言大学的责任在于培养人"独立之人格，自由之思想"，而大学生在学业、情感，乃至择业中出现的种种思想困惑，都是大学教育中独立人格培养缺失所造成的。当今大学的独立人格特点有以下几点：

（一）学业中缺乏独立思考的精神，自主学习能力差

今日之校园，学风日趋浮躁，而对考试很多人怀着平日不读书，临阵磨枪不快也光的想法。学术造假的歪风邪气甚嚣尘上，出现了诸如考试"枪手"，论文"代写"等不良的现象，严重地影响了校园的人文环境和大学生的思想健康。此外，学术批判和创新精神不足。课堂上少问少答，几乎成为教师的一言堂。学生唯师、唯书、唯权威专家定论是从，在学术研讨探究中为观为静者居多，敢于开拓创新者甚少。大学生往往无法形成独立的学术见解，缺乏独立思考和判断的能力。

（二）择业中缺乏独立选择的勇气，独立生活能力弱

对充满竞争的劳动力市场，相当一部分大学生抱有"等、靠、要"的幻想，不是主动地在市场经济的大潮中展示个人的潜力和才能，而是希望通过父母及家人的裙带关系帮忙联系工作，甚至出现了"学得好不如嫁得好"的依附思想。与此同时，在工作选择时出现了不能择己所爱的现象，大学生放弃人生理想，

一味追逐短期的经济利益。如果求职受挫，大学生还会转而投向父母的怀抱，选择做"啃老族"。

（三）情感中缺乏独立自主的精神，独立处理问题能力差

独立精神也包括实践性的，特别是体现在人际交往中。从自身而言，大学生的生理、心理均发展到成熟阶段，客观上讲大学与高中相比，学习氛围宽松，这些都对青年人发展人际关系提供了现实的基础。而在交往中，青年人特别渴望与异性相处，大学生恋爱成为一个不可回避的话题。但是从恋爱动机来看，很多大学生存在盲目"随大流"的情况。很多人的恋爱目的不是结婚和追求个人幸福，抱有游戏心态的人不在少数。部分学校还出现了"单身歧视现象"，没有伴侣的学生往往被人视为异类。在这种情势下恋爱不仅仅是两个人情感的真诚交流，更多被扭曲成为一种表演，恋爱双方常喜欢在大庭广众下毫不掩饰地炫耀，他们希望从别人的羡慕和赞赏中获取自我肯定、自我证明、自我实现。而关于恋爱中关系处理不当、失恋等原因引发的校园血案，屡见不鲜。这些都充分证明了大学生在情感交往中的人身依附关系，以致这种依附关系解体后自我意识评价出现错位引发个体行为失范，最终造成了严重后果。

新中国成立以来，强调培养德、智、体全面发展的人才一直是我们的教育方针，显然也体现了对人格培养的重视，不过对于培养独立人格的简单强调是不够的。这里可能还有着对独立人格的模糊认识。其实人格包括思想品德、行为准则、心理素质等多种因素，着重指能体现人的本质、尊严的基本素质和高尚品格。所谓独立人格，是指具有进步的思想和良好的道德品质，而不受政治、意识形态和道德规范制约、放任自流的个体偏执性格，自觉地维护人的尊严，具有独立见解和独特个性的品格。建设社会主义所必需的创造型人格就需要这种独立人格。

第四节 没有爱的教育是死亡的教育——大师的情怀

一 爱的教育的由来

"爱的教育"最初是由夏丏尊在白马湖春晖中学任职时提出来的。1920年，夏丏尊将意大利作家亚米契斯的一部儿童小说《心》翻译成中文，中文译名先是《感情教育》，后因与福楼拜的小说同名，更名为《爱的教育》。这部小说以儿童视角，来叙述他生活中的"亲子之爱，师生之情，朋友之谊，乡国之感，社会之同情……虽是幻想，使人读了感觉到理想世界的情味，以为世间要如此才好"。这本是写给儿童阅读的书，而夏丏尊觉得对成年人仍然有很多启示。该书提出了一个新的教育命题：爱的教育。

爱是教育力量的源泉，是教育的灵魂。没有爱的教育不是真正的教育，教育中没有爱的元素，人类精神和文化就会丢失。如果说人类的每一次巨大飞跃都是在前人的基础上进行的，那么"教育的爱"则是实现人类飞跃的根基，教育对人生具有重要的引导，那么缺乏爱的引导，就不可能培养出有爱心的"人"，一个人便会失去生命力。

爱，瑞士著名教育家裴斯泰洛齐将其视为生命之灵魂和他一生坚持的教育信念。这一信念对他的教育实践产生了巨大影响。那么，什么是爱的教育呢？裴斯泰洛齐认为，爱的教育不等同于我们所理解的同情之心、恻隐之心，而是一种根植于现实又高于现实的伟大教育理想。

二 大师情怀——爱的教育的内容

"爱的教育"倡导教师要关爱学生、呵护学生，但其内涵不是让所有教师都去当保姆，而在于尊重学生的主体性，教师以朋友或亲人的方式，以"爱"为媒介来引导学生读书作文；以"爱"替代"规矩"培养学生的道德情操。教师要更新旧有的师生观念，避免滥施权威，对学生造成伤害。因为"权威是冷的，权威所代表的力量也是冷的；它们最容易造成虚伪与呆木的人"。具体而言，"爱的教育"思想主要有两个方面的创见：

（一）从教学目标上说，爱的教育提倡"自主学习"

"爱的教育"倡导教师、家长乃至社会的关爱给学生营造一种轻松快乐的学习氛围，培养他们的身心。课程，只是一种施行教育的材料，学生借助这些材料获得身心发展的动力。学生在学校的目的是受人的教育，受知识和情感的教育，而不应是受教材的教育。教师不应把课本当成学校教育的核心，没了教材就不知道如何实施教育，连教师自己都成了书本的依附者了。叶圣陶认为夏丏尊是一个很好的自主学习的榜样，他说："对于社会人生的看法，对于立身处世的态度，对于学术思想的理解，对于文学艺术的鉴赏，都是从读书、交朋友、面对现实得来的，换一句说，都是从自学得来的。他没有创建系统的学说体系，甚至没有丰功伟绩，可是，他正直地活了一生，就连不认识他的人也一致承认他有独立的人格。自学能够达到这种境界，也可谓是一种真正的成功。如果有怀疑自学的人，我们要郑重地告诉他，请看夏先生的榜样。同时，他还提出'教是为了不需要教'的观点：教任何功课，最终目的是为了以后不用人再教。如果学生能够养成自主学习的习惯和意识，能够自己去研究和分析，自己去体验，从而获得正确的知识和熟练的能力，岂不是就不需要教了吗？而学生之所以要学要练，就为要进入这样的境界。这对教师的要求是：给指点，给讲说，却随时准备少指点，少讲说，最后做到不指点，不讲说。"

（二）就教学方法而言，爱的教育重视"不言之教"

"爱的教育"所寻求的是一种潜移默化的教学效果，让学生在教师潜移默化的指导下，身心得到全面健康发展。因此，尤其注重教师的人格魅力。"人格恰如一种魔力,从人格出发的行为自然使人受到极大感化",教师"有人格魅力,被教者才能心悦诚服,教育不能只靠规矩",提出应该"当教师",不要"当教员"。"如果教育者只是教员,而不是教师,一切问题就无法解决。"

叶圣陶则以"不言之教"来阐明"爱的教育"。他说:"口头讲说诚然是一种重要的办法,可不是唯一的办法……让学生作自觉的斗争,在日常生活里自动地合乎标准和规范,这种'不言之教'是一种有效的办法。还有,教师以身作则,教师本身的行为就是标准和规范,也是一种极有效的'不言之教'。"叶圣陶提出的"身教"正是"爱的教育"的最好体现。教师不仅要重"言教",而且要注重"身教",行不言之教。从这一层意义上说,"爱的教育"本质上是一种行为教育。

朱自清也认同叶圣陶的观点,他认为:"'做人'是要逐渐培养的,不是可以按钟点教授的。所谓'不言之教','无声之诲',便是说的这种培养的工夫。"同时,教师要以真诚的关爱去感化学生,"这样的爱是须有大力量,大气度的。正如母亲抚育子女一般,无论孩子怎样琐屑,都要不辞劳苦地去做,无论怎样哭闹,都要能够原谅,这样,才有坚韧的爱,教育者也要能够如此任劳任怨才行!这时教育者与学生共在一个'情之流'中,自然用不着任法与尚严了"。在爱的教育中,教师要"教"、"育"并重,不歧视学生。朱自清说:"有些教师说到学生品性不好的时候,总是摇头叹气,仿佛这是不应有的事,而且是无法想的事。其实这与学业上的低能一样,正是教育的题目中常有的文章,若低能可以设法辅导,这也是可以设法辅导的,何用特别摇头叹气呢?要晓得不完足才需来学,若完足了,又何必来受教育呢?学生们要学做人,你却单给以知识,变成了'教'而不'育',这自然觉得偏枯了。"

三 大师情怀——如何进行"爱的教育"

叶圣陶曾经阐述过"爱的教育"的理念，对当时和现在的教育产生了一定的影响。新型的师生关系是一种充分体现尊重、民主平等、和谐和发展精神的关系。这正是"爱的教育"思想的呈现。同时，在当前的教育语境下，进行爱的教育，对缓解教育给学生造成的身心压力，培养他们学习兴趣，促进他们人格与能力的全面健康的发展，不失为有意义的一种尝试。那么，如何进行爱的教育？主要可以从以下几个方面着手：

（一）更新"爱的教育"观念

人们的任何行为，都会自觉或不自觉地受到观念的影响或支配，因此，行为的错误，实际上就是观念的错误；探究行为的误区，就是要改变观念的误区。如此推论，"爱的教育"实践的误区，其实是"爱的教育"的观念误区，因此，进行"爱的教育"，必须树立正确的"爱的教育"的教育观。要不断消除"全时空教育观念"、"应试教育观念"、"工具性教育观念"的影响，逐步树立"全面发展观念"、"多种人才观念"、"系统培养观念"。

树立全面发展的教育理念，教育要为德、智、体、美全面发展着想。重视德育，让学生在追求真理、信念与价值中"求善识恶"，以逐步形成学生的品德能力与品德意识；进行智育教育，要让学生在追求知识、勇于探索未知世界中学会辨别和批判，以逐步构成学生的智慧能力与探究意识；注重体育，让学生在锻炼身体、竞赛拼搏中"求强去弱"，以逐步锻炼学生的强健体魄与坚强意志；坚持美育，让学生在欣赏美、体验美的过程中"求美鉴丑"，以逐步养成学生体验美的能力和自觉美化自己心灵的习惯。

（二）创新"爱的教育"方式

"爱的教育"既要更新观念，又要创新方式，因为观念指导行为，没有观念指导，行为是盲目的；没有行为操作，观念就是空谈。因此，要进行爱的教育，就必须用多种方法进行教育。在爱的教育实践中，教育者除了运用找优点、做游戏等方式外，还要创新爱的教育的方式。

个性是指"在一定的社会条件和教育的影响下一个人形成的稳定的特性"。从心理特征来看，"个性心理特征包括能力、气质和性格"，其中能力是"完成某种活动的潜在可能性的特征"，气质是心理活动的动力特征，性格是"对现实环境和完成活动的态度上的特征"，所谓"个性教育"，就是根据不同教育对象的个性，培养其能力、气质、性格等心理特征所开展的教育活动。其运用过程包括如下环节：

1. 了解个性

了解个性是进行个性教育的基础。由于遗传和环境不同，人的个性也不同。对于这一点，孟子早有认识。他说："权，然后知轻重；度，然后知长短。物皆然，心为甚。"这说明人与人的个性心理是不一样的，正是因为这个"不一样"，人才具有个体的主体性、心理活动的多样性和个性的独特性，个性教育才有了存在的价值与必要。进行个性教育，就要知道人的个性都有哪些类别。瑞士精神病学家荣格认为，精神活动的根本力量是生命力，这种生命力有倾向外物和倾向内心的区别，于是他就从内外两个角度，把个性（人格）分成八类：思维外倾型、情感外倾型、感觉外倾型、直觉外倾型、思维内倾型、情感内倾型、感觉内倾型、直觉内倾型。了解个性，就要了解教育对象属于哪种个性类型和相应的个性特点，便于有的放矢地进行个性教育。

2. 创造环境

个性是在环境的变化中不断受其影响的结果。虽然个性特征存在于人自身并相对稳定，但这些个性特征又受其不同成长环境的影响。因此，进行个性教育，必须了解个性并提供利于个性发展的环境。人的成长就是人的个性和环境相互作用和影响的过程。一个人的个性是思维外倾型，表现出来的特征是"按客观规律办事，沉着冷静；积极思考问题；武断，感情压抑"。这种学生在比较民主的家庭里，可能会培养其喜欢提问的习惯；到了学校，由于对老师的话常常质疑，老师会认为他不虚心。从家庭到学校环境的改变，实际是两个环境的要求不同构成了冲突，结果使学生不适应而苦恼。面对这种现象，家庭、学校表现出来的最大爱心，就是双方要进行必要的沟通，统一利于学生发展的要求，抑制不利于学生发展的做法，这样就最大化地做到了利于学生个性的发展。

3. 反馈巩固

个性发展不是一帆风顺的，而是曲折向前的，两个方面的原因可以解释这种现象：一是学生自身心理活动的复杂性；二是家庭、学校、社会的要求有时不切实际。因此，特别需要及时通过各种反馈，巩固其优点，剔除其弱点。如果一个学生个性属于感觉内倾型，被动、安静、守旧、不善应变，是情境决定性的人，"所采取的对策应该是：温和地劝说和忠告，无条件地支持以及逐步使孩子熟悉新的事物和活动"。要以极大的爱心与耐心，让其按照自己的节奏与速度学习，并及时地给予正面反馈，使其知道自己的学习效果，这样就使学习变得容易；反之，如果不管学生的实际情况，只管急功近利地提出一些不切实际的要求，并且一味进行延时的负面反馈，少指导、多指责，急于求成，其反馈不仅无法达到巩固学习成效的目的，反而会对学生产生消极影响，出现适得其反的结果。

第八章

钱学森之问——拔尖创新人才培养

> 大学的存在不是为了传授信息，而是为了教诲如何进行批判性判断。
>
> ——费希特

本章导读： 2005 年温家宝总理在看望著名物理学家钱学森时，钱老曾发出这样的感慨：回过头来看，这么多年培养的学生，还没有哪一个的学术成就能跟民国时期培养的大师相比！钱学森认为："现在中国没有完全发展起来，一个重要原因是没有一所大学能够按照培养科学技术发明创造人才的模式去办学，没有自己独特的、创新的东西，老是'冒'不出杰出人才。"言之谆谆，意之殷殷。高等教育改革步入深水区时，人们更加深切体会到钱老之问的重要性和紧迫性。

第一节 拔尖创新人才培养——大学教育的一道艰深命题

20 世纪以来，随着经济全球化的迅猛发展，国际竞争越趋激烈，创新成为提高综合国力的重要途径。而创新能力来自于人，所以归根到底，促进国家和社会进步必须要重视人才的培养。拔尖创新型人才是国家富强的关键。党的十八大召开再次强调了拔尖创新人才培养的紧迫性。可以说，拔尖创新人才的培养已成为当今社会亟待解决的难题之一。高等学校作为人才培养的基地，进一步创新教育途径、培养拔尖创新人才是时代赋予其的历史性课题。

一 拔尖创新人才的内涵与特征

当前，学术界对"拔尖创新人才"这一概念的定义纷繁复杂。不同的学者在不同语境下，对"拔尖创新人才"的理解不尽相同。例如，学者张秀萍将拔尖创新人才界定为高层次创造性人才，认为，拔尖创新人才必须具有合理的知识结构、较强的创新能力、实践能力、良好的非智力因素。[①] 学者高晓明认为拔尖创新人才是那些试图通过变革来引领发展，从而为整个社会经济的顺利转型做出突出贡献的杰出人物，拔尖创新人才应有精深的专业造诣、强烈的社会责任感、勇于批判和变革的勇气。他指出，拔尖创新人才的判定标准是其对社会变革转型所做出的巨大贡献，而不是他具备的才华和学历。[②] 杨叔子则指出，拔尖创新人才是由先进精湛的文化所教育、培养出来的高素质、高层次、高品位、高格调，并对社会发展产生重大影响的人物。[③]

尽管人们对"拔尖创新人才"的定义没有达成共识，但综上所述，拔尖创新人才作为特殊人才，他们既要有一般人才的特征，也要有其独特之处。在马克思看来，人才是最重要的社会资源，是促进社会经济发展的动力，是决定人类整个社会发展的重要因素。由此可见，一般人才必须具备符合经济、社会发展要求

---

① 张秀萍：《拔尖创新人才的培养与大学教育创新》，《大连理工大学学报》（社会科学版）2005 年第 1 期。

② 高晓明：《拔尖创新人才概念考》，《中国高教研究》2011 年第 10 期。

③ 杨叔子：《文化的全面教育，人才的拔尖创新》，《学位与研究生教育》2005 年第 10 期。

的文化知识和道德水平，他们拥有强烈的社会责任感，并能运用自己的才能在所从事的领域中做出巨大贡献，进而促进经济发展和社会进步。

但拔尖创新人才的突出特点在于创新，也就是说他们能摆脱旧的东西的桎梏，创造出新的东西，如新产品、新方法等。作为创新性的人才具有以下基本要素：一是具有较强的创新精神。只有具备创新精神，才有创新的动力。二是拥有丰富的知识。深厚的知识功底，严密的知识结构是推动创新工作不断进行的重要基础。[①] 三是具备较高的独立思维能力。独立思维能力使个体在提出、分析和解决问题的过程中能不依附于权威答案，而是带着质疑的精神，独立探索解决问题的方法，从而发现新问题、新方法。

二　拔尖创新人才培养的问题及原因探析

历经多年的教育实践，我国部分高校在借鉴国外一流大学的拔尖创新人才培养经验的过程中，形成了一套独特的拔尖创新人才教学和培养体系，如竺可桢学院模式。这些高校为社会输送了一批又一批专业造诣精深、创新意识强烈、在各行各业起到带头作用的拔尖创新人才。但总体而言，拔尖创新人才培养仍是令高校难堪而迫切需要解决的难题。我国高校在培养拔尖创新人才的过程中，因自身教育体制等方面存在问题，无法令大批拔尖创新人才脱颖而出。

（一）人才选拔方式的弊端

当今，考试成绩仍是拔尖创新人才选拔的重要依据，众多高校招生选中的学生是成绩名列前茅的"尖子生"。例如：2001年到2009年北京元培学院一共招收了1445名学生，其中76人是

---

① 潘云鹤：《拔尖创新人才培养二十年的探索与实践》，《中国大学教学》2005年第11期。

各省市的高考状元；浙江大学竺可桢学院主要在保送生及高分学生中遴选。① 诚然，精湛的专业功底、丰富的知识积累是学生创新的基石，但知识的渊博并不是学生能否成为拔尖创新人才的充分条件。这意味着，只以学业成绩优秀难以断定学生的优秀，而学习成绩优秀的学生也不必然就能成为拔尖创新人才。在人才选拔中，我们不能忽视创新意识、独立思维能力等要素的重要性。

（二）教学与研究的分离

剖析一些高校的人才培养情况及相关的教育论著，我们不难发现众多高校和学者将人才培养简单地等同于教学，甚至是课堂教学。在这种片面的、狭隘的人才培养观的影响下，高校过分强调课堂教学对人才培养的重要性，而弱视甚至是忽视了研究在培养人才中的作用。高校教师掌握着最新的信息和学术动态，如果他们能融科学研究和教育为一体，就既能探索和传播新的知识，又能预见性地指导学生，引导学生尽快进入学术研究的最前沿。而今，高校却将课堂教学与科学研究相分离，使得学生与学术前沿相脱节、缺乏钻研学术的热忱与积极创新的意识。②

（三）过于强调对知识的精确掌握

我们总以为，离开了知识的积累，谈论创新就是无源之水，无本之木。然而，基础教育阶段学生的知识积累难道做得不好吗？到了大学为什么学生的创造水平还是不高呢？是不是因为过于强调知识积累而磨灭了学生创新的勇气和激情了呢？中国教育历来非常重视对旧知识的把握，认为只有熟练掌握旧知识才能有所创造。但是这个观点会出现一个悖论：创造就是要摆脱旧知识的桎梏，而被打破的旧知识如何成为新知识的基础？尤其是中国

① 董文杨：《高校拔尖创新人才培养模式案例研究》，硕士学位论文，湖北大学，2014年。
② 叶赋桂、罗燕：《拔尖创新人才培养的新思维》，《复旦教育论坛》2011年第4期。

的教育过分强调对旧知识的精确掌握，古代的知识分子因为考试选拔制度的安排，深深陷入八股取士和科举考试的"范式陷阱"，被塑造成一批顽固守旧的迂腐学究。而中国一流的学者从来就不是范式陷阱的产物，例如：李白、杜甫既非进士，也非翰林；王实甫、关汉卿、罗贯中都不是进士；曹雪芹、蒲松龄都是拔贡。这些文学领域的创新者，都不是旧范式掌握得最好的状元。可见，强调旧知识的掌握和权威，只会让学生对原有的知识产生依赖，而不是怀疑和创新。这种教育只是在培养旧知识的忠诚者和维护者，而不是创新人才。[①]

（四）忽视学生的主体地位

学生是学习的主体，学生的成长首先在于个人自身，其天赋、秉性、爱好、志向等是成才的决定性要素。"以学生为中心"是教学的一个基本原则，拔尖创新人才的培养也需遵循这一原则。在人才培养过程中，教师应尊重学生，尊重学生的学习自主性。在拔尖创新人才培养中，教师的主要任务是为学生创造良好的学习环境，给予学生必要的引导和指导。然而，高校却给学生填塞无数的课程。在教学实践中，传统的讲授法仍是高校教学的主要方法，科学知识仍是教学的重要内容，而学习方法、创新精神、实践能力的培养未受到应有的关注。这种填鸭式的教育使学生缺乏自由探索和思考的热情，阻碍了拔尖创新人才的培养。[②]

三　拔尖创新人才培养的新路径

对高校而言，仅仅认识到拔尖创新人才培养的紧迫性和自身

---

① 申明浩、杨永聪：《如何破解钱学森之问？——兼论创新人才培养与大学治理结构》，《广东外语外贸大学学报》2011 年第 6 期。

② 包水梅、李世萍：《我国拔尖创新人才培养的困境及其根源与出路》，《现代教育管理》2012 年第 8 期。

人才培养方面的弊端，是远远不够的。高校必须从人才选拔与管理制度、课程设置、人才培养模式等方面统筹考虑，制定一套切实可行的方案，探索拔尖创新人才培养的新路径，以促进拔尖创新人才培养水平持续提升。

（一）优化人才选拔与管理方式

首先，高校在拔尖创新人才的选拔中要综合考虑学生的兴趣爱好、学业成绩、科研能力等，通过多方面综合考察，遴选出有志于科学研究、具备较高创新意识及专业知识基础扎实的学生。其次，高校要采取多种渠道，如自主招生、二次选拔等。比如，让学生参加学科专题研讨会，教师对学生在讨论过程中的思维和分析能力、对科学问题的敏感性以及表达和交流能力等进行考察。如果条件允许，高校要与高中相衔接，合作开展创新人才培养研究和试验，吸引具有创新潜质的优秀生。最后，高校应在管理中实施多阶段动态进出机制，对拔尖创新学生的学习和科研情况逐年进行综合考核，注重考察学习过程中的创新能力和发展潜力。①

（二）课程分散与课堂自选

由于专业课程限制，无论学生愿意不愿意，喜欢不喜欢，这些必修课都是学生要学的。同时，即使学生学有余力，比如想深入了解统计学，却也没有激励的机制和便于讨论的对象，另外供学生自由选择的选修课也寥寥无几。而创新的本质就是把不同的事物联系起来，这样的课程设置无疑大大减小了学生联系不同学科知识的可能性。如果我们取消专业限制，以课程为基本单位供学生自由选择，这样的创新组合无疑会更多，涌现新创意的可能性也就越大，这就是课程分散。同样的道理，相同的课程有不同的老师教授，不同的学生参与。学生如果每次可以来到不一样的

---

① 杜玉波：《探索拔尖创新人才培养新机制》，《中国高等教育》2014年第2期。

课堂，和新同学交流，就更有机会接触到新奇的想法，在自己的头脑中建立起与原有知识迥然不同的联系，这就是课堂自选。

（三）教研结合

把科学研究引入到大学中，是德国著名教育家洪堡于1809年倡导的。他认为，大学教学中，首先要使学生对各种科学的统一性有一定了解，其次要培养学生从事研究的能力。教师的任务应当是对学生从事研究的一种引导，学生的任务应当是独立研究。自20世纪初，美国引进了德国的"教学和科研相统一"的新体制，造就了一批世界闻名的研究型大学，既出了成果又出了人才。[①]

借鉴国外拔尖创新人才的培养经验，我们不难看出，高水平科学研究与高质量人才培养是相互支撑、相互促进的。让大学生尽早参与科学研究活动是培养拔尖创新人才的重要途径。因此，我国高校要进一步完善科教结合、协同育人机制，充分调动校内外高水平科研资源向拔尖人才培养集聚。比如，让学生参与教师的科研项目或自主立项，在项目研究中开拓学生的创新思维，培养学生自主学习和在实践中获取知识的能力，让学生养成团队协作、共同攻关的习惯。

（四）改革教学方法

教学是拔尖创新人才培养的重要环节，改革教学方法已经成为拔尖创新人才培养改革的重点。对拔尖创新人才而言，高校宜采取小班化教学。小班班级规模小，学生人数少，学生有更多的时间与老师直接进行交流，能充分享受教育资源。此外，实施小班化教育，教师能够较细致地了解每一位学生，并尽可能地照顾到每一位学生。这样在教学设计时就具有较强的针对性，有利于因材施教。学生学习的积极性大大提高，同时也激发了学生的潜

---

① 刘潇潇：《WTO与高校法律实务型人才培养模式论纲》，《贵州师范大学学报》（社会科学版）2002年第3期。

能，使学生的个性得到张扬。

我们知道每种教学方法都有其优势与不足，因此，教师在授课时，应根据具体教学情境，灵活运用多种教学方法，如讲授法、实验法、讨论法等，营造和谐的教学氛围，提高教学质量。在教学中，教师要善于营造独立思考、自由探索的学术氛围，如通过学术沙龙、读书报告、兴趣讨论、科研小组等，让学生在创新文化氛围中得以熏陶，促进学生自主学习。此外，教师要注重引导学生学思结合，使学生将所学知识内化。

联合国教科文组织明确指出，21世纪新的教育精神是使个人成为他自己文化进步的主人和创造者。也就意味着，学生要学会自学。不可否认，自学是一种古老的学习方式，但这并不意味着它在现今的教育环境中失去了存在的价值。自学，尤其是在帮助下的自学，在任何教育体系中，都具有无可替代的价值。① 而教学方法既包括教师的教法也包括学生的学法，因此，在改革教学方法中，教师还要引导学生掌握正确的学习方法，使学生自主学习。

以上措施的运用，既反映了教学内在的联系又符合学生认知发展规律，有助于高校在拔尖创新人才的培养过程中突破"三中心"（即以教师为中心、课本为中心、课堂为中心）。自学是从学习者本人出发，是依靠学习者的主动性、积极性和创造性的有效学习方法，也是学生学习的初级阶段，是自己发现、提出和解决问题的过程。课堂教学是双边互动，是在教师的指导下，对自学中有代表性、启发性的问题，展开讲解或讨论，以达到既解决问题又训练思维方法的目的。科学研究是学习的最高境界，它不是为了掌握现成的知识，而是应用已有的知识去创造新的知识。

———

① 杨开春：《关于大学创造教育模式的构建》，《中国电子商务》2011年第6期。

第二节　不拘一格选人才——自主招生

"人为什么是现在这个样子？为什么没有四只眼睛？就算只有两只眼睛，为什么不是一前一后？""你是如何看待人是会死的？""谈谈你和你同学的关系。""请用英文介绍一下你的家乡，时间1分钟。""对现在热火朝天的打车软件，你有什么看法？""一辆高为4.02米的货车，要过一个高为4米的桥洞，在不绕路的情况下，要怎么过？"

以上是复旦大学2014年自主招生面试中的考题，大家不妨看看，如果你遇到这样的怪题，能解答吗？

一　什么是自主招生

自主招生又称自主选拔，是高校选拔录取工作改革的重要环节，包括国家重点大学自主招生与高职自主招生两大类。2003年，中国教育部开始推行自主招生，结束了此前高校只能在每年同一时间招考的历史。

通过高考自主招生笔试和面试之后，可以得到相应的高考降分政策，一般通过考试后招生学校会与其签订招生考试合同，签订合同后，一般可享受降低10分至几十分录取的优惠政策，另外还有专业选择方面的优惠，具体合同要与学校商谈。

目前，国内一些高中也采取了自主招生的方式预先招收优秀初三学生。例如安徽省合肥一中，报考条件为本省户口（合肥除外），预录取考生需参加初中毕业学业考试，预录取的考生携带户口本原件和复印件、初中毕业证书原件和复印件到校报到、核验证书，并参加学校组织的军训和入学教育，完成军训任务及入学教育的学生即可被正式录取。

从2015年起，所有试点高校自主招生考核统一安排在高考结束后、高考成绩公布前进行。笔试考试不得超过两门，考核过程全程录像，以防作弊。

（一）招生程序

自主招生的程序其实并没有我们想象中的那么复杂，从提交申请材料审核到高考，再到自主招生测试的笔试和面试，其间总共经历三个月左右的时长。

1. 第一关

申请材料审核。高校一般会在 2 月底前发布招生简章，考生于 3 月提交申请材料，高校对自主招生材料进行审核，在众多的申请者中选取部分考生进行测试。对于考生来说，要按照高校要求，将申请材料准备齐全。除了申请表之外，申请材料还可以包括考生个人陈述、获奖证书复印件、其他申请资料等。考生可以提交其在高中阶段获得的各种奖励证书的复印件。另外，考生还可以准备 1～2 封推荐信，内容包括推荐人的姓名、与学生的关系、推荐人联系方式以及对考生的评价等。高校会在 4 月底前公示初审通过的考生名单。①

2. 第二关

参加 6 月 7—8 日统一高考。如果考生通过高校自主招生测试，高校会与其签订协议，考生要参加统一高考，符合相应条件即可被录取。此外，特别优秀的考生经批准后，还可享受更优惠的政策。

3. 第三关

高校自主招生测试。6 月 10—22 日，各高校一般会单独或联合组织自主招生测试。一般而言，自主招生测试主要分为笔试和面试。无论是笔试还是面试，都不同于高考，试题灵活，涉及面广，主要看考生平时的积累。高校完成考核，确定入选资格考生的名单、专业以及优惠分值，并在教育部"阳光高考"平台

---

① 李海雄:《自主选拔：发现更优秀的你》,《高校招生》2015 年第 5 期。

公示。各省在高考成绩公布后，组织有关考生填报自主招生志愿，并在本科第一批次录取前完成自主招生录取。

（二）招生对象

教育部于2012年发布了《关于进一步深化高校自主招生选拔录取改革试点工作的指导意见》，对自主招生招收对象做出了具体规定。具有学科特长和创新潜质的优秀学生是试点高校自主招收的主要对象。

在自主招生中，高校青睐于在某些方面具备突出的能力和特长的考生。例如，超常的创新和实践能力，在文学、艺术、体育等方面有特殊才能以及学科竞赛获奖等。一般来说，参加自主招生的考生需具备以下条件：

1. 高中阶段学习成绩优秀、品学兼优、综合实力强或取得优秀荣誉称号；

2. 在一定领域具有学科特长，在各类比赛及竞赛中获得奖励；

3. 高中阶段在科技创新、发明方面有突出表现并获得奖励。

（三）报名程序

高校在自主招生中采用以"中学推荐为主，个人自荐为辅"的原则进行报名。然而，不管是"中学推荐"还是"个人自荐"，中学和学生一定要遵循"诚信"的原则，按照公平、公正、公开的原则进行申请和推荐工作，申请材料必须真实。

1. 校荐

每年各大高校都会给高中院校一些自招的考试名额，这些名额都会按照高中课程成绩和学科竞赛来给予学生校荐，其实通俗地说，就是你的平常成绩和考试成绩越好，而且获得的奖项越多，这样你获得校荐的概率就越大。各高校给中学的校荐名额数量一般是根据各年中学取得自招加分资格的人数来定的。

2. 自荐

自荐是由学生写申请材料（个人陈述），向大学申请自招考试资格。这里也是有要求的，不同大学对参加自招资格的规定是不同的，一般而言越好越出名的大学规定就越高。不过，通常情况下都认同下面这些条件：文体特长、市优干、市三好、参加过大学的自招夏令营并获优秀成绩、学科竞赛等。

（四）申请步骤

考生们可以通过学校的官网，在上面填写注册信息进行注册，这些信息不用过多地准备，越真实越好。除了个人的基本信息外，还必须填写教务部门的其他信息，以及毕业院校联系方式，以便于核实相关信息。在网上申请时，部分院校还要求上传照片，以便用于资质初审以及使用成绩的高校检查。如果照片不符合要求，那么你在自招的初审就无法通过。

资料投递首先要在该学校官网上注册后，才可进行网上投递。注册时要注意填写个人信息，包括姓名、手机号码、座机号码、身份证号、电子邮件地址等一系列的相关信息。其中，电子邮件和个人手机号码是作为该院校与你沟通的联络渠道。前面一系列的准备工作全部完成后，这时考生要关注自招的开始投档日期。认真准确无误地填入网上申请表格里，然后打印出一份 A4 纸版本的，同时含有所在中学盖章和签字。完成之后，即时投递，并经常在网上查询是否签收，以及第一时间知道你的初审是否已通过。

（五）志愿填报

入选考生应参加全国普通高等学校招生统一考试，并根据所在省级招办及有关高校的要求填报志愿。省级招办应单设自主选拔录取考生的志愿表，并于高考之前完成自主招生志愿填报工作。[1]

参加自主招生的高校一般要求入选考生在志愿表上填报的第

---

① 教育部：《关于进一步深化高校自主选拔录取改革试点工作的指导意见》，《课堂内外·教研论坛》2013 年第 4 期。

一志愿为该校，若该省份实行平行志愿，则须填报该校为平行志愿第一顺序。如果考生没填报该校，或者没填报该校为第一志愿，那么考生将不享有该校的自主招生优惠政策。

（六）录取政策

尽管入选考生在高考录取时可以享受优惠政策，但考生的高考成绩仍不能低于其所在省（区、市）试点高校同批次录取控制分数线。一般来说，入选考生享受的降分优惠在 20～30 分，最高不超过 60 分。部分优秀学生，可能获得降至一本线的优惠政策。

二　自主招生的影响以及意义

（一）对中学教学的影响

高校自主招生制度初衷是改变高考"一考定终身"的弊端，但却逐渐演变为高校争抢优秀生源的手段。这种变味的自主招生政策的出台，不仅造成高校间的恶性竞争，也给高中生增添繁重的学业和经济负担。为了通过招生高校的笔试和面试，很多考生四处报辅导班，而因此常常缺课。他们为了迎考，花费了过多的精力，占用了过多的时间，影响了正常的学习。2015 年开始，自主招生的考核时间安排在了高考之后，自此，以上的情况得到了一定的缓解。

（二）对高招公平性的影响

高校自主招生政策自出台及实施以来，在备受关注的同时也一直备受争议，自主招生制度的不公平是人们争议的热点。在自主招生考核中，很多考生是因为"特殊才能"被录取的。为了增加孩子通过自主招生考核的概率，很多家长花费巨资送孩子参加各种辅导班，如面试能力的训练班、奥林匹克数学辅导班等，刻意培养孩子的"特殊才能"。由此可以看出，贫富差距是影响自主招生制度公平性的重要因素。

此外，自主招生制度还存在地域上的不公平，主要表现为对农村考生的"歧视"。历来通过自主招生考核的农村考生人数远低于城市考生。以 2010 年北京大学颁布的自主招生新政"校长推荐制"学校名单为例，名单中完全没有位于农村地区的高中。可以说，农村考生是自主招生制度中的弱势群体。①

三　国外以及我国台湾地区高校自主招生的模式

有学者对国外（美国、英国、日本、韩国）高校自主招生做了考察，国外自主招生的模式主要有三种：一是此类，美国高校招生就属于完全自主型；二是半自主型，以日本为代表；三是统招前提下的自主型。与中国的自主招生制度相比，国外更加注重考核考生的综合素质。随着社会的发展进步，人们认识到，任何一次考试或单一的考试内容、形式、方法都无法完整地评价一个学生，因此高校一方面应采取多次考试的方式来改变"一考定终身"的弊端，另一方面则运用多方面的考试内容和方法以全面考查学生。例如，英、日两国的考试科目除了统一的必考科目以外，还有许多的自选科目供考生和大学选择；考试形式除了笔试以外，还增加了口试、面试、小论文、实践操作等；考试内容也是将知识和能力的考察结合起来并突出对综合素质的测查。而美国高校则会综合考虑学生的 SAT 或 ACT 成绩、高中成绩、参加社会志愿活动、特长以及个人陈述等因素。这种综合化的考试对学生和教学评价都更加科学、准确和全面，便于满足多方面的要求。

同时，它们还把中学成绩和各种毕业会考作为高校招生的重要依据之一。这种趋势在各国都有所体现，如美国高校录取新生时，不仅考虑考生高中时的成绩和学分，以及在高中毕业班的名次，还十分重视学校或者老师的推荐信。

---

① 杨寒、郑丽娜：《我国高校自主招生制度的问题与对策研究》，《教育界》2014 年第 15 期。

　　总之，美国高校招生政策及录取标准反映了以下教育理念：一是强调基础教育的地位；二是突出形成性评价的作用与特点；三是肯定标准化考试成绩的正向功能；四是以学习为中心，聚焦教学优异。[①] 而英国高校则作为主体独自或联合成立专业考试机构，为高校招生提供高质量的考试服务。此外，英国还设立高校招生服务机构，以负责全国的高校招生事宜，它的主要任务是给各高校投发申请者的资料，而具体招生录取工作则由各高校自主决定。

　　台湾位于中国的东南海域，它与大陆隔海相望，秉承中华民族的文化传统，其教育制度，尤其是高等教育主要源自祖国大陆。一方面，由于文化背景、社会习俗、传统习惯等因素的影响，台湾的大学招生制度与大陆有相似之处。另一方面，由于台湾自1949年以后与大陆相互隔离，因此台湾的教育制度也有其独特性。1949年至1953年，台湾实行的是高校单独招生的模式。从1954年起，随着台湾地区高中毕业生人数的增多，高校单独招生模式的弊端日益显露。考生重复参加各校自行组织的招生考试，造成了学生在人力、物力和精神上的过度消耗。因此，高校联合招生制度应运而生，台湾大学、台湾省立师范学院、台湾省立农学院、台湾省立工学院是最早试行联合招生制度的院校，此后，实行联合招生的高校数量逐渐增加。1972年至1983年，这个时期台湾的政治、经济、文化都遭到了巨大的动荡，这一切都在促使着政府实施革新保台政策，这一时期也是台湾的大学入学考试制度的规划时期。1984年至1991年，台湾实行联招新制，大学"联招新制"具有如下特色：（1）确立先考试，后填志愿，再统一分发的"考招分离"的联招架构。（2）增加考生选择的机会。（3）符合大学招生的要求，可以招收到合适的学生。

―――――――――

　　① 乐毅：《美国本科招生模式及录取标准：启示、借鉴与本土实践》，《现代大学教育》2008年第1期。

（4）大学可以依据其特殊的性质和需要，选择所需要的学生，从一定意义上说具备了单独招生的部分优点。（5）减轻大学联招的工作负担。[①]

台湾自2002年起正式实施"大学多元入学方案"，引起了教育界的广泛关注。这一方案使用多种途径选拔新生，有利于改变以往联考制度中仅凭一次考试录取的弊端。但甄选本应是"多元入学方案"中的亮点，却因其实施过程中的"暗箱操作"和对"多元能力"的要求所带来的不公平问题，而成了社会争论的最大焦点。[②]

但对于台湾的招生制度，有两点是值得我们学习和借鉴的：一是总成绩计算方法比较灵活合理，将符合基本筛选标准的统考、术科考试和甄选测试三项成绩整合后加权汇总处理，按总成绩高低择优录取，这种计分方法为那些在统考中表现平平，但在术科考试或者甄选测试中脱颖而出的专长生提供了入学的机会，二是台湾提供甄选入学制和考试分发入学制两种入学方式，且在同一时间统一按批次录取入学。

四　自主招生的相关问题的争议

与国外的自主招生政策相比，国内的自主招生政策问题凸显。起初，自主招生制度被视为改变"一考定终身"现状的破冰之举，然而，随着其实施，各种争议也蜂拥而至。自主招生的复杂性、高利害性和高敏感性使得自主招生改革中不断涌现出新的问题。

（一）选拔缺乏科学性

考试招生是一项对科学性要求极强的工作，它在制度设计、

招生目标和标准设定、综合招考选拔指标体系制定、命题和面试等环节都对科学性有着极高的要求。当前，自主招生科学性的相关问题突出表现为以下几方面：首先，在招生制度方面，考生要多次参加文化课考试。其次，在综合招考选拔指标体系制定方面，我国尚未形成招生院校的综合选拔体系，招生院校试题之间的关联度和相对独立性相对模糊，其所要测试的目标、知识结构、能力结构不够清晰，这使得招生院校试题的整体性、考核目标、考核功能等颇受质疑。最后，招生院校缺乏专业化招考队伍。在试点自主招生制度后，教育部考试中心—省级招办—招生院校三级考试招生体系日渐形成，高校成为招生工作中的重要一级，但高校尚未建立起一支专业的考试招生专家队伍去承担报名、资格审查、命题、面试等工作。[1]

（二）公平问题

高校自主招生制度的公平问题是社会上批判的焦点。自主招生在公平上主要存在以下问题：首先，就机会公平而言，大学的自主招生报名条件明显有利于教育资源发达地区的学生，而农村学生则缺少被自主招生的机会。其次，就考试内容与形式而言，自主招生高校青睐于具有"特殊才能"的学生，这要求家庭花费大量金钱培养考生的"特殊才能"，而大多数农村家庭难以承受这种负担。最后，就自主招生监管而言，自主招生监管过程不够透明，存在破坏自主招生公平的暗箱操作、递条子、权钱交易等现象。

（三）诈骗分子混淆概念

一些没有国家统招资质的学校利用自主招生、自考两个概念来混淆学生。这些学校为了牟利，混淆自主招生、自考的差别。其实，这是两种不相关的选拔方式，一种是新时期选拔人才的方

式，一种是社会助学的方式，两者之间有着天壤之别，虽然某些高校开设了自考，但是两者的根本性质和特点是完全不同的，也不能等同。

（四）诚信问题

在实际运行中，某些学生视自主招生的高校为"备胎"，他们参加高校的自主招生考核不是为了到该校读书，而是为了给自己留条后路。一旦高考取得了理想的成绩，他们就会趁机选择更好的院校。这种单方面的"毁约"行为在一定程度上摧毁了高校对中学的信心，进而导致高校减少中学的自主招生名额。为了约束学生的"毁约"行为，一些中学要求学生在参加自主招生考核前缴纳一定数额的保证金，但效果并不明显。反之，部分中学为了提高升学率，出现"推良不推优"情况，这又是另一层面的不诚信问题。

五　中国学者对自主招生的评价与建议

随着我国高等教育的快速发展和社会对人才的多样化的需求，传统的统一高考的弊端越来越明显，既不利于社会多元化人才的培养，也是对国家教育资源的一种浪费。

自主招生是顺应素质教育要求的重要举措，它具备选拔标准多元化、灵活性大的优势。但是在实际运行中，自主招生加重了考生的经济负担和学业压力，增加了因经济因素和招生舞弊所衍生的考试不公平现象等，这些弊端使自主招生为公众所诟病。①

自主招生本应是一剂解决问题的新药，但有学者指出，通过自主招生录取的学生具有一定的"特殊才能"，然而在培养方面，高校对他们与统招考生"一视同仁"，并未针对他们设计相应的培养方案。此外，在评价方面，学校也缺乏符合他们情况的

① 张亚群：《高校自主招生不等于自行考试》，《中国教师》2005年第3期。

评价体系，不利于偏才、怪才的培养。因此，参与自主招生的高校应改革现有的人才培养模式，才能培养出多元化的人才。①

作为我国人才选拔制度的重要组成部分，自主招生政策对我国教育发展产生重大影响。自主招生政策实施恰当有利于促进教育的发展；反之，则会成为教育发展道路上的"绊脚石"。面对层出不穷的问题，众多学者积极探讨改善自主招生政策的措施，使其更好地服务于我国教育。

自主招生政策是探索录取标准多元化的可能途径。与普通高考相比，自主招生政策扩大了高校的自主招生权力，高校能根据自身的培养目标自主命题、自主选拔。法国启蒙思想家孟德斯鸠曾说过"绝对的权力，会导致绝对的腐败"。② 部分高校将自主招生考核视为敛财的机会，"点招"现象屡禁不止。因此，在招生方面，政府和高校要进一步厘清权限关系，高校应在政府的宏观管理下依法发挥招生的自主权。比如，政府可以组织一批专家学者设立专业的考试机构，使高校自主招生实现"考招分离"，以保证考试的权威性、公平性。③ 此外，专业考试机构的设立，也有利于降低高校的自主招生成本。

自主招生政策改革牵一发而动全身，它不仅关乎人才选拔制度，还涉及人才培养、社会诚信等诸多方面。推进自主招生政策改革，离不开教育模式的转变和诚信机制的建立。随着配套性改革的推进，自主招生政策改革将愈加深入，从而建立统一招考与多元化招考相结合的高校招生体制，既保障大多数人受教育的权利，又符合人才培养多元化的需求。

---

① 周剑清：《高校自主招生的误区、禁区与盲区》，《国家教育行政学院学报》2010 年第 6 期。

② ［法］孟德斯鸠：《论法的精神（上卷）》，张燕深译，商务印书馆1982 年版，第 154 页。

③ 帅相志：《市场经济与中国高等教育体制改革》，山东人民出版社2005 年版，第 169 页。

第三节　名师出英才——教授为低年级学生授课

"名师"一词有广义和狭义之分，广义的"名师"泛指"社会各界影响广泛并拥有追随者和知名度的杰出人才"，狭义的"名师"指的是在教育领域公认的有重大贡献和影响的学者、教师、培训师等。[①] 王毓珣先生从九个方面对名师的内涵进行了界定，在他看来，"名师，是指在一定时空范围内自然而然形成的，具有一定的知名度、认可度、美誉度、影响度和突出成就的专业素养较高的富有创造性的优秀教师"[②]。本书讨论的即是教育领域之中的"名师"。

一　"名师"与"英才"的关联性

名师出英才，妇孺皆知。在诺贝尔科学奖获得者中，有师徒关系的比例高达40%以上，而美国获奖者中师徒关系的比例高达60%。[③] 被誉为原子核物理学之父的卢瑟福于1908年荣获诺贝尔化学奖，他更是指导培养了12位诺贝尔科学奖获得者。[④]

如果对诺贝尔奖获奖名单进行更深入的分析，我们会发现其中存在多代连续的名师出英才的现象。所谓多代连续的名师出英才现象，指的是名师培养出优秀的学生，学生继而培养出优秀的传承者，薪火相传。如五代相继的名师出英才现象：1909年诺

① 程大琥：《试论名师的基本特征》，《中国教育学刊》2000年第3期。
② 王毓珣：《名师概念及特征辨析》，《天津市教科院学报》2005年第4期。
③ 袁战国、梁波波：《由诺奖中的名师出高徒现象看名师培养》，《高等教育研究学报》2012年第1期。
④ 安永庆、刘磊、李冰新：《由诺奖中的名师出高徒现象看名师培养》，《社科纵横》2011年第9期。

贝尔化学奖获得者奥斯特瓦尔德，1920 年诺贝尔化学奖获得者
能斯特，1923 年诺贝尔物理学奖获得者密立根，1936 年诺贝尔
物理学奖获得者安德森，1960 年诺贝尔物理学奖获得者格拉泽，
后者师承于前者。通过分析，不难看出，在诺贝尔奖获得者中，
名师出英才具有相当的普遍性。

"我可以告诉你们，怎么样才可以获得诺贝尔奖金，诀窍之
一就是要有名师指点。"这是保罗·萨缪尔森的肺腑之言，也是
经验之谈。名师指导是获得诺贝尔奖的重要途径。通过名师的指
导，我们可以在成才之路上少走弯路。朱克曼教授，致力于研究
美国诺贝尔奖获得者，他的一项研究结果表明：受诺贝尔奖获得
者指导的人比没有受其指导的人的平均获奖年龄要小 7.2 岁。[①]
毫不夸张地说，名师是培养拔尖创新人才的关键因素，他们运用
精湛的教学艺术将自己渊博的学识传授给学生，同时也以严谨的
治学态度及独特而高尚的人格陶冶学生的情操。

名师出英才现象，不仅局限于诺贝尔奖领域，其他众多领域
都能提供广泛的案例。如在哲学领域，苏格拉底教授出柏拉图到
柏拉图教授出亚里士多德。在我国，名师出英才的现象也屡见不
鲜，如从数学家熊庆到华罗庚再到陈景润；清华大学叶企孙教授
更是培养出 11 位"两弹一星"功勋奖章获得者。这些案例充分
印证了名师可以出英才。

二　名师的功能

"名师出英才"强调的是教师自身的知识水平、教学技能、
个人修养等方面综合在教育教学中的具体实践，教师凭借具体的
教学手段、方法将知识、技能传授给学生，使学生在继承与创造
过程中达到事半功倍的效果。诺贝尔奖获得者卢瑟福在指导学生

---

① 张秀萍：《拔尖创新人才的培养与大学教育创新》，《大连理工大学
学报》（社会科学版）2005 年第 26 期。

方面坚持两项原则：一是永远不给一个人一个以上的题目；二是永不放一个人于无用的研究项目上。卢瑟福融科学和教育研究为一体，掌握着最新的信息和学术动态，既能探索和传播新的知识，又能预见性地指导学生，帮助其进行前沿性科学研究。名师出英才既然是科学发展史上的事实，那就必然会有让其成为历史事实的依据。名师具备深厚的专业知识功底、丰富的教育教学经验、灵活的教学方法、诲人不倦的教导精神、求真务实的理性精神，他们不以权威自居，平易近人，对科研要求严格，一丝不苟。[①]

（一）具有光环作用

光环作用，又称晕轮效应，"指在人际相互作用过程中，当认知者对一个人的某种特征形成好或坏的印象后，他将根据对方的最初印象不加分析地用来判断、推论该人其他方面的特征"。首先，名师因才学出众，声名远播，具有聚集作用，即能够聚集一批好学者前来求学。因其名气大、声望高等因素，名师的主张易被学生接受和认可，他们提出的建议也会更容易被领导采纳。其次，名师极易成为学生模仿的对象。相关研究表明，学生的年龄越小，越是希望找到值得尊敬的人物去学习和模仿。名师也正因为其知识的渊博、造诣的高深、教学的精湛及其独特的人格魅力等，容易成为学生竞相模仿的对象。

（二）善于挖掘学生的潜能

名师能慧眼识英才，善于培养选拔优秀的人才苗子或在某一方面有天赋、才能和创新潜力的学生。研究表明，经过名师教导的学生，更易找准自己的发展方向和目标。例如，杨振宁师从裴米，裴米在教授他的过程中，很快就发现与研究实验物理学相比，杨振宁更适合理论物理学的研究。在裴米的建议下，杨振宁

---

①　袁战国、梁波波：《由诺奖中的名师出高徒现象看名师培养》，《高等教育研究学报》2012年第1期。

转向研究理论物理学，并迅速取得成就。

（三）拥有丰富的资源

众所周知，名师具备独特的治学方法、精湛的专业功力。除此之外，名师还能为学生营造良好的科研创新氛围、搭建一流的创新平台，能紧密结合科学研究的动态和学生的实际情况，在科研和研究方向的选择上，为学生提供具体的、有效的指导，引导学生尽快进入学术研究的最前沿。此外，名师因其卓越的贡献而在科学体系中占有重要地位，并具有推荐学生优秀研究成果的权力。一旦获得名师的推荐，学生就易于受到他人的重视，并获得更多的机遇。比如，诺贝尔奖获得者拥有推荐提名诺贝尔奖候选人的永久资格，因此他们能把优秀弟子送上选拔现场。

三　论教授为低年级学生授课

著名的教育家贝律迪曾这样写道："一个教育系统的优劣，必然是大大地依赖于服务于此系统的教师。"教授是高校教育系统中的佼佼者，是高校的顶梁柱，承担着支撑起优质教育大厦的重任，在人才培养方面起着不可替代的作用。[1] 教授在教学中的参与度，很大程度上决定着高校的教育质量。

而低年级学生，即本科生，在高校占据举足轻重的地位。近年来，一些大学中流传"一流的本科，二流的硕士，三流的博士"的说法。其实，中国的本科生大多基础好甚至有研究、创造的天性与积极性。优秀的本科教育，既能为科研领域培育优质的后备人才，又能为国民生产领域输送高素质的人才；而教授参与教学是培养优秀本科生的重要途径。[2]

一是教授对学生一生的影响是多维度的、深远的。根据调

---

① 王毓珣：《论名师的作用》，《当代教育论坛》2006 年第 13 期。

② 陈琛：《高校加强教授为本科生授课的思考与探索》，《高等教育》2014 年第 2 期。

查，许多人会忘记曾经教过自己的老师，但是对自己崇拜的名师的音容笑貌却仍然记忆犹新，并尽力去效仿。教授因其威望与学识，备受学生的尊重与喜爱，所以对低年级学生的影响力比一般老师更大、更深、更持久。教授不仅仅是本科生崇拜的偶像，也是他们模仿的对象。所以，教授的一举一动都会对本科生产生极大的潜移默化的影响。

二是对其他教师的垂范作用。名师因其在专业精神、专业知识、专业能力上居于较高的水平而得到了人们的认可和尊重。这种认可与尊重会转化为一种强烈的影响力，比如会影响其他教师的教育行为。榜样的力量是无穷的，一个好的老师可以使团队中其他成员受到启迪和教育。孔子曾经指出："学而不思则罔，思而不学则殆。"名师能让其他教师在学习过程中与自己做对比，这其中就包括教师的思考和反思。

三是教授能给学生传授最新的知识，引导学生进入研究的前沿领域。教授活跃在学科领域的最前沿，所以对学科的前沿知识有着深刻的理解，这样，教授能不断更新自己的知识，并在讲授过程中深入浅出，将知识传授给本科生，使学生了解学科的动态与发展方向。教授是高校的瑰宝，高校必须充分利用这一优质资源去培养学生，加快教育发展的步伐。[1]

（一）教授为低年级学生授课现状及原因

中国的高等教育已经从精英化教育阶段进入到大众化教育阶段，但令人遗憾的是，我国本科生教育质量不容乐观。相当比例的副教授、教授轻视本科教学。有些教授甚至将本应承担的本科教学工作"转包"给自己的博士生和硕士生，直接导致本科教学质量的下降。有调查结果表明，我国教育部所属的高校中，有1/3的教授没有承担本科教学任务，为本科生上课的教师90%以

---

① 王琦：《研究型大学"教授为本科生授课"问题研究》，硕士学位论文，华东师范大学，2008年。

上是讲师或者助教。

　　本科教育质量的下滑，引起了教育部的高度重视，并制定有关政策，以确保教授参与本科生授课。2005 年，教育部印发《关于进一步加强高等学校本科教学工作的若干意见》，要求各级教育行政部门及高校充分认识到本科教育的重要性，将教授、副教授讲授本科课程作为高等学校的一项基本制度，连续两年不讲授本科课程的，不再聘任其担任教授、副教授职务。① 2007年，教育部在《关于进一步深化本科教学改革全面提高教学质量的若干意见》中，再次强调"把为本科生授课作为教授、副教授的基本要求"，"通过教授上讲台，为学生提供高质量教学"，"不承担本科教学任务者不得被聘为教授、副教授职务"。② 2012年，教育部印发《关于全面提高高等教育质量的若干意见》，要求高校制订具体办法切实落实教授为本科生授课制度，将承担本科教学任务作为教授聘用的基本条件，让最优秀教师为本科一年级学生上课。③

　　全国各高校也相继出台了相应措施以响应教育部的号召，在一定程度上提高了高校教授为本科生授课的比例。但是，教授在承担本科教学任务中仍存在很多问题，如"身在课堂，心在科研"。那么，教授缘何对本科教学缺乏热情？当前，高校为提高学校的学术声誉，将论文数、科研项目数、科研经费等作为评价与考核教师的硬性指标，教师科研工作量同职称评聘、工资待遇直接挂钩。此外，外界及同行主要是依据教授的研究成果来评价教授的，教授的科研水平越高越有机会获得国家科研项目和各种

　　① 教育部：《关于进一步加强高等学校本科教学工作的若干意见》，《中国大学教学》2005 年第 2 期。

　　② 教育部：《关于进一步深化本科教学改革全面提高教学质量的若干意见》，《中国大学教学》2007 年第 3 期。

　　③ 教育部：《关于全面提高高等教育质量的若干意见》，《中华人民共和国国务院公报》2012 年第 22 期。

奖项。而与巨额的科研经费相比，教授为本科生授课不但要接受学生、学校的评教，授课课酬还难以满足他们的需求。① 因此，教授热衷于科研任务，繁重的科研任务占用了教授过多的时间与精力，他们没有足够的精力投入本科教学。

（二）提高教授为低年级学生授课的积极性

"师者，所以传道授业解惑也"，为学生授课本应是教师义不容辞的责任。教授承担着高等教育培养人才的重大职责。高校教授为本科生授课的比例低，或"身在课堂，心在科研"，严重损害了学生利益，造成本科教学质量滑坡，不利于高等教育的发展。② 因此，国家教育行政管理部门与各高校需建立健全教授承担本科教学任务的制度保障，提高教授为本科生授课的积极性，促进本科教学质量的提升，推进拔尖创新人才的培养。

1. 加强制度保障，确立本科教学的地位

为了提高教授为本科生授课的积极性，教育部颁布了一系列文件，还设立了"国家教学成果奖"、"高等学校教学名师奖"。但是，由于评奖主要采取学校推荐的方式，由评委会组织专家委员会进行评审，少数学校为了提高得奖的概率，就推荐人脉关系好的教授，而真正的教学名师却不一定能评上。因此，教育行政管理部门应优化评奖制度，坚持各个阶段的评议和表决公正、透明，切实保障名师的利益。此外，教育行政部门可将本科生教学评估与财政拨款结合起来，以引起高校对本科生教学的重视。

高校应充分认识到本科教育对人才培养的重要性，平衡研究与教学的发展，坚持科研反哺教学，做到研究与教学共同发展。高校要将教授为本科生授课作为学校的基本制度，使教授承担起本科生教学任务。例如，高校可将承担本科教学任务作为学校教

---

① 孙德芬：《教授为本科生授课制度的思考》，《人力资源管理》2011年第8期。

② 许乐：《浅谈"教授不教"现象》，《文教资料》2008年第31期。

师聘任的基本条件，并将教授主讲本科生课程作为晋升、年终考核的依据。

2. 创建激励机制，提高教授授课积极性

在出台一系列制度约束教授承担本科教学任务的同时，教育行政部门和高校还应积极探索激励性措施，提高教授投身本科教学工作的积极性。首先，要提高教授待遇，提高教授岗位工资，使教授能安心地从事教学和科研工作。其次，要修订讲课津贴政策，提高教授为本科生授课的课酬，引起教授对本科教学的重视。最后，要创办名师评选活动，并在校报等媒体宣传获奖教授事迹，充分发挥名师的示范效应，引导教授主动承担本科教学工作，强化教授为本科生授课的荣誉感。[①]

3. 调整评估标准，加强教学评估与监控

我国高校评估普遍存在着重科研、轻教学的现象。这种评价倾向导致教授把主要精力投入到科学研究之中，而不愿把自己有限的时间去给本科生授课。因此，高校必须调整评估标准，首先要把教学态度、教学方法、教学质量、课时量等纳入评估体系之中，并作为评估体系中的重要指标，从而激励教授参与和支持本科教学。其次，高校在计算教师工作量时，要提高本科教学权重系数。众多高校在计算教师工作量时，本科级别课程的教学工作量的权重系数是最低的。因此，本科课时会占用教授更多的时间与精力，却不能得到相应的报酬。本科教学工作量的权重过低，挫伤了教授教学的积极性。因此，要调动教授为本科教学的积极性，就必须尊重从事本科教学的教师，肯定他们的劳动价值。

学校还需采取措施加强本科教学监控，可在开学初和学期中开展"教授为本科生授课"的专项检查。在开学初的检查中，统计各学院教授、副教授为本科生上课的比例并进行通报，督促

---

① 王琦：《研究型大学"教授为本科生授课"问题研究》，硕士学位论文，华东师范大学，2008 年。

个别学院认真按规定选派任课教师；在学期中的检查，对教授教学情况进行调查，如教授是否亲自为本科生上课、教学质量、教学态度、执教能力以及教学方法等方面的情况，并公布教学质量监督结果。

4. 提供教学服务与辅助，为教授上课提供便利

除了教学任务，教授还承担着繁重的科研任务，部分教授还承担着教学管理工作。教授希望学校能配备助教，帮助阅卷和批改作业，减轻他们的授课压力，提高课程教学质量。高校应考虑到教授的实际情况与需求，配套出台本科教学课程助教制度，减轻繁琐重复的工作量。部分高校为教授上课配备了课程助教岗，教授负责课堂授课，课程助教则承担着所授课程的有关教学辅助工作。这些助教大部分是授课教授的博士或研究生，个别助教由高年级优秀本科生担任。本科生通过担任课程助教，一方面有助于夯实自身的专业基础、提升专业综合素养，另一方面增加了与教授近距离接触的机会，有利于接受教授渊博学识与人格魅力的双重熏陶。

在落实本科教学课程助教制的同时，应充分利用网络资源。高校可构建网络教学平台，在主页上设置教学名师、精品课程、教学资源等栏目，既有助于增进教授与学生之间的交流，又有利于打破传统课堂授课的时间与空间限制，增加学生参与教授授课的机会。

第四节　产学研联合——人才培养的新机制

创新人才的培养不仅仅是学校的任务，还需要社会各界的共同合作与不懈努力。在众多的人才培养方案中，产学研联合教育是一种经过实践检验证明比较有效的人才培养模式。不论是在普通高等教育还是在职业教育中，产学研联合教育模式均有较好的适应性和充分的改进空间，对促进创新人才培养、相关产业壮

大、特殊技术研发和地区经济社会发展都有一定的积极作用。

一　产学研合作教育的概念

一般认为，产学研合作教育即生产、教育、科研相结合的教育模式，是指高等院校、科研院所和企业在人才培养、科学研究、技术开发、生产经营，以及人员交流、资源共享和信息互通等方面所结成的协作关系。"产"是指一项具体产业的生产过程，体现了经济和社会发展的需求和方向；"学"是指教学过程，其中包括学校的办学理念、教学内容和教学方法以及教学管理等方面，为"产"输送创新技术人才；"研"是指科研活动，但是它的科研目的和内容比一般意义上的科研活动要明确，即为"产"而研，为"产"服务。具体而言，产学研合作教育中，企业、高校和科研机构形成了如下关系：企业能够提供资金支持，高校拥有基础知识优势，科研机构可以进行技术开发，三者为了共性关键技术展开合作，形成了产学研联盟。

为了更好地理解产学研合作教育，我们可以将它与传统教育进行一个比较。在教育观念和实施单位上，传统教育和传统的计划经济有类似之处，即学校只按照具体教学大纲的要求培养学生，基本不考虑企业的用工需求，是一种只管"生产"不管"销售"的封闭式人才培养模式；产学研合作教育则要综合考虑企业、学校和科研机构的不同诉求，以开放的心态听取各方面的意见和建议，学校、企业和科研机构都是相关实施主体。在教育目标上，传统教育以向学生传授知识为主要教育目标，较少培养学生的实际操作技能；产学研合作教育则有具体的实习场所和明确的科研任务供学生实践和探索，在一定程度上消除了传统教育长期以来书本知识与实践相脱节的弊病。在教育手段上，由于传统教育长期以来实行的班级授课制，比较适合向学生"复制"普遍的和共性的知识，很难完全照顾到每个学生的不同需求；在产学研合作教育中，每个学生的实践都会得到老师的具体指导，而这里的老师也可能不仅有学校的老师，还有企业的管理人员和技术人员。在教育切入点上，传统教育大多数都以课堂教学为主要教学形式，学生的活动场所十分有限；产学研合作教育则有生产实践、科研实训等多个环节，可以根据具体的教学需要改变教学场所，有利于学生掌握实际操作技能。另外，在主要特征方面，传统教育强调的是学生对知识的精确掌握，是一种继承性教育；产学研合作教育则要求学生面对实际问题提出切实可行的方案，需要学生善于寻找新思路，探索新方法，是一种探索式教育。在强调内容方面，传统教育注重学科的系统性，是一种理论上的知识结构；产学研合作教育则要求学生根据科研目标和科研任务，打破学科间的壁垒，探索新的学科组合方式。[①]

传统教育与产学研合作教育的区别

	传统教育	产学研合作教育
教育观	封闭式	开放式
教育目标	传授知识	培养实践能力
教育手段	适合于共性培养	适合于个性培养
教育切入点	课堂教学	生产实践、科研实训
实施单位	学校	学校、企业、科研机构
主要特征	继承性教育	探索式教育
强调内容	学科的系统性	学科间的综合性

二 产学研合作模式

根据不同的分类标准，产学研合作教育可分为不同的模式。根据产学研合作的形态划分为：一是点对点模式，即企业与大学

---

① 谢慧明、曾庆梅、夏富生、王武：《产学研合作教育与创新型人才培养初探》，《合肥工业大学学报》2006 年第 6 期。

之间建立起一对一的合作创新关系。二是点对链模式，指一个企业与若干学术机构，或者是一个学术机构与若干企业建立起创新合作关系。三是合作网络模式，指多个企业及高校科研机构共同参与的合作创新。根据合作主体在合作中的地位可分为大学主导型、科研机构主导型和企业主导型三种模式。[①] 根据政府在产学研合作中的作用可分为市场自发模式、政府引导模式和政府主导模式。根据产学研合作的方式划分，产学研合作教育可分为以下7种基本模式。

产学研模式

产学研模式	
转让开发型	技术转让模式
	技术开发模式
共建共享型	共建经济实体模式
	共建科研基地模式
	联合培养人才模式
	共享科技资源模式
产业联合型	产业技术联盟模式

（一）技术转让模式

技术转让是指产学研合作各方以契约的方式对专利技术、技术秘密、实施许可等无形资产进行使用权转让的一种经济法律行为。技术转让模式就是通过签订专利技术转让合同，科研机构、高校出让专利技术，企业受让高校、科研机构相对成熟的技术成果。这其中具体包括高校、科研机构的新技术、新产品、新工艺等的专利权、专利申请权、专利实施许可权、技术秘密等。

技术转让模式有利于在短期内将高效的科研成果转化成新产

---

① 王文岩、孙福全、申强：《产学研合作模式的分类、特征及选择》，《中国科技论坛》2008 年第 5 期。

品、新技术，让企业迅速获益，它具备权责分明、容易操作的优
势。然而，技术转让模式一般是一次性转让，注重短期效益，它
的弊端是产学研各方联系不紧密，对技术创新缺乏持续性
刺激。①

（二）技术开发模式

技术开发是产学研结合的最主要形式，主要包括委托研究和
联合攻关。前者是指委托方将所需研发任务委托给受托方进行研
究的一种经济法律行为，即企业委托科研机构或者高校对新产
品、新技术、新工艺、新材料等进行研究开发。在委托研究中，
企业提供资金、承担风险以期获得研究成果，高校或者是科研机
构则获得研究经费以实施对相关科研任务和相关课题的深入研
究。后者是指产学研各方共同寻求技术解决办法以攻克某一科研
任务的一种经济法律行为。在开发过程中，该模式一般以科研课
题为载体，以课题组为依托，由产学研各方派出人员组成临时研
发团队进行研究开发。② 在实践中，联合攻关模式可能是市场自
发的行为，也可能是政府引导的合作攻关行为。

不难看出，技术开发模式的优点主要有：一是所取得的技术
成果的知识产权清晰；二是可以将高校、科研机构研究开发的优
势与企业的市场优势、产品化优势、资金优势相结合，达到"资
源共享"、"优势互补"的目的。其主要缺点是研究团队不稳定，
不利于产学研各方知识的累积沉淀。③

（三）共建经济实体模式

共建经济实体模式的前身是高校或科研机构的内部一体化模

① 赵旭：《产学研合作的内涵及其基础探讨——兼论技术市场模式与
产业规模性的互动》，《人民论坛》2012 年第 32 期。

② 罗利华、季春、屠海良：《江苏省产学研合作主要模式及案例分
析》，《中国市场》2014 年第 26 期。

③ 金宝峰、沈光林、林夏丹、李凌：《产学研合作模式分析与企业对
策》，《广东农业科学》2011 年第 24 期。

式。内部一体化是指科研机构或者高校以开办企业的方式，通过组织创新将自身技术研究成果转化为产业生产力。然而，自20世纪80年代以后，随着高科技校办企业的逐渐壮大，出现了股权结构单一、产权关系不顺、法人治理结构不完善、管理体制不规范等一系列问题。为此，我国出台政策，禁止高校以事业单位法人身份开办企业。由此，共建经济实体模式应运而生，它是最成熟的合作方式。在共建经济实体模式中，产学研之间以资本为纽带紧密联系在一起，反映出产学研结合从松散型向紧密型发展的趋向。

共建经济实体模式一般具有以下独特优势：一是以市场为导向，实现研究、开发、生产、销售一条龙。该模式中，高校、科研机构是技术的源头，企业则是生产、销售的基地，从而达到技术与经济相结合。二是高校与科研机构主要以无形的资产即技术入股。企业主要以现金及固定资产等入股；三是管理体制比较合理、规范。四是产学研各方利益共享、风险共担，且三者间的产权明晰。[①]

（四）共建科研基地模式

共建科研基地模式是指产学研三方分别投入一定比例的资金、人力或设备共同建立科研基地。科研基地实行管委会或董事会领导下的主任负责制，具有经营自主权。共建科研基地模式中，三方对研发成果的知识产权归属、利益分配有明确的约定，三者间的产权明晰，有利于企业与科研机构、高校开展长期深入的合作。

总体而言，在技术转让模式、技术开发模式及共建经济实体模式中，高校和科研机构是最主要的技术开发者，而企业则负责产品的生产与销售。与此相比，共建科研基地模式能带动企业研

① 孙建新、孙树栋：《产学研阶段任务与合作模式选择研究》，《生产力研究》2010年第6期。

发能力的提高和研发队伍建设，更有利于发挥企业的工程技术开发能力。但是，这种模式中，科研活动的资金需求量比较大，需要相关企业有比较雄厚的资金实力，而创业型的中小企业则很难参与到共建活动中来。

（五）联合培养人才模式

联合培养人才模式，即产学研结合教育模式，是指产学研三方通过设置人才培养专项基金，以促进产学研各方的知识交流和知识创新的一种合作方式。联合培养人才模式有利于集各方优势联合培养人才，增进产学研各方的知识交流与相互了解。联合培养人才模式具有多种形式：一是大学教授和研究人员担任企业顾问，有助于扩大高等院校和科研机构人才的作用范围；二是大学生在企业实习增强了学生的实践能力，并为企业储备了专业技术人才；三是企业人员在大学或科研机构进行培训，有助于增强企业人员对基础理论和前沿技术的了解与认知。[①]

（六）共享科技资源模式

企业在技术创新中，需要大量的科技资源，自身却相对匮乏，技术创新受到较大的影响。为弥补其不足，企业需要与科技资源相对充足的高校、科研机构进行合作，充分利用高校、科研机构的科技资源，以解决自身科技资源不足的问题。相对于前面的共建科研基地模式而言，这一模式就比较适合于资金实力比较薄弱的中小型企业。因为这种模式属于一种辅助性的产学研结合模式，几乎不存在合作风险，而且相关的科技资源也得到了充分利用。[②]

（七）产业技术联盟模式

产业技术联盟是企业、大学、科研机构和中介组织共同参

① 王文岩、孙福全、申强：《产学研合作模式的分类、特征及选择》，《中国科技论坛》2008 年第 5 期。

② 刘幸福：《校企合作科研模式探析》，《现代商贸工业》2013 年第 2 期。

与，结成以契约关系为纽带，通过资源共享和创新要素优化组合围绕国家战略性产业的关键共性技术进行协同创新的共同体。旨在以较低的风险实现较大范围内的资源调配，使各联盟成员间优势互补、拓展发展空间、提高产业或行业竞争力。与传统产学研合作模式相比，产业技术联盟共性技术研发风险大、资金需求较多，创新周期长、利益牵扯多方、成果分享复杂，因而政府对于产业技术联盟的形成、运行以及发展有着举足轻重的作用。

三 产学研结合教育的流程

在了解了以上几种基本产学研结合模式之后，我们还可以从时间的维度来了解人才培养的具体过程。在这里，我们主要介绍武汉某高校基于联合培养人才模式下的"订单班"产学研结合教育模式进行说明。

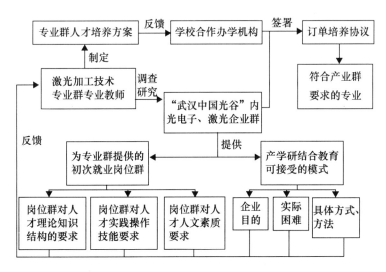

基于"订单班"的产学研结合教育模式的实现途径

首先，由该校的激光加工技术专业群专业教师对武汉光谷内的光电子、激光企业群进行调查研究。有合作意向的企业将负责为学校学生提供初次实习的就业岗位，同时企业根据自身的发展目的、实际困难等与学校商讨产学研结合教育可接受的具体模式。然后，专业调研教师根据企业的具体要求，如岗位对人才理论知识结构的要求，岗位对人才实践操作的要求以及岗位对人才人文素质的要求制定专业群人才培养具体方案，之后反馈给与学校合作办学的机构和企业。最后签署订单培养协议，形成符合产业需要的专业设置。①

"订单班"的人才培养针对产业需求设计人才培养模式，有利于促进学生学业与就业的融通、学校专业与社会产业的贴合。此外，高校根据用人单位的需求开设专业，使专业设置与市场零距离，实现学校育人与社会用人共赢。如"四段式"人才培养模式。

"四段式"人才培养模式

阶段	时间	教学内容
第一段	一年	以通识教育为主，兼顾基本理论
第二段	半年	以技术基础理论为主，兼顾企业导向
第三段	半年	以技术基础技能为主，兼顾企业文化
第四段	一年	以专业理论与技能为主，工学结合

四 产学研合作教育与创新人才培养

产学研合作教育的一个突出点就是学以致用，让学生在实际情境中运用所学知识解决问题。我们知道，产学研中的"研"即研究（research）的意思，而这里研究的又恰好是企业面临的实际问题，创建了一个适合学生深入探究的问题情境。同时，科学研究也是学习的最高境界，它不是为了掌握现成的知识，而是

---

① 王中林：《基于"订单班"的产学研结合人才培养模式》，《职业教育研究》2008 年第 4 期。

应用已有的知识去创造新的知识。对于个人创新来说，实验是一个重要的方法；对于大学培养创新人才来说，鼓励学生进行研究同样也是必不可少的（SSR 模式中，R 即 research）[①]。产学研合作教育是学生身临其境的实践活动，其间学生要对来自各个方面的信息进行分析、比较、判断、计算、推理、联想、决策等。此外，还要运用获得的知识和技能解决实际的问题。学生通过参加复杂的科研活动和生产实践工作，对包括科研工作方法、过程以及科研工作的协作关系和环境有了亲身的经历，就会注意在行动中善于思考，善于根据事物的发展趋势调整自己的思维路径和行动方式，采取最有效的行动策略，从而能够有效地激发学生的创造性思维。

另外，在产学研合作教育过程中，以课题为导向的研究活动也有利于学生开拓思维，打破原有学科间的界限。这样既有利于学生感受某一具体学科的优势与长处，也利于学生发现该学科的局限和不足，有助于学生发现原始产品的新用途，实现颠覆式创新。

最后，我们要认识到产学研合作教育固然有它自身的种种优势，但是也存在着自身固有的矛盾和缺点。"产、学、研"是三种不同的社会性活动，各有自己的目标、任务和规律。"产"的任务是创造物质财富，提高经济效益，它遵循的是市场经济规律，追求的是利润最大化（效益最大化）。"研"的任务是创新科技成果（包括新理论、新技术、新产品），遵循的是创造性思维活动规律，追求的是认识世界与改造世界。"学"的任务是培养人才，遵循的是教育规律，追求的是最大限度地提高教育质量。三者任务不同，所遵循的规律不同，达到的目的也各异，因此矛盾的存在是必然的。产学研合作教育在此过程中既要能培养

---

① 刘道玉：《如何破解"钱学森之问"——写在"钱学森之问"提出十周年》，《同舟共进》2015 年第 4 期。

出适应企业用人需要、产业发展需要的专业人才，同时也应注意培养研究产学研合作教育这种教育模式本身的教育人才，注重研究元理论，这样才能使创新型人才的培养基业常青。

第九章

全球视域下中国大学教育：
大学教育的国际化

第三世界国家的大学，尽管在本国具有影响，但在国际学术网络中，仍处于劣势地位。它们是被动的，而不是主动的，因为它们充任了工业化国家维持其世界统治地位的代理机构。

——阿尔特巴赫

本章导读： 目前，个别大学把大学教育国际化等同于一味地学习和采用西方的价值观和生活方式；等同于玩弄国际师生人数的数字游戏；等同于英语独尊的授课内容、学习方式和语言研究。事实上，大学教育国际化不仅是一种教育实践，更是一种教育理念和一项社会使命。诚如陈学奇先生所说，大学教育国际化一是要借鉴国外先进的办学理念、优质的教育资源和先进的管理方式并为我所用。二是要在教育教学的国际化合作基础上，自觉地"走出去"。通过高校的对外交流向世界展现中国形象，自觉承担起"公共外交"的社会责任和使命，传播中国文化，让世界真正了解中国。

第一节　行无界，教育无界——
本土情怀下的国际化选择

一　教育"国际化"和"本土化"内涵

"教育国际化"一词有着比较丰富的内涵。从词义解释来看，"国际"一为形容词，指国与国之间的、世界各国之间的；二为名词，指世界或世界各国。"化"在此处为加在形容词或名词之后构成动词的后缀词，表示转变成某种性质、状态。据此，教育国际化可以理解为是将教育传达到国与国之间、世界各国之间的性质或状态，是一种指向性的结果。

从社会实践的情况来看，"国际化"这一术语更倾向于表示一种过程，即一系列国际活动及对其管理的进程。具体而言，教育国际化内涵主要有三个因素：参与主体、动因和目标、过程和活动。从我国的实际情况来看，参与主体主要体现为高等院校，包括普通高等院校和高等职业院校；动因和目标对普通高等院校来说体现为提升学术水平和声誉，对高职院校来说则更现实地体现为提高培养人才的质量，满足经济发展对国际化人才的需求；过程和活动则表现为国际化发展的途径与其实现的策略，对普通高等院校来说，科研是主旨和突破口，高职院校则以课程合作为基点。

因此，教育国际化可以理解为各国对国家间形成的规则的追求，力促各国教育达到先进状态的过程。它不仅体现在理念上，更体现在行动上，对院校来讲就是提高教育质量和办学层次的一种方式。所以，"国际"代表的不仅是一种视野、风格，也是一种世界观。国际化的目的并不是以国际的名义来进行文化殖民，不意味着单向的"西化"，也并不等同于"趋同化"。

"国际"体现为一种规则、标准和范式。那么，这些规则、标准和范式是以何为参照成立的？本土化要解决的正是这个问题。它是个体根据实际情况来选择一部分为己所用，并将其结果再转变为可为他所用的过程。也就是说，本土化不是一个简单的照搬照抄的过程，而是一个复杂的选择性引进、创造性吸收的过程。

与"国际化"一样，"本土化"也尚无明确的定义。从已有的研究成果看，尽管专家学者已做了一些研究探讨但也存在不少问题：一是情感色彩比较浓，尚缺乏对概念的理论分析；二是对二者关系的探讨，多局限于简单复述，未能阐发二者的具体范畴、作用及结合点；三是多以静态的视角探讨二者的关系，未能将其置于从传统到现代的动态演进过程中。因此，对院校处理二者关系时的实践指导价值不大。教育在于"化"，本土化其实就是为了更好地指导教育实践的一种要求和选择，关键在于如何将国际的视野融入本土，在行为上表现为一种方法论的选择，包含了价值选择的倾向。因此，它是一个落脚点，但不是向本土文化的回归，并不等同于"民族性"；也不是强调坚守本土文化，不等同于"本土性"；更不是在学习借鉴过程中的照搬照抄，并不等同于"全盘搬抄"。

从运行上看，本土化是一个将"国际"到"化"的教育过程。具体可分为三个阶段：一是输入，即"由外到内"的引进问题。对于繁杂的国外教育理论，以何为标准进行选择是本土化首先要面临的问题。二是过程，即转化和接收问题。借用国外的教育理念来审视自我，而非粗暴地用他者来代替自我，从而产生出本土教育理论的过程。三是输出，即"由内到外"的问题。这是融合了本土特性的教育理论后走向国际的过程。

从教育发展的过程角度来说，教育国际化与本土化的侧重点不同：国际化重点在对"国际"的理解，如国际理念、国际制度等；本土化的重点则在对"化"的把握，如方法论上的选取。因此，国际化实为"化"国际，本土化实为"化"本土。前者侧重在内容的选择，后者侧重在方法的运用。内容选择的过程，根本上是世界观的问题，选择的标准则涉及了认识论；方法的运用，则是属于方法论的范畴。影响二者的，则是价值观的问题。

总之，无论是"国际"还是"本土"，都是一种状态，"化"则指出了它们的过程性，是过程和结果的一种合成。那么，两者在哪些方面可以实现统一？具体的结合点又在哪里？

二　教育"国际化"与"本土化"的关系

通过分析已有研究，教育国际化和本土化的关系主要集中于两个问题的讨论：一是二者的关系中，是否有主次之分；二是是否有先后之别。

对于第一个问题，一种观点认为是从属关系。有的学者认为是国际化从属于本土化；也有的认为是本土化从属于国际化。多数研究者认为二者是矛盾统一的关系，例如：有的将重点放在二者的对立上，认为主要体现为传统与反传统的矛盾；有的放在统一上，认为二者是同一个过程的两个方面。

相较于第一个问题，对第二个问题的讨论则显得过于不足。已有研究中仅有少数涉及，有学者提出了"没有教育的国际化，也就谈不上教育的本土化"，原因在于只有通过比较，才能看到别人的长处，发现自己的不足，才能"取别国之长，与别国交流，和他国共享"。我们赞同这种观点，认为国际化与本土化之间是无主次之分但有先后之别的。

首先，从功能作用上看，二者无主次之分。二者都是为了提高本校教育的质量，促使教育的现代化。从这个意义上来说，国际化和本土化本身都不是目的，而是一种手段；不是形式，而是一种内容。国际化进程的实质是教育的共性不断丰富的过程，本土化则是教育的个性不断张扬的过程。

其次，从内涵侧重来看，二者有先后之别。国际化侧重于对"国际"内容的认定，本土化则侧重对"国际"的引入。换言之，"国际化"是一个引子，"本土化"则是这之后的一种行动。

故在顺序上，应先有国际化确定的内容，本土化才有施展的空间。而二者的衔接正在于"本土国际化"理念的实行。本土国际化，又称国内国际化，对当前我国的高等教育来说，多是从内部来理性批判和反省如何接受"国际"，即通常意义上说的"引进来"的问题。因此，视角不同直接决定了关注侧重点的不同，国际化与本土化概念的争论也反映了这个问题。

最后，从二者的运作情况来看，呈现一种动态存在。本土化以国际化为出发点和目标，国际化又以本土化为落脚点。国际化的运行是为了实现全球教育的"国际"，本土化则是为了顺应"国际"潮流，进而形成新一轮的国际化。

三　高等教育的国际化趋势

从世界知识系统看，西方国家的准则成了唯一的学术标准。在国际知识系统中，知识的生产和分配都高度集中在少数发达国家。有影响的学术期刊绝大多数由美国和英国等其他西方国家使用着英文充当学术的"守门员"。发达国家的学术和科学系统规则似乎成为了世界共同的准则。现代高等教育的基本结构、科学基础、知识基础及知识结构都是西方的，西方是唯一的教育输出方，而发展中国家最多不过是知识的接收方。

从高等教育的国际动态看，中国高等教育处于不公平的地位。西方发达国家接收留学生所得到的利益远远大于它们为留学生提供的学习费用。而对于中国而言，大学国际化仅仅是"走出去"的单向性交流和人才大量流失。人们甚至把北大和清华称为"留美预备学校"。高校毕业生到发达国家留学不归而导致人才流失严重。优秀人才的大量流失，是本土文化丧失的一个反映。

从高等教育体制改革来看，中国高等教育乃至发展中国家的高等教育都有可能沦为西方的附庸。发展中国家为了与"国际"接轨而不断地对本国高等教育进行改造，尤其是在向发达国家学习教育经验时难免照搬照抄，有意或无意地"西化"。我们曾经简单地用苏联的模式取代我国的制度和课程模式，使中国高等教育迅速成为苏联的翻版。如果我们一味地照搬全抄，那么这一行为可以被称为是文化的"自我殖民"。因此，如何在高等教育国际化的趋势中坚守本土文化阵地，是值得我们重视的问题。

从归国人员影响看，他们有意或无意地、不同程度地承担着西方文化使者的角色。当接受了国际化教育的人回国后，异国的留学生涯在他们的工作、生活、思想中留下了烙印，不管这些烙印是好还是坏，在尚未走出国门的同胞面前，他们或多或少会显示出一种"镀金"的状况，言语中会显示出"国外的月亮更圆"。这在有形或无形之中传播了异国文化，使外来文化的影响范围日益扩张，本土文化日益受到忽视，本土文化面临着萎缩的威胁。

面临高等教育国际化的"陷阱"，有人理直气壮地抵御着国际化，认为保存本土文化刻不容缓。在一些西方人眼中，中国知识分子有一种对本土问题狂热的关注。其实，这里面有一层特殊的理由：国际化意味着语言和国际知识等方面的更高要求，部分教师害怕在国际化进程中失去自己的职位，因而对国际化比较排斥。一些保守的领导更是瞻前顾后、犹豫不决。高等教育国际化的趋势更使不少人担心教育国际化可能会导致本土教育自我生长的根基动摇或丧失，远离对本土文化的追求。

四 国际化与本土化的两难之境

高等教育国际化是一把双刃剑，利弊兼存。多年来，教育界一直在"教育国际化是否意味着西方化"的问题上争论不休。由此引出人们对本土化的关注。虽然本土化是随着国际化概念的产生而出现的，但是在人们普遍的观念中，本土化与国际化之间的对立是和传统与反传统的对立结合在一起的。

本土化与国际化之间的矛盾，有着下列比较突出的表现形式：本土化表现为固守传统文化、拒斥外来文化，而国际化表现为否定传统、引进外来文化，与本土已有的文化传统形成对立；在教育过程中，本土化主要表现在精神等方面，而国际化则局限于物质的层面；本土化排斥精神层次的国际化，对于技术层面的国际化采取积极的态度，而国际化却更希望是精神层面进入本土；国际化极力推崇把国际上的教育制度引入本国，形成与国际上一致的制度化教育，而本土化则极力反对这种不考虑国情需要的方式。

世界经济一体化的潮流并不均衡，涉及深层文化方面的国际化就更不可能是一条坦途。正如教科文组织总干事马约尔1998年在欧洲第二届社会科学大会上指出的那样：在全球化的进程中，少数人是全球化的"化人者"，多数人则是"被化者"。文化是动态的，而文化动态的特点之一是"水往低处流"，即发达国家的文化向欠发达国家流动。虽然中国的历史文化博大精深、源远流长，但是我们的现代高等教育却依然模仿西方的模式，近代意义上的高等教育并不是本土文化和教育的产物，而是西方教育的舶来品。虽然提倡"华人大学理念"的呼声已经喊了多年，但就今日华人社会的大学而言，"华人大学理念"的实现仍任重道远。

今天，"国际化"更是显示出"西方化"之趋向。高等教育的"开放性"基本上还是属于单向性的交流，"走出去"的多，"走进来"的少。如当中国留学生、唐人街、华人餐馆走遍世界的时候，也没有人认为是全球"中国化"。

面对国际化的冲击，"闭关自守"显然不足取。中国"文革"期间的高等教育是原原本本的本土化模式，事实证明这种模式的后果是灾难性的。在这种状态之下，我们必须要清醒地认识到，"教育的基本功能之一就是重复，重复地把上一代从祖先那里继承下来的知识传给下一代"。但盲目地与世界"接轨"，完全学习西方所谓的"先进"体制也是行不通的。大学不像工厂或超市，不可能标准化，必须一方教育服一方水土，才能有较大的发展空间。如果我们放弃自己的本土文化，放弃学术的独立性，就只能成为西方的附属品。

问题的重点在于面对"国际化"冲击下的中国高等教育，能否在参与国际化的进程中坚守自我，避免成为西方的附庸？

五　本土化与国际化的融通之道

从字面上看，国际化与本土化是两个相异、相斥的命题，有着各自相对立的范畴。但是从理论上来说，它们之间并非没有关联，而是密切相关的。

首先，从定义上看，本土化与国际化具有内在一致性。国际化与强调超越国家界限、忽视民族教育需求的"教育全球化"不同，国际化更强调国家与国家之间的相互交流与互动的活动和过程，在承认各国差异的基础上展开，须从本国自身的国情出发。所以，它与教育本土化并不是对立的，而是统一的，是在教育本土化基础上的国际化。高等教育本土化是相对于高等教育国际化而言的，没有外来教育的引入，就没有本土化问题。从这个定义出发，教育本土化就是强调国家的自身国情。理智的本土化是一种兼收外来文化与本土文化的创新，是一种文化选择。同时，它也是外来文化与本土文化相互融合的过程，是外来文化及传统文化改变自己形态以适应文化发展要求的过程。这样看来，国际化与本土化就不是两个截然不同的词汇，而是具有互相交叠的词汇，是两种不同文化发生碰撞中必然要出现的。

其次，本土化与国际化有相依相存的关系。教育国际化并不排斥本土化，因为高等教育具有国际化的属性，知识广泛性是高等教育的核心价值。以往，我们过度注重国际化中不同的东西，而忽略相似的东西。本土化不是割裂与外来文化的联系，而是强调本土文化社会性的条件下的变更。外来文化不经过本土化过程很难有生存的土壤；而本土文化不吸收外来文化则更难以发展。国际化过程同时也是本土化过程。把国际化的合理成分纳入本土社会，将二者融洽地结合。如此，才使得二者都具有生存与发展的空间。此外，本土化的东西经过一定时期的演变，也可能成为国际化的东西。

最后，本土化与国际化互为补充才能体现高等教育的完整性。教育国际化是全世界的教育走向同一性的一种表现，而本土化则是一个特定国家的教育呈现出特色的过程。就其完整性来说，一个国家的教育需要国际化与本土化的结合。从高等教育自身发展的规律来看，国际化是高等教育发展的必然要求。因为任何国家的高等教育都具有本土性，同时也具有国际性。越具有国际化、现代化的教育思想，也就越具有自己的本土特色。理想的教育体系必须是外来教育的思想与本土化教育理念的高度融合，是本土已有文化的精神升华。大学最主要的功能之一是保持国家特有的文化，并促使它与其它文化进行良性的沟通。

国际化与本土化的互相补充、相辅相成的关系表明，它们可以达到融合。正像鲁迅先生所说过的一样，"民族的就是世界的"。国际化不能单纯地理解为与"国际接轨"，本土化也不能单纯地理解为"民族特色"。"本土化"就是要把外来文化巧妙地嫁接到本土文化的根基上，使其成为本土地区的新秀。

六　本土情怀下的国际化选择

化解国际化与本土化两难处境的必要途径是尽可能地弱化二者间的矛盾和对立，确立本土情怀下的国际意识。在本土化处于弱势的局面下，从本土角度出发，将二者联系起来，互为补充。这样才能使引进的"国际化"拥有本土关怀，二者各自从不同的角度，走到一起来对话，实现新融合，达成新共识。也是在"西化"和"闭关自守"两个极端之间做出中庸的选择。本土情怀下的国际选择，可以从以下几点考虑：

第一，选取"中庸之道"。"不偏之谓中；不易之谓庸。中者，天下之正道。庸者，天下之定理。"在高等教育国际化的过程中，平等看待外来文化和本土文化，不偏不倚。我们需要持有开放的心态看待二者的关系，注重外来文化与传统文化的统一，整合、兼容并蓄中西文化。

第二，注重"比较优势"。我们可以看到，我国的高等教育现代化，是在一些发达国家教育已达成现代化以后才开始的。由于西方高等教育与我国高等教育的结构有较多出入，"赶超世界一流大学"是一种不切实际的口号，与"比较优势"原则不相符。对于本土情怀下的高等教育国际化，其中一种思路是：在高等教育发展的每一个阶段尽量都强调自力更生，采取与自己的优势相符合的发展战略。

第三，建设"中国的大学"。我们的目标是建设成为一个有"中国特色"的现代化强国。"中国的大学"必须是发源于中国本土的大学，是培养中国人才的中国的大学，而不是在中国的大学。不管怎样讨论高等教育的国际化与本土化，最终都不能脱离中国的现实土壤。要有本土意识，才能在高等教育国际化的进程中找到适合中国高等教育的发展道路。否则，将会出现水土不服、不接地气的现象。

第四，主动"输出东方"。在国际化与本土化的过程中，处于弱势地位的本土化不能只是"拿来主义"，而应该考虑主动出击。在中国与西方之间，要避免文化误读的对策就是文化输出。在外语学习普及的同时，我们更要开辟门路，让更多的外国人来学习汉语。新时代背景下的高等教育，既要走出去，更要引进来。

第五，也是最重要的一点，建立民族文化价值体系。重视"古为今用"，用源远流长、博大精深的中华民族的文化建立一个完整的文化价值体系。长期的文化积淀形成了中华民族自己的传统思想和文化体系，我们要取其精华、去其糟粕，建立一个有益于民族发展的民族文化价值体系。只有建立了民族文化价值体系，本土教育才能真正地站起来，才有走出去的可能。

高等教育国际化与本土化作为一种客观的社会现象，不受时间和空间的制约，是高等教育发展的客观进程，更不以人的意志为转移。本土情怀下的国际化不仅是可能的，而且是必须的。对于 21 世纪的中国高等教育来说，不论接受与否，这种高等教育国际化的趋势将始终存在，无法回避。本土情怀下的国际化绝对不是一种感性选择，而是一种理性思考。我们只有不断寻求本土化和国际化之间的平衡点，在尊重"本土文化"的基础上，博采众长，力求国际经验本土化，有选择、有意识、有改进地吸收外来文化，才能在本土化和国际化之间达到一种积极融合的状态。

第二节　没有终点的国际化教育——中国大学教育国际化进程

当今世界国际化进程表现在方方面面。其中一个重要的方面就是教育的国际化。国际化的教育已经成为高等教育改革和发展的一种趋势，这个趋势不仅有着悠久的思想实践基础，更是当今世界高等教育研究的一个重要且非常热门的课题。世界上各个国家和地区的教育都面临着一个国际化、民族化、本土化的历史发展进程。

一　大学教育国际化的内涵①

早在 20 世纪 70 年代，大学教育的国际化思潮就已经出现。并且伴随着全球化趋势不断加强，人们对于大学教育国际化的理解也渐渐趋同。

1970 年，国际教育发展委员会收到了一封来自埃德加·富

---

①　陈学飞：《当代美国高等教育思想研究》，辽宁师范大学出版社 1996 年版，第 691 页。

尔呈送的报告，这个报告提到："在各个不同的国家和文化中，在各种不同的政治选择和发展程度上，存在着一个国际共同体，这个国际共同体反映出它们走向同一目的的行动，同样也反映出各国共同的抱负、问题和倾向，其必然结果则是各国政府和各个民族之间的基本团结。"美国卡内基高等教育政策研究理事会主席克拉克·科尔在1950年即指出："中世纪的大学是那个时代西方文明的一部分。在随后的几个世纪中大学变得日益国家化。如今可能正在进入一个新的阶段，即大学再次成为世界文明的一部分。"他指出当时正在出现一系列新的有意义的变化，如出现了诸多全球性问题，如不可再生资源的保护和利用、防止核战争和抑制通货膨胀，这些问题的解决越来越依靠国际的合作，而只有更多地理解世界其他部分的文化与制度，这种合作才会有效；从另一个角度看，"有众多良好全球意识公众的国家在国际上将拥有优势"。高等教育是知识体系的核心组成部分，而当今的知识体系已经成为国际性的了。科尔进一步指出："我们需要一种超越赠地学院传统的新的高等教育观念，这种观念实际上就是高等教育要面向世界，或者说高等教育要国际化。"从而明确提出了"大学国际化"这一理念。1984年，日本广岛大学教育研究所的喜多村和之教授在《大学教育国际化》一书中提出了衡量高等教育国际化的三条标准，即通用性、交流性和开放性。第一，"国际化"是指本国文化能够被别的国家与民族承认，并且接受而且得到正面的评价。第二，确立一个能充分发挥其作用的章程与制度。不仅要求能够活跃于不同国籍、不同民族的学者之间，更要活跃在文化间，可以互相交际、交流、交换。第三，"国际化"要求平等。不仅本国人之间要平等，更要求和来自异国的个人与组织一样平等。联合国教科文组织下属的国际大学联合会（International Association of Universities，IAU）在综合各种意见的基础上提出："高等教育国际化是把跨国界和跨文化的观点和氛围与大学的教学工作、科研工作和社会服务等主要功能相结合的过程，而且是一个包罗万象的变化过程，既有学校内部的变化又有学校外部的变化，既有自下而上的又有自上而下的，还有学校自身的政策导向。"

以上便是几种具有代表性的关于大学教育国际化内涵的观点。在前人的基础上进行概括和归纳，我们可以得出，站在全球化的立场上，大学教育国际化是一种有待于实现的理念；就大学发展来说，大学教育国际化是社会发展的趋势，是必然会出现的一种社会现象。同时，我们还可以从实现大学教育国际化的途径、形式以及把大学教育国际化看作是一个国家一个区域为适应全球化、一体化所采取的一种策略或战略行为来对大学国际化作出不同的理解。

克拉克·科尔所描述的大学教育，存在着"大陆型模式"、"英国模式"、"美国模式"和"日本模式"，却没有"中国模式"，由此可以看出我国的大学教育所面临的困境。我国号称拥有世界上最大规模的大学教育，却不能说已经形成了与之相称的特色体系。

二　我国国际化教育的发展历程

中国大学从出现伊始，便在交流和开放中对国外大学进行模仿、择取。历史上的这种学习与借鉴，一直延续到现在，联系十分紧密。作为我国大学教育的国际化，其本质只有通过考察历史才能得到真正意义上的体现。我国大学对西方大学的学习，在历史上呈现出了一个较为明晰的路径。透过它可以使我们对今天的国际化的内容和实质有更深入的理解。

（一）向日本学习①

现代意义上的中国大学自建立以来，基于政府主导下选取的

---

① ［日］喜多村和之：《大学的国际化》，《大学论集》1986年第15期。

学习对象首先是邻国——日本。对日本的学习，主要通过这样几种途径：①派官员赴日本考察。甲午中日战争后，特别是戊戌变法前后，国内兴起了游学日本的热潮，几乎所有的考察、游历均涉及教育。张之洞在制定学制时，还将派学务官员赴日本考察作为一种制度确定下来。②派学生赴日本留学。洋务运动时期，清政府即开始向欧美派遣留学生，但数量不多，且所学内容局限于狭窄的"西艺"。甲午中日战争的失败，让中国人看清与日本之间的差距，许多有志之士把留学重点转向日本，人数也逐年增加。据统计，在1905年、1906年留学日本人数有8000人之多。③聘请日本教习。清政府聘请日本教习，稍后于派遣留学生，大致从1901年开始，1906年达到高潮，来华日本教习多达五六百人。④培养日语人才，翻译日本教育书籍。甲午中日战争失败后，清政府于1897年首先在京师同文馆添设东文馆，招收学员，为政府培养日语人才。在癸卯学制实施前后，翻译日本教科书达到高潮，这些教科书几乎占据了清末学堂除经学等"中学"外的全部课程，占绝对统治地位，影响了整整一代人。①

（二）对德国的学习

清末政府转而学习日本大学的教育模式，实质上是学习德国的教育模式。而中国大学对德国大学模式的学习，始于蔡元培，并为中国教育奠定了重要的基础。由于深受德国大学模式的影响，1917年，蔡元培出任北京大学校长及其随后的系列改革，开创了北京大学的新气象。在大学的课程设置上，蔡元培认为文科或理科都应是大学课程设置的中心，在这种思想的指导下，北大课程开始实行选修制，文、理科学生不仅要学习各自的专业课程，还必须兼修哲学、心理学和教育学等核心课程。由于蔡元培个人在中国教育界的地位和影响以及北京大学改革的成功，德国

---

①　[日]实藤惠秀：《中国人留学日本史》，谭汝谦、林启彦译，上海三联书店1983年版，第451页。

大学模式广泛为国人所瞩目，对当时中国各大学产生了深远的影响。此后的"大学自治"、"学术自由"、"教授治校"、"兼容并包"等大学观念对当时中国的大学改革产生了深远影响。

（三）对美国的学习

中国近代教育体制最早是借鉴日本模式，自 1911 年辛亥革命以后，这一现象有了明显的改观。20 年代以后，随着留美学生的大批回国，美国的教育体制在中国全面替代了日本模式。1919 年以后，杜威等美国教育家应邀来华讲学，使中国教育界对这一时期风行欧美的进步主义教育理论和实践有了系统的了解，并引起了极大的反响。1922 年"壬戌学制"摒弃了旧教育体制中的日本教育模式，转而借鉴美国的教育模式。1924 年北洋政府教育部颁布的《国立大学条例》以壬戌学制为标准，重新规定了大学教育的培养目标及有关制度。如其中所采用的董事会、评议会、教授会、选科制、学位制等，都是借鉴美国教育模式的。在南京国民政府统治时期，中国的大学教育就是对美国教育的全方位模仿，这种情况一直持续到新中国的教育改革。1941 年，时任教育部部长的陈立夫发表了题为"美国教育对中国的影响"的广播讲话，他承认："我们并非言过其实，中国现代的教育制度，大体上是依照美国的教育制度。"同时，1931 年版的《当代中国名人录》中记录了教育名人 1103 人，曾到国外留学的有 904 人，留美的有 552 人，占有留学记录的人数的 61%。1931 年，全国共有 79 所公私立大学，校长为留学出身的有 65 人，其中留美者 34 人。据南京政府教育部编制的《专科以上的学校教员名册》统计，1941 年 2 月至 1944 年 3 月间，审查合格的教授、副教授为 2448 人，其中留学出身的有 1913 人，占 7.86%，留学生中留学美国者为 934 人，占留学生出身的 49%。大一理科教科书中英文课本占九成以上，高中理科教材英文课本也占六成以上；而且"凡大学高中所采用的西文教科书，都是美国出版品，无欧洲出版的教科书掺杂其中"①。

（四）对苏联的学习

早在五四运动之前，苏联教育思想就已经初露端倪。早期马克思主义者在介绍俄国革命时，也把苏俄的教育思想和经验介绍到中国，但是很快就被美国实用主义教育思想所淹没。虽然在这期间无产阶级迅速发展壮大，但大局势下各大高校仍然实行的是中国民国时期定下的向美国学习的教育制度。这种情况在解放战争后期出现了转机，东北解放区开始了向苏联高等教育的学习。中华人民共和国成立以后，确立了向苏联学习的"一边倒"方针，从而掀起了学习苏联教育经验的高潮。对苏联的学习主要通过这样几条途径：①全盘照搬苏联高等学校教育制度。不仅按照苏联的大学体制开始院系调整，并且在教学制度方面也全面地进行了改革。具体来说，就是使用苏联大学定下的教学计划和教学大纲，教科书也是翻译苏联大学的教科书，就连教学研究组也是按照别人的组织形式成立的。②聘请苏联专家。在1953—1957年间，聘请苏联专家达到512人。其中：工科240人，占专家总数的46%；俄语98人，占18.8%；财经政法46人，占8%；理科18人，占3.4%；师范农林19人，占22.2%。高等教育部在1954年10月发出的《关于重点高等学校和专家工作范围的决议》中明确指出了苏联专家的主要任务，是指导其所在校的有关系科及教研组的教学工作，帮助培养及提高所在校的有关教师（要求专家在校期间能基本掌握专家的本领），指导培养研究生，指导所在校及有关校修订教学计划、教学大纲，指导建立实验室。③派学生赴苏联留学。留学的学生不仅包括了高中毕业生及大一的学生，还有教授、副教授、讲师及学校的研究生等，可谓队伍分布之广。在1950—1965年这16年间，中国一共派遣留学

①　陈立夫：《美国教育对中国的影响》，《中央日报》1941年1月6日。

生 10688 人，其中留苏学生就有 8414 人，占总数的 78.9%。苏联对我国高等教育发展的影响从这一数字中可见一斑。④开展俄语教育。为了解决在全面学习苏联的过程中需要大量的俄语专门人才问题，当时采取了两项措施：一个是长期措施，即设立俄语专科学校和在大学中设置俄语系科，另一个是开设速成训练班，力求在短期内提高大学教师的俄语水平。据不完全统计，当时学习俄语的学生数大约为 91000 人，占大学生总数的九成左右。到 1954 年年底，速成班已经使七成以上全国大学教师在一定程度上掌握了俄语。①

至此，中国大学发展的历史背景的主要脉络就已经厘清。不管是向日本还是德国、美国抑或是苏联学习，在以前都不可避免地照抄照搬。今天，面对发达国家先进的教育制度，我们在学习的过程中不仅要结合自己国家的教育实践，更应该在原有制度的基础上不断创新，探索出一条中国特色社会主义的教育道路。

三 我国大学教育国际化的现实困境

1983 年，邓小平同志提出了"教育要面向现代化、面向世界、面向未来"，指出了教育国际化的总趋势。自 20 世纪 90 年代以来，特别是自高等教育扩招以来，我国已快速进入大众化教育阶段，伴随着"211 工程"和"985 工程"的相继实施，我国高等教育国际化进程取得了实质性进展。北京大学、清华大学等重点高校都把"跻身世界一流大学"作为新世纪的奋斗目标。在各个大学的发展战略规划中，都特别强调和突出"国际化"，学校都希望通过国际化提高师资水平，打造世界一流的师资队伍，培养世界一流的人才，建立世界一流水平的管理制度，并且不断发展创新，创造一流的科研成果。但是，教育国际化漫长的发展历史也凸显出

---

① 顾明远：《论苏联教育理论对中国教育的影响》，《北京师范大学学报》（社会科学版）2004 年第 1 期。

其发展的艰难与曲折，这个命题还有待于我们进一步反思。

（一）大学教育国际化的单一性问题

大学教育国际化的单一性问题，是指在实施国际化战略的进程中，出现了一种倾向，就是把国际化等同于向某一国的大学教育看齐，具体地说，就是当前把我国大学教育的国际化等同于美国化。以美国为学习的对象，凡事都向美国看齐，快餐式地复制美国的教育模式。以美国为中心，在现实的大学教育中表现为标准的美国化、模式的美国化和内容的美国化。标准美国化是指我国在评估自己的大学教育，特别是在评估高等教育质量、学术水平和学生发展时以美国为标准。模式美国化是指在办学模式、管理模式和人才培养模式等方面，有盲目向美国某一所大学看齐、生搬硬套的倾向，而缺乏对学术规律和传统文化的应有尊重。内容美国化是指在教育内容和课程体系上美国化或西方化的倾向越来越强烈，而且这是在官方政策与制度的引领和保障下得到实施的。据统计，清华大学已有54门课程引进原版英语教材授课；北京大学约有20%的专业课程用国外原版教材。美国中心论是与全球化倾向密不可分的，但正如美国学者亨廷顿在针对发展中国家的全球化所谈到的那样："一个文明中的革新经常被其他文明所采纳。然而，它们只是一些缺乏重要文化后果的技术或昙花一现的时尚，并没有改变文明接受者的基本文化。"英国学者史密斯也认为，即使存在一种全球化文化，那也只能是"一种不与特定时间或空间相联系、没有民族根源与民族后裔的文化"。它只是一种纯粹的技术文明，不可能成为一种真正的文化。他认为这种"肤浅"的文化是不可能取代民族文化的。

纵观各种对于教育国际化的定义，我们这种唯美国化、以美国为中心是与定义相悖的。而且我国这种极端的单一性也是有历史渊源的，无论是清末向日本学习、民国初年向美德学习，还是向苏联学习，都是一种单一的、中心化的学习，都是一种纯粹的技术文明的学习，其要实现民族与国家赶超的理想最终也是不可能实现的。

（二）大学教育国际化的单向度问题

大学教育国际化的单向度问题是指在国际化的实施进程中，我们只强调对发达国家的学习，强调对发达国家好的经验和做法的引进，而缺乏将本民族的优秀成果输送出去，从而出现在信息上的一种不对称问题，是单向的而非双向的。当前大学教育国际化的单向度问题，在高校师资队伍建设、派出留学生、课程建设上体现得最为明显。关于师资队伍的国际化，在我国，一直都很重视教师的国际交流，具体来说主要是通过两种方式推动高校教师队伍的国际化。一是"请进来"，积极聘请海外学者来华任教、讲学，增加外籍教师的比例，通过这些教师把国外先进的知识、理念带入我国，拓宽我国教师、学生对国际知识的了解。二是"送出去"，即派遣优秀的骨干教师到国外访学、进修，学习国外前沿的知识。关于派出留学生，我国是世界上最大留学派出国之一，留学教育的主要方式是派遣留学生。由于我国是发展中国家，经济和科技水平与世界发达国家差距很大，因此我国的留学教育与我国的国情密切相关，其主要目的是"以学习外国先进的科学技术及优势学科，让学生通过在异国文化环境和社会氛围中的学习、生活与交流，养成尊重异国文化的心态，接受异国民族风格的熏陶，提高了解和研究国际问题的兴趣和适应国际环境的能力，造就深谙异国文化的国际性高层次人才"。关于课程国际化建设，在高等教育国际化的潮流下，中国大学积极加快了课程国际化建设的步伐，开设和引进了大量的国际教育课程。此外，中国大学不仅增加了大量的有关西方历史文化方面的国际课程，而且在理工科方面花重金引进了国外的先进课程。高校教师的国际化，强调"送出去"、"请进来"，一"送"一"请"，已经说明了我们是把自己放在学生的位置上。"送出去"强调要把外国先进的知识、理念带回来，"请进来"强调要把国外学者当咨询者、当顾问。可见，高校教师的"国际化"，其实质是一个

如何学习发达国家的举措。关于派出留学生，我们可以从美国有
关人士的言谈中一窥全豹。全美留学生事务委员会副会长理查德
提出，要设法使留学生成为美国的朋友，并将美国的思想和价值
观带回自己的国家，让世界上更多的人了解美国，并增强美国在
反对非民主制战斗中的地位。美国比较教育专家韦勒也指出，留
学生会以留学国为模式来建立自己的生活和工作方式，从而不仅
在经济方面会从属于西方，而且在科学文化方面也会从属于西
方。可见，发达国家对于留学生作用的出发点，是有别于我们的
初衷的。关于课程的国际化，我们特别强调了对外语的学习（主
要是英语）。中国外语教育研究中心曾对4000多名非英语专业的
在校大学生做过一个调查，结果发现，为了应付四、六级考试，
英语占了他们56%的学习时间。而美国的情况是，美国高校学
生对外国语的学习，无论从学习者数量还是从学习的质量来看都
不理想。从语言专业的入学率来看，比欧洲其他国家低，学习语
言的学生占全美高校生的比例逐年下降，从1960年的16.1%下
降为1998年的7.9%，1986年仅48%的大学本科生选修外国语。
美国大学出国学习人数，1997—1998学年有113959人，占当年
全美注册大学生总数的8%，在欧盟国家平均为2%，其中，澳
大利亚是5%，英国为4%，比利时为3%，德国为2.6%。

第三节　携手国际教育——中国
大学教育的国际合作

一　高等教育国际交流与合作

国家开放大学校长杨志坚曾著文《国家开放大学的历史使
命》①解读其内涵，他提到大学国际化发展需要像普通高校一

---

　　①　杨志坚：《国家开放大学的历史使命》，《中国高等教育》2011年
第Z2期。

样，积极主动地对外开放，并且强调了借鉴国际经验的重要性，要拓展国际空间，"与相关国际组织、大学和机构开展有针对性、多层次、宽领域的教育交流与合作，提升国际影响力、竞争力和吸引力"。这无疑表露出未来开放大学中国际化特色的优势的重要性，也为实现"富有中国特色的世界一流开放大学"这一建设目标奠定坚实的基础。

虽然国际化这个话题从很久之前就已经出现在人们眼前，但无论是文章还是专著，都未曾深入研究。大部分研究者都是从宏观角度即国家层面，从国际化的教育入手，注重对中国的影响，还有就是对涉及的高等教育国际化、教育服务贸易等理念进行审视和分析，而关于各大高校之间的交流与合作只占据了其中的一部分。

（一）我国高校国际交流的发展历史

李东翔在《中国教育国际交流与合作的回顾和展望》中详细指出了我国的对外教育交流是以 1978 年为转折点的，即改革开放之后至今，我国的综合实力和对外交流的理念都得到增强，教育国际交流方面逐渐繁荣，其中以高校为主体开展的国际交流与合作更是逐渐增多，取得了飞速的发展。①

1. 高校国际交流与合作的时代背景和重大意义

1978 年，中国共产党召开具有重大历史意义的十一届三中全会，开启了改革开放历史新时期。30 多年来，全中国人民以一往无前的进取精神和波澜壮阔的创新实践，谱写了中华民族自强不息、顽强奋进的壮丽史诗。中国人民的面貌、社会主义中国的面貌发生了历史性变化。改革开放是中国高等教育开展国际交流合作的力量源泉。中国当代的高等教育国际交流合作正是在改革开放、和平发展的大背景下逐步展开的。

---

① 李东翔：《中国教育国际交流与合作的回顾和展望》，《国家高级教育行政学院学报》2000 年第 6 期。

　　从 20 世纪 90 年代开始大大加速的经济全球化浪潮，正在形成一个全新的世界经济体系，日益把一切国家和地区卷入其中。这一浪潮对各国的影响，远远超出了世界市场对民族市场的冲击，它深刻地改变着各国的经济体制与增长方式，也决定着各民族的历史使命。经济全球化为加强高等教育国际交流合作创造了全新的条件和环境，提升了高等教育的传统地位，改变了国家政策及高等教育的角色，扩大了国际教育市场，促进了跨国教育的发展；对哲学理念层面、制度层面、实践操作层面都产生了根本性的影响。

　　2. 我国高校国际交流与合作的形式、内容、问题

　　从合作和交流的形式来看，我国高校合作和交流的形式主要有四种：国际学术研讨会、人才交流与培养、合作研究项目、建立中外联合实验室。在此，能看出科技合作交流的层次不断提高，从被动地参与到合作，再到由高校主办，就目前来看，国际科技合作主要集中在交流和参与层面，尽管如此，这种交流的种类越来越多元化，层次在不断提高，规模也在不断扩大。合作形式具体表现为：研究生联合培养、合作实验研究、参与国外团队的研究工作、外方来校讲学及研究指导等。

　　从合作和交流的项目与经费来源来看，2006—2010 年，经初步统计有 80 项左右，广泛涉及新能源、新材料、纳米、金属、地质、环保、生物等多个领域。项目的时间跨度多为两年，时间相对较短且不够稳定。从现有数据看，经费多为学院或个人筹措，此外，还包括上海市科委、国家自然科学基金委、外方政府资助等。

　　此外，我国还存在着诸如方式较简单、资讯共享程度较低、市场营销意识较弱等问题。而且资料显示，研究基本是从总体上对我国高校国际交流与合作的情况来做概括，很少有具体而深入的研究。

（二）高等教育国际化的概念

早在 20 世纪 70 年代，"高等教育国际化"这一概念就已经在欧美等发达国家使用。进入 90 年代，全世界兴起了前所未有的研究高等教育国际化的热潮。由于高等教育国际化的含义涉及面较广，人们对它的阐述不下数十种，不同的学者从不同的角度给予的解释各不相同。以下是最具有代表性的几种观点。

1995 年，汉斯·迪·威特在《高等教育国际化策略》一书中指出，高等教育国际化包括三层含义：第一，把高等教育国际化看作是一个发展的趋势与过程。高等教育的国际化是把国际意识与高等学校的教学、科研和社会服务的职能相结合的过程。第二，倾向于高等教育国际化就是高等教育的国际交流与合作活动，包括课程的国际内容、与培训和研究有关的学者与学生的国际流动、国际技术援助和合作计划。第三，强调形成国际化的精神气质和氛围。国际教育与教育的国际化是同义语，包括全球的意识、超越本土的发展方向及发展范围，并内化为学校的精神气质和氛围。①

汪永栓主编的《教育大辞典：高等教育卷》中把高等教育国际化界定为"各国高等教育在面向国内的基础上注意面向世界的一种发展趋势。主要表现有：一是加强外语教学，大量增设有关国际问题的课程、专业和系科，注意培养从事国际事务和国际问题研究的专门人才；二是进行广泛的人员国际交流；三是进行教育和学术的跨国合作"。

联合国教科文组织下属的国际大学联合会对高等教育国际化也给予了以下定义："高等教育国际化是把跨国界和跨文化的观点和氛围与学校的教学、科研和社会服务等主要功能相结合的过程，这是一个包罗万象的变化过程，既有学校内部的变化，又有

---

① 张喜梅、高明、李超慧：《我国高等教育国际化所面临的问题和对策》，《中国冶金教育》2008 年第 2 期。

学校外部的变化；既有自下而上的，又有自上而下的；还有学校自身的政策导向变化。"①

仔细分析，大致可以把高等教育国际化的概念归为如下几类：活动能力说、趋势说、过程说、目的说和结果说。

1. 活动能力说

活动能力说即从活动和能力相结合的角度来诠释国际化。顾明远和王英杰教授认为，高等教育国际化是一个宽泛的概念，它是指教育向世界开放，接受外国的学者和留学生，与国外大学进行合作研究和开发；教育系统在目标上努力培养具有世界知识、全球视野和国际交往能力的人才。

2. 趋势说

趋势说指的是一种潮流和趋势，高等教育国际化即是这样一个国家面向世界发展高等教育的潮流和趋势。厦门大学的刘海峰教授认为，高等教育国际化是高等教育扩大对外开放、加强国际学术交流、增加留学生的派遣与接收、开展合作研究与联合办学的趋势。② 清华大学校长王大中先生认为，当前文化交流与融合成为世界文化发展的大趋势，教育国际化也正在成为当今世界大学教育的一股潮流。③

3. 过程说

过程说认为，高等教育国际化是将国际意识与高等教育的职能相结合的过程，是一个相互借鉴、融合的过程。湖南大学的欧阳玉先生认为，高等教育国际化是指要面向世界、面向未来，要

---

① KNIGHT J, "A shared vision—stake holder perspectives on the international is action of higher education in Canada", *Journal of Studies in International Education*, 1997/8.

② 刘海峰：《高等教育的国际化与本土化》，《中国高等教育》2001年第2期。

③ 吴言荪：《高等教育国际化及其思考》，《重庆大学学报》（社会科学版）2000年第1期。

以具体多样的高等教育国际交流和合作为载体，吸收和借鉴世界各国的高等教育办学理念和办学模式以及它们的文化传统、价值观念和行为方式，以实现提高人才培养质量，推动本国高等教育的现代化进程，促进本国和世界经济发展，实现人类相互理解与尊重的目的的过程。① 北京大学的陈佳洱校长认为，高等教育的国际化是一个各国高等教育资源共享、互相学习、互相促进的互动过程。②

4. 目的说

有学者从教育的根本任务是培养人的角度来思考，将高等教育国际化理解成一种目的。中国科学院院士、英国诺丁汉大学校长杨福家先生认为，高等教育国际化就是要培养融通东西方文化的一流人才，在经济全球化中更好地为各自国家利益服务。③

5. 结果说

国际化被理解为一种结果。他们认为"国际化了的高等教育"应当是一个先进的、开放的、充满活力的体系，是一种大学教育模式。

综观近10年的研究文献，对高等教育国际化的概念界定达十几种之多。从众多的界定中可以看出，高等教育国际化有四大关键属性：一是跨国界、跨民族、跨文化的交流与合作；二是一国的高等教育是面向世界的，而不是面向国内发展；三是培养有国际竞争能力的人才；四是可以通过不断加深国际化，来达到提高自身的高等教育水平的目的。

从比较教育的角度来研究高等教育国际化，他们都认为推动

---

① 欧阳玉：《高等教育国际化背景分析》，《高等教育研究学报》2000年第1期。

② 吴言荪：《高等教育国际化及其思考》，《重庆大学学报》（社会科学版）2000年第1期。

③ 张寿松：《高等教育国际化的十个基本问题》，《大学教育科学》2003年第3期。

国际化发展的市场需要是当今世界范围内的一种趋势，而高等教育国际化的实现，在很大程度上由高等学校开展的国际交流与合作活动的范围和深度决定。从高等教育国际化的发展历史来看，国际交流与合作也一直是高等教育国际化的重要特征。二战以前，高等教育国际化呈辐射状，是以一个国家或者地区为中心向其他国家辐射，发生着人员流动及留学教育。

第二次世界大战后，高等教育国际化成为世界各国的共同举措并开始向制度化与普及化迈进。首先，高等教育国际化的内容不再局限于留学生教育和人员的国际交流，其他如中外合作办学（孔子学院在全球的举办）、国际间高等教育学术交流等也日益频繁。特别是自20世纪70年代末开始，随着经济全球化的加剧和信息技术的发展，高等教育国际化出现了前所未有的盛况，其中海外留学生教育成为高等教育国际化最活跃的现象。

另外，世界各国也都非常重视国际交流与合作在实现高等教育国际化中的作用。克林顿总统在2000年4月的一次关于国际教育政策的讲话中就指出，为了成功地在全球经济中进行竞争并维护我们作为世界领袖的作用，美国需要确保其公民能够广泛地认识世界，熟练地掌握其它的语言并了解其它文化。日本临教审在《关于教育改革的第四次咨询报告》中明确地提出了日本面向21世纪的教育国际化目标，并提出"从衡量发展的角度出发，推进教育、科研、文化和科学技术各领域的国际交流，并为这些领域的发展贡献力量"是日本社会必须解决的问题。①

世界各国都在教育方针政策方面为教育国际化铺路。日本临教审曾有报告指出，21世纪日本的教育国际化目标要"从衡量发展的角度出发，推进教育、科研、文化和科学技术各领域的国际交流，并为这些领域的发展贡献力量"，这是日本社会必须解

---

① 王培强、杜桂萍：《关于完善我国高等教育国际交流与合作问题的思考》，《航海教育研究》2005年第2期。

决的问题。1997 年，法国教育部长也曾在谈话中指出，法国应投身国际教育市场，发展国际合作。在此基础上法国设立了"国际合作局"，并提高国际合作预算；增加留学生名额，最多时达到在校生总人数的 1/3。

我国在 1985 年进行教育改革时也提出"要通过各种可能的途径，加强对外交流与合作，使我们的教育事业建立在当代世界文明成果的基础之上"的观点。此后，我国高校的国际交流与合作活动得以全面开展并取得了令人瞩目的成绩。

因此，不论是从高等教育国际化的关键属性出发，还是从高等教育国际化的发展历史、各国政府关于高等教育国际化的政策制定来看，国际交流与合作都是实现高等教育国际化的主要渠道，在高等教育国际化进程中有着不可替代的位置。高等教育国际化主要通过各种形式的国际交流与合作来实现。

如前文所述，国际交流与合作是高等教育国际化的主渠道。高等教育国际化主要是通过不同层次、不同类型的文化教育机构展开全方位的国际交流与合作实现的。

国际化就是要求大学开展多层次、多形式、多方面的国际交流与合作活动。当然，开展国际交流与合作，并不等于国际化。只能说，国际交流与合作是高校走向国际化的必要途径，是通往高校国际化的必由之路。

二　国际交流与合作的概念

对于国际交流与合作，学界的表述不尽一致。有的表述为"包括国际交流、境外学生培养（含留学生和港澳台学生）、赴国（境）外高等学校交换生教育、中外合作办学、合作研究和境外专家师资的引进和管理"；有的则概括为"包括国境外学术交流、研修、高级访问、合作研究、学生交换、研究生联合培养等"。在本书中，国际交流与合作定义为包括中外合作办学、境外师资引进（包含项目合作）、国际学术会议和互访活动、留学

生教育、学生对外交流五项在内的以大学为主体开展的一系列
活动。

三 国际交流与合作的形式

（一）中外合作办学

本着"为我所用"的原则，通过实施不同层次、不同专业
的国际合作办学，利用国外的先进教学模式和资金，稳妥有序地
开展与境外教育机构的合作办学。目前，国际合作办学的形式有
两类：一类是国内大学到境外与同行合作，开辟新的教育资源，
共同开展教学和科研工作，在海外设置专业课程，设立专业机
构，设立分校；另一类是国内大学在境内与外国知名大学合作，
利用已有资源，共同培养大学生。其授课方式为两种：一是引入
境外教育资源，在境内实施全程教学，可获境外合作大学颁发的
学位和资格证书；二是学生在当地读完两年或大部分课程，最后
一年或最后一阶段转入境外合作大学继续就读，读完后，可获境
外合作大学颁发的学历和资格证书。[①]

合作办学是我国高等教育国际化的一个重要标志，它是在大
学最核心的职能——教学上开展国际合作，把国际化推向一个更
高的层次。为了合作办学的健康发展，我国研究型大学应慎重选
择合作对象与专业，优选中外合作办学的领域和规模，充分利用
外国资金、师资、教材及先进的管理经验，为我国培养国际化人
才服务。

（二）境外师资引进（包括项目合作）

积极引进海内外高层次人才，在世界范围内吸引一流人才来
校讲学、任教，从事教学科研合作，使师资队伍国际化、高层次
化、多元化，可以促进研究型大学人才培养、学科建设的发展和

---

① 张安富、靳敏：《我国高水平研究型大学国际化发展之路》，《高教
发展与评估》2006 年第 6 期。

学术科研水平的提高。同时，学校要为这些专家提供良好的生活和工作环境，放手让他们工作，发挥他们的作用。

（三）国际学术会议和互访活动

国际学术会议与互访活动包括：派本国学者出国参加国际会议进行学术交流；邀请国外学者来访问、讲学或派本国学者出国留学、访问等。除了支持、推动学者积极参加国内外组织的各种学术活动外，还可以自己承办一些国际学术会议，邀请国内外知名专家学者与会，让更多的教师得到相互交流的机会。

（四）留学生教育

接受外国留学生来校学习，是拉动一所高校国际化的重要因素。我国作为世界上最大的发展中国家，经过30多年的改革开放，国力不断增强，国际声望不断提高，这是我们发展留学生教育的强劲动力。各研究型大学要采取切实有效的措施，比如积极提供外国学生来华留学奖学金，积极办理来华留学说明会，重视对外汉语教学人才的培养，逐步拓宽来华留学生专业范围，并进一步改善留学生教学和管理方式，加强留学生管理队伍建设等，通过留学生扩大我国在国际上的影响力，从而更好地发展留学生教育，推进研究型大学国际化进程。

（五）学生对外交流

研究型大学国际化，除了应该拥有国际化的师资力量以外，还应该拥有一大批充分体验国际文化、具有国际视野的学生。创新能力是研究型大学所培养的高水平精英人才的必然要求，创新人才的基本素质包括好奇心和激情、艰苦奋斗的精神、团队精神、宽广的知识面。派学生到海外进行短期培训或联合培养，通过交流可培养学生的独立思考能力，激发他们的创新能力。

世界高水平研究型大学普遍重视对学生国际意识的培养，要求学生有国际留学经历，主要做法是要求所有学生都至少在国外学习一段时间。我国研究型大学，应该紧跟形势，积极创造条件，选派大量优秀学生前往世界各国及我国港、澳、台等地区学习、交流，大力培养具有全球视野和国际交往能力，能够把握国际经济、政治和科技发展趋势的高层次人才。

第四节　全球教育展望——中国大学教育走向世界

随着经济全球化与世界政治多极化的不断发展，世界各国间的文化、教育交流也日趋频繁。在此背景下，我国的大学教育国际化逐渐成为了一种必然的趋势和潮流。在与世界接轨的过程中，我国大学教育由原来的适应、吸收国外高等教育的先进经验逐步转向主动跨出国门，走向世界。

一　大学教育国际化的概念与基本内容

（一）大学教育国际化的概念

大学教育国际化表面看上去是一个很容易理解的概念，然而不同的学者和组织对什么是大学教育国际化却有着极为不同的看法。

美国学者奈特认为，"国际化是将国际的维度整合到高等学校的教学、研究和服务等诸项功能中的过程"，其中所谓的国际维度主要是指国际的跨文化的、全球的观念。[①]

联合国教科文组织下属的国际大学联合会认为："高等教育国际化是把跨国界和跨文化的视点和氛围与大学的教学、科学研究和社会服务等主要功能相结合的过程，这是一个包罗万象的过程，既有学校内部的变化，也有学校外部的变化；既有自上而下的，也有自下而上的；还有学校自身的政策导向变化。"

武汉大学前校长刘道玉对大学教育国际化做了一个通俗的解

---

① 陈学飞：《高等教育国际化：跨世纪的大趋势》，福建教育出版社2002年版，第4页。

释："从质量上说，强调各国要提高大学的水准，使各国大学教育的水平有可比性，并为国际社会承认和接受；在空间上，强调大学的开放性，各国都要开放教育市场，既要到国外办学，也要接纳外国在本国办学；在资源上，强调资源的共享性，各国要广泛地开展国际交流与协作，做到扬长避短，互通有无；在理念上，要不断改革创新，不断地更新教育理念、教学内容和教学方法，使大学教育不仅满足国际教育交流与合作的需要，而且还要适应不断变化中的经济社会发展的需要。"[1]

根据以上学者和组织对大学教育国际化的阐释，我们不难发现大学教育国际化的几个关键特征：第一，大学教育国际化的主体是以国家（或地区）为单位的高等教育机构联合体。这意味着在进行大学教育的比较过程中，衡量的基本尺度不是以一个或者几个高等教育机构为单位，而是以一个国家（或地区）的大学教育的综合情况为比较尺度。第二，大学教育国际化是一个过程或者趋势，而不是一种结果。换言之，它是一种正在进行的状态，而这种状态又呈现出开放、通用、交流与共享等特点。第三,各国在大学教育国际化的历程中，逐渐形成了高等教育的一些共识，这又进一步促进了大学教育国际化程度的加深。在与不同国家教育文化交流的过程中，树立国际意识与全球视野，调整教育内容与教育方法，增强学生的多元文化沟通理解能力等，既是大学教育国际化的基本要求，又是大学教育国际化的必然结果。

（二）大学教育国际化的基本内容

大学教育国际化的基本内容根据不同的分类标准有着不同的解释与说明，在综合大量学者不同观点的基础上，本书认为主要包括以下三个方面：一是教育理念的国际化。教育理念的国际化

---

① 刘道玉：《大学教育国际化的选择与对策》，《高等教育研究》2007年第 4 期。

是实现大学教育国际化的先决条件。所谓教育理念的国际化一般
包括两方面的内容：一方面是注重培养学生在多元文化背景下尊
重与理解其他国家的文化的意识，以及能够与不同民族、不同文
化的人员进行充分沟通的能力；另一方面是培养学生掌握一些在
国际市场上必备的竞争知识与技能，如国际贸易、经济金融、法
律知识等。二是人员交流的国际化。这里的人员不仅包括学生，
也包括教师和专家。其中，学生的国际交流是大学教育国际化的
一个重要标志。和教师与专家的国际交流一样，学生的跨国流动
也是双向的，既有本国学生到其他国家进行交流学习，同时也有
国外学生来本国留学。大量学生的跨国流动不仅有利于增强国家
与民族之间的相互理解，在客观上也有利于推动各国之间的经济
贸易往来，从而进一步推动经济全球化的进程。教师和专家的国
际交流是大学教育国际化的重要组成部分，他们为进一步提高教
学与科研的国际化水平提供了一种可能。三是教育资源的国际
化。这主要是指教育系统内部各要素的交流与共享，如课程设置
的国际化、大学培养目标与培养内容的国际化、大学教育人才培
养模式的国际化等。特别是近年来互联网技术的进一步发展为实
现大学间各种教学资源的共享提供了更加便捷的方式。

二　大学教育国际化的推动因素

大学教育的国际化既有教育系统外部的推动因素，也有教育
系统为实现自身发展的内部推动因素。具体而言，大学教育国际
化的外部推动因素主要有：

（一）经济全球化的推动

经济全球化是推动大学教育国际化的根本力量。经济全球化
的一个重要特征是人才、信息等资源在世界范围内的自由流动，
以此实现生产要素和资源在世界范围内的最佳配置。而这些资源
在全球范围的流动必然要求与世界不同国家和民族进行沟通与交
流，如何使得这些沟通更为顺畅与充分，这就对大学教育的国际

化提出了现实要求。随着 2001 年中国加入 WTO，WTO 的服务贸易协定中指定的"服务"中包括了教育服务，这就使得大学教育的国际化有了国际法上的依据和要求。

（二）应对全球性共同课题的需要

诸如贫富分化、宗教冲突、环境污染、人口膨胀、资源枯竭、生物多样性锐减等全球性问题，仅仅依靠一个机构或一个国家的力量有时候难以解决，需要世界各国的共同参与和合作。这就需要世界各国的高等教育机构联合起来，共同致力于这些全球性问题的研究，为这些人类共同面临的难题提供解决方案。正如联合国教科文组织报告《教育——财富蕴藏其中》中所指出的："教育在建设一种更加团结一致的世界方面负有特殊的责任，而对于未来的种种挑战，教育看来是使人类朝着和平、自由和社会正义迈进的一张必不可少的王牌。"

在教育系统内部，推动大学教育国际化的因素主要有：

1. 大学自身的利益考量

对于大学而言，其国际化程度在一定程度上代表着大学的实力和声誉，可以为大学的招生增加筹码。在国内生源竞争激烈的情况下，对于那些生源不足和政府拨款较少的学校，就可以充分考虑国际教育市场带来的机会。这些学校通过扩大国际学生招生规模，既可以增强其国际影响力，又可以为学校的进一步发展获得一笔不菲的学费收入。

2. 教育系统自身发展的需要

对于一个国家和地区的教育系统而言，大学教育国际化对其自身的发展有着重要意义。对于人才培养来说，大学教育国际化可以拓展师生的国际视野，增加他们对国际的认知，促进不同文化的相互理解，有利于进一步提高国家或地区的教学和科研水平，提高知识产出；对于高等教育机构而言，大学教育国际化可以提高国际形象和国际声誉，来自不同国家的师生为传播多样性的文化提供了可能，从而可以加快课程的革新与发展；对于学生而言，大学教育国际化可以满足自身多样化的学习需求，提升自己在国际市场上的竞争能力。

三 中国大学教育国际化的表现

中国大学国际化的表现主要在互换留学生、专家学者访问、学术研究与合作办学等领域。其中，学生的跨国交流作为大学教育国际化的重要标志。

（一）官方数据展示

2015 年 3 月 18 日，教育部官网发布了《2014 年全国来华留学（课程）生数据统计》。数据显示，2014 年共有来自 203 个国家和地区的 377054 名各类外国留学人员在我国 31 个省、自治区、直辖市的 775 所高等学校、科研院所和其他教学机构中学习，比 2013 年增加 20555 人，增长比例为 5.77%（以上数据均不含港、澳、台地区）。来华留学生人数最多的 5 个国家分别是：韩国 62923 人，美国 24203 人，泰国 21296 人，俄罗斯 17202 人，日本 15057 人。①

回顾来华留学的历史，20 世纪 50 年代，来华留学生主要来自亚非拉一些第三世界友好国家；1978 年，在华留学生总人数为 1900 人；1990 年，全国有资格接收留学生的高等院校仅 100 余所。36 年间，来华留学生人数增长了近 200 倍，显示出中国来华留学教育取得了突飞猛进的发展。以教育强国美国为参照，据《2014 美国门户开放报告》显示，2013—2014 年，美国接收的国际学生人数达 886052 人，比中国的 377054 人多出一倍不止。不过，让我们对比一下中、美两国的高等院校数量：美国 7236 所，中国 2484 所。把国际生人数平均到每所高等院校中，中国在招收留学生上似乎并不输阵。无论从招收留学生的总数

① http：//www.moe.gov.cn/jyb_ xwfb/gzdt_ gzdt/s5987/201503/t2015
0318_ 186395. html.

上，还是校均招收留学生的人数上，中国都可以称得上是教育输出大国。

（二）民间机构数据展示

在国际上，中国大学教育国际化取得了较大成就，那么对于国内来说，到底是哪些大学的教育国际化水平比较高呢？为贯彻落实《国家中长期教育改革和发展规划纲要（2010—2020 年）》，加强中外教育交流与合作，推动高等教育"走出去"、"引进来"战略，提升我国高等教育国际化水平，力争早日建成一批具有中国特色、世界一流的研究型大学。2016 年 1 月 11 日，艾瑞深中国校友会网《2016 中国大学评价研究报告》正式公布 2016 中国大学排行榜前 700 名、2016 中国两岸四地大学排行榜和 2016 中国大学国际化水平排行榜等榜单，旨在引导高校立足中国、放眼世界，在世界高等教育大舞台上同场竞技，以竞争求发展，以特色创一流，提升中国高校的国际化水平、国际影响力和全球竞争力。

2016 年中国大学国际化水平排行榜 100 强①

名次	学校名称	地区	总分	办学类型	层次
1	北京大学	北京	100.00	中国研究型	世界知名高水平大学
2	清华大学	北京	98.50	中国研究型	世界知名高水平大学
3	复旦大学	上海	82.79	中国研究型	中国顶尖大学
4	武汉大学	湖北	82.43	中国研究型	中国顶尖大学
5	浙江大学	浙江	82.38	中国研究型	中国顶尖大学
6	中国人民大学	北京	81.98	中国研究型	中国顶尖大学
7	上海交通大学	上海	81.76	中国研究型	中国顶尖大学
8	南京大学	江苏	80.43	中国研究型	中国顶尖大学
9	国防科学技术大学	湖南	80.31	中国研究型	世界知名高水平大学

① http://baike.so.com/doc/23636143 - 24189723.html.

续表

名次	学校名称	地区	总分	办学类型	层次
10	中山大学	广东	76.46	中国研究型	中国一流大学
11	吉林大学	吉林	76.01	中国研究型	中国一流大学
12	中国科学技术大学	安徽	75.14	中国研究型	中国顶尖大学
13	华中科技大学	湖北	75.12	中国研究型	中国一流大学
14	四川大学	四川	74.99	中国研究型	中国一流大学
15	北京师范大学	北京	74.75	中国研究型	中国一流大学
16	南开大学	天津	74.46	中国研究型	中国一流大学
17	西安交通大学	陕西	73.56	中国研究型	中国一流大学
18	中南大学	湖南	73.13	中国研究型	中国一流大学
19	同济大学	上海	72.85	中国研究型	中国一流大学
20	天津大学	天津	72.81	中国研究型	中国一流大学
21	山东大学	山东	72.72	中国研究型	中国一流大学
21	哈尔滨工业大学	黑龙江	72.72	中国研究型	中国一流大学
23	厦门大学	福建	72.23	中国研究型	中国一流大学
24	东南大学	江苏	71.35	中国研究型	中国一流大学
25	北京航空航天大学	北京	70.58	中国研究型	中国一流大学
26	东北大学	辽宁	69.55	中国研究型	中国一流大学
27	重庆大学	重庆	69.54	中国研究型	中国一流大学
28	华东师范大学	上海	69.52	中国研究型	中国一流大学
29	大连理工大学	辽宁	68.84	中国研究型	中国一流大学
30	北京理工大学	北京	68.72	中国研究型	中国一流大学
31	华南理工大学	广东	68.47	中国研究型	中国高水平大学
32	中国农业大学	北京	68.05	行业特色研究型	中国一流大学
33	湖南大学	湖南	68.03	中国研究型	中国高水平大学
34	华中师范大学	湖北	67.92	中国研究型	中国高水平大学
35	西北工业大学	陕西	67.77	中国研究型	中国高水平大学
36	兰州大学	甘肃	67.21	中国研究型	中国高水平大学
37	电子科技大学	四川	66.88	行业特色研究型	中国一流大学
38	武汉理工大学	湖北	66.60	行业特色研究型	中国高水平大学

名次	学校名称	地区	总分	办学类型	层次
39	中国地质大学	湖北	66.56	行业特色研究型	中国一流大学
40	东北师范大学	吉林	66.50	行业特色研究型	中国高水平大学
41	北京科技大学	北京	66.42	行业特色研究型	中国高水平大学
42	长安大学	陕西	66.08	行业特色研究型	中国高水平大学
42	北京交通大学	北京	66.08	行业特色研究型	中国高水平大学
42	中国矿业大学	江苏	66.08	行业特色研究型	中国一流大学
45	北京协和医学院	北京	66.03	行业特色研究型	中国一流大学
46	南京农业大学	江苏	65.90	行业特色研究型	中国高水平大学
47	西北大学	陕西	65.88	区域研究型	中国高水平大学
48	华东理工大学	上海	65.79	行业特色研究型	中国高水平大学
49	华中农业大学	湖北	65.77	行业特色研究型	中国高水平大学
50	南京师范大学	江苏	65.71	区域特色研究型	中国高水平大学
51	西南交通大学	四川	65.67	行业特色研究型	中国高水平大学
52	西南大学	重庆	65.64	区域研究型	中国高水平大学
53	中国海洋大学	山东	65.56	行业特色研究型	中国一流大学
54	河海大学	江苏	65.50	行业特色研究型	中国一流大学
55	解放军信息工程大学	河南	65.49	行业特色研究型	中国一流大学
56	南京理工大学	江苏	65.48	行业特色研究型	中国高水平大学
57	哈尔滨工程大学	黑龙江	65.41	行业特色研究型	中国高水平大学
58	暨南大学	广东	65.17	区域研究型	中国高水平大学
59	云南大学	云南	65.11	区域研究型	中国高水平大学
60	中国石油大学	山东	65.10	行业特色研究型	中国一流大学
61	南京航空航天大学	江苏	65.05	行业特色研究型	中国高水平大学
62	郑州大学	河南	65.01	区域研究型	中国知名大学
63	苏州大学	江苏	64.99	区域研究型	中国知名大学
64	上海财经大学	上海	64.96	行业特色研究型	中国一流大学
65	西北农林科技大学	陕西	64.92	行业特色研究型	中国高水平大学
66	中国政法大学	北京	64.90	行业特色研究型	中国一流大学
67	合肥工业大学	安徽	64.88	行业特色研究型	中国高水平大学

名次	学校名称	地区	总分	办学类型	层次
68	北京邮电大学	北京	64.86	行业特色研究型	中国高水平大学
69	西安电子科技大学	陕西	64.82	行业特色研究型	中国高水平大学
70	第三军医大学	重庆	64.81	行业特色研究型	中国一流大学
71	第二军医大学	上海	64.74	行业特色研究型	中国一流大学
72	湖南师范大学	湖南	64.65	区域研究型	中国知名大学
73	第四军医大学	陕西	64.51	行业特色研究型	中国一流大学
74	华南师范大学	广东	64.42	区域特色研究型	中国知名大学
75	上海大学	上海	64.41	区域研究型	中国知名大学
76	中南财经政法大学	湖北	64.32	行业特色研究型	中国高水平大学
77	西南财经大学	四川	64.27	区域特色研究型	中国高水平大学
78	北京化工大学	北京	64.26	行业特色研究型	中国高水平大学
79	东华大学	上海	64.24	行业特色研究型	中国高水平大学
80	南昌大学	江西	64.18	区域研究型	中国知名大学
81	解放军理工大学	江苏	64.09	行业特色研究型	中国高水平大学
82	中央财经大学	北京	63.99	区域特色研究型	中国高水平大学
83	广西大学	广西	63.89	区域研究型	中国知名大学
83	北京工业大学	北京	63.89	区域研究型	中国知名大学
83	福州大学	福建	63.89	区域研究型	中国知名大学
86	陕西师范大学	陕西	63.88	区域特色研究型	中国知名大学
87	深圳大学	广东	63.86	区域研究型	中国高水平大学
88	北京林业大学	北京	63.79	行业特色研究型	中国高水平大学
89	中央民族大学	北京	63.78	行业特色研究型	中国一流大学
90	燕山大学	河北	63.77	区域研究型	中国知名大学
90	对外经济贸易大学	北京	63.77	区域特色研究型	中国高水平大学
92	首都师范大学	北京	63.73	区域特色研究型	中国知名大学
93	华北电力大学	北京	63.66	区域特色研究型	中国知名大学
93	浙江工业大学	浙江	63.66	区域特色研究型	中国知名大学
95	华南农业大学	广东	63.64	区域特色研究型	中国知名大学
96	浙江师范大学	浙江	63.37	区域特色研究型	中国知名大学

名次	学校名称	地区	总分	办学类型	层次
97	安徽大学	安徽	63.34	区域研究型	中国知名大学
98	首都医科大学	北京	63.32	区域特色研究型	中国高水平大学
99	江南大学	江苏	63.31	区域特色研究型	中国知名大学
100	山西大学	山西	63.29	区域研究型	中国知名大学

2016 中国大学国际化水平排行榜评价指标体系包括以下六大核心指标：

1. 国际化师资

获诺贝尔奖、菲尔兹奖、沃尔夫奖、邵逸夫奖、阿贝尔奖等世界级科学奖励教师，汤森路透（Thomson Reuters）全球高被引科学家，美国、法国、英国、加拿大、俄罗斯和发展中国家等国外院士、国家千人计划入选者、长江学者讲座教授、中国科学院百人计划学者、国家青年千人计划入选者、国家"111 计划"学科创新基地（高等学校学科创新引智计划）等。

2. 国际性校友

美国、法国、英国、加拿大、俄罗斯和发展中国家等科学院和工程院院士，教育部长江学者特聘教授及讲座教授、长江学者创新团队带头人、国家杰出青年基金获得者、国家自然科学基金委创新研究群体负责人等海归校友；诺贝尔奖、菲尔兹奖、沃尔夫奖、邵逸夫奖、阿贝尔奖等世界科学奖励获得者，《财富》世界 500 强企业董事长、总经理、总裁，福布斯、胡润等全球亿万富豪榜上榜企业家等。

3. 国际化办学

国家建设高水平大学公派研究生项目、教育部中外合作办学项目、国家级双语教学示范课程、是否为来华留学示范基地建设单位、留学生人数、中国政府奖学金和主办的孔子学院等。

4. 国际性科研成果

诺贝尔奖、菲尔兹奖、沃尔夫奖、邵逸夫奖、阿贝尔奖等世界级科学奖励。ESI 国际高被引学术论文，《自然》（Nature）、《科学》（Science）和《细胞》（CELL）等杂志学术论文，中国科学技术信息研究所中国最具影响力国际百篇学术论文等。

5. 国际性创新基地

国际创新园、国际联合研究中心、国际技术转移中心和示范型国际科技合作基地等国际科技合作基地；教育部国际合作联合实验室、国际三大索引（SCI、EI、ISTP）来源期刊、中国科协精品科技期刊示范项目和英文版期刊国际推广项目等。

6. 国际影响力

英国《泰晤士报》、QS 和美国新闻与世界报道等世界三大权威大学排行榜评价结果，到访的时任外国元首和政府首脑的国际学术影响力（ESI 居世界前 1% 的论文引文）等。

高等教育国际化是 21 世纪世界大学发展的时代潮流，"国际化"是创建具有中国特色、世界一流大学的必由之路。一般来说，一个国家或地区高等教育的国际化程度如何，可以从学生来源国际化、师资团队国际化、科技研发国际化、校友分布国际化、课程教材国际化、教学考评国际化、校务管理国际化和办学空间国际化等方面来考察。由此可以看出，艾瑞深中国校友会评价指标的设置是比较科学合理的，在一定程度上反映了中国高校的大学教育国际化水平。

四 中国大学教育国际化的不足与问题

尽管我国的大学教育国际化取得了很大成就，但是这其中仍然存在着一些不可忽视的问题。这些问题主要表现为我国大学教育国际化发展不平衡、中外交流不对称和专业课程设置不合理等。

（一）国际化发展不平衡

我国大学教育国际化发展不平衡主要是指不同地区之间、不同院校之间和不同学科之间大学教育的国际化程度存在巨大差别。地区之间的发展不平衡很大程度是由于地区经济发展不平衡所致，比如东部沿海地区的大学就比内地的大学国际化程度要高。不同院校之间的大学教育国际化不平衡是指国家重点支持的"985 工程"、"211 工程"院校的国际化水平较高，而地方性院校的国际化程度则普遍较低。对于不同学科而言，其实现国际化的速度也存在巨大差别。一般来讲，语言学科国际化进程较快，非语言学科较慢。

（二）中外交流不对称

我国大学教育中的中外交流不对称是指长期以来我国学生赴国外学习的人数远远大于其他国家来我国学习的学生人数。这一方面是由于我们倡导要积极学习国外先进科学技术所致，但另一方面我们应该意识到大量的人才去西方国家留学而只有极少部分愿意回国工作，这是一种潜在的人才掠夺，在一定程度上对我国是一种人力资源上的损失。

（三）专业课程设置不合理

与西方发达国家相比，我国大学的专业课程设置显得比较狭窄，这样容易导致学生的知识结构比较单一，适应面比较小，难以与国际化的通识教育接轨。

五　推进我国大学教育国际化的措施与建议

大学教育国际化的意义在于，通过国际交流明确最高的大学教育标准，进而不断加强国际合作，相互学习交流来提高自身的教育水平。为进一步提高我国大学的国际化水平，本书针对我国大学国际化的不足与问题提出了一些改进的措施与建议。

（一）树立大学教育国际化的理念

树立大学教育国际化的理念就是要坚持用国际化的视野来看

待教育问题，不能依然局限在本土狭小的范围内止步不前。大学教育国际化不是要全盘西化，否定民族教育的所有成果，而是要立足本国，放眼世界，博采众长，厚积薄发，在与各国各民族的教育交流中实现自己的创新与创造，如果没有大学教育国际化的理念和容纳百家之言的博大胸襟，这是不可能实现的。

（二）建立国际化的专业课程

针对我国专业课程设置比较狭窄的问题，我们有必要建立一套与国际接轨的专业课程体系。一方面，我们应该主动删除一些落后的课程，积极增加一些可供学生选修的国际教育课程；另一方面，我们应该适量引进一些国外教材，同时根据我国大学的特殊情况组织一批专家学者编写一套适合我国学生使用的教材。

（三）扩大国际留学生培养规模

针对我国大学教育存在的中外交流不对称的问题，我们应该进一步扩大国际留学生规模，欢迎世界各国学生来我国学习深造。与此同时，我们也可以借助孔子学院的品牌优势，加大对外汉语、中医药、中国烹调的推广力度，向国外展示具有中国特色的精品课程。

参考文献

[1] 贺国庆、王保星、朱文富等:《外国高等教育史》,人民教育出版社 2003 年版。

[2] 韩延明:《大学理念论纲》,人民教育出版社 2003 年版。

[3] 殷海光:《中国文化的展望》,上海三联书店 2002 年版。

[4] 郝维谦、龙正中:《高等教育史》,海南出版社 2000 年版。

[5] 霍益萍:《近代中国的高等教育》,华东师范大学出版社 1999 年版。

[6] 杜作润、廖文武:《高等教育学》,复旦大学出版社 2003 年版。

[7] 汤一介:《北大校长与中国文化》,北京大学出版社 1998 年版。

[8] 黄延复、马相武:《梅贻琦与清华大学》,山西教育出版社 1995 年版。

[9] 陈文博:《一流大学要有一流软环境》,北京师范大学出版社 2002 年版。

[10] 王晓阳:《大学社会功能比较研究》,高等教育出版社 2003 年版。

[11] 孔宪铎:《东西象牙塔》,北京出版社 2004 年版。

[12] 吴剑平:《清华名师谈治学育人》,清华大学出版社 2003 年版。

［13］彭裕文：《台湾复旦校友忆母校》，复旦大学出版社 2003 年版。

［14］［英］阿什比：《科技发达时代的大学教育》，滕大春等译，人民教育出版社 1983 年版。

［15］［美］詹姆斯·杜德斯达：《21 世纪的大学》，刘彤等译，北京大学出版社 2005 年版。

［16］阎光才：《识读大学》，教育科学出版社 2002 年版。

［17］金东日：《现代组织理论与管理》，天津大学出版社 2007 年版。

［18］李少春：《社会学的发展历程》，中央编译出版社 2003 年版。

［19］科塞：《社会冲突的功能》，华夏出版社 1989 年版。

［20］韩水法：《大学与学术》，北京大学出版社 2008 年版。

［21］陈以爱：《中国现代学术研究机构的兴起》，江西教育出版社 2002 年版。

［22］苏云峰：《从清华学堂到清华大学：1911—1929》，生活·读书·新知三联书店 2001 年版。

［23］黄俊杰：《全球化时代下的大学通识教育》，北京大学出版社 2006 年版。

［24］张寿松：《大学通识教育课程论稿》，北京大学出版社 2005 年版。

［25］李曼丽：《通识教育——一种大学教育观》，清华大学出版社 1999 年版。

［26］［美］布鲁贝克：《高等教育哲学》，王承绪译，浙江教育出版社 1987 年版。

［27］黄济：《教育哲学通论》，山西教育出版社 2002 年版。

［28］黄济：《现代教育论》，人民教育出版社 1996 年版。

［29］徐辉、季诚钧：《大学教学概论》，浙江大学出版社 2004 年版。

［30］陈谷嘉、邓洪波：《中国书院史资料》，浙江教育出版社
　　　1998 年版。

［31］殷之明：《中国大学综合评价指标体系研究》，硕士学位论
　　　文，武汉大学，2005 年。

［32］张俊：《当代中国大学精神建设的思考》，硕士学位论文，
　　　中南民族大学，2007 年。

［33］刘爱生：《大众化进程中的中国大学特色探析》，硕士学位
　　　论文，浙江师范大学，2009 年。

［34］陈晓恬：《中国大学校园形态演变》，博士学位论文，同济
　　　大学，2008 年。

后　　记

　　一起欢笑，一起歌唱，一起紧张，一起备战的高三日子，随着高考的结束，被化作一抹抹回忆，点亮你们青春希望的是对大学的憧憬。大学是一座象牙塔，有传统，有故事，有浪漫，有理性，甚至有颓废……

　　我想起苏联作家高尔基在《我的大学》一书中对大学生曾经有这样一段非常有趣的描述，他说在一个大学附近的小杂货铺里，大学生们常常带来厚厚的书本，用手指头搓着书页面对面地喊叫。各人说着各人所喜爱的真理，他们有着我说不出来的思想，我对这些人的喜欢几乎到了发狂的程度，感觉就像一个被允诺给予自由的囚徒。

　　我也想起英国教育家纽曼说的，他说"University is a place teaching universal knowledge"（大学是教授普遍知识的地方）。

　　我也想起徐志摩的对剑桥大学的依恋，"那榆荫下的一潭，不是清泉，是天上虹，揉碎在浮藻间，沉淀着彩虹似的梦"。

　　我也想起中科大校长李培根的话："什么是母校？就是那个你一天骂他八遍却不许别人骂的地方。"

　　一言以蔽之，大学生活如同一段时光匆匆的旅程，很难说尽，关键还得靠自己体悟。《坊间问道：漫谈中国大学》是笔者把蛰居在心底的对大学之想、之思、之感、之情抽象为中国大学的图景，试图为您展现真实、理性的她。

　　我和我的团队（本书的编者有贺洪丽、支少瑞、杨曼、徐凤、陈怡帆、吴慧珍、胡钰沁、黄园、闻佳敏、刘芳、周丹丹、朱毓欣、欧俊才、杨纯仁、叶琦、胡淞超、沈欣、陈恺琦、朱明佳）为了这个愿望而努力。

杜志强

2016 年 8 月于坤山脚下